国家经济安全管理学

雷家骕 钟惠波 胥和平 ◎ 著

清华大学出版社

北京

内 容 简 介

本书系统论述了国家经济安全管理的相关问题，内容涉及国家经济安全的国家经济利益本质、总体国家安全观下的国家经济安全管理、国家经济安全的主要领域与总体保障体系、国家经济安全的监测预警机制与方法、能源资源安全管理、产业安全管理、国有经济安全管理、财政和金融安全管理、国际投资与贸易安全管理、重大事件对于国家经济安全的影响管理等，涉及相关领域的经济安全战略、体制机制、管理流程、管理手段、机构设立，以及国外可供借鉴的经验及教训等。

本书主要特色是在总体国家安全观下讨论国家经济安全管理问题。本书可用作普通高等院校国家安全学科教材和干部培训教材，也可供关注国家安全特别是经济安全的同仁阅读。

图书在版编目（CIP）数据

国家经济安全管理学 / 雷家骕，钟惠波，胥和平著. —北京：清华大学出版社，2022.5
ISBN 978-7-302-60534-8

Ⅰ. ①国…　Ⅱ. ①雷…　②钟…　③胥…　Ⅲ. ①中国经济—经济安全—安全管理—研究
Ⅳ. ①F125.7

中国版本图书馆 CIP 数据核字（2022）第 062441 号

责任编辑：杜春杰
封面设计：刘　超
版式设计：楠竹文化
责任校对：马军令
责任印制：杨　艳

出版发行：清华大学出版社
　　　　网　　　址：http://www.tup.com.cn，http://www.wqbook.com
　　　　地　　　址：北京清华大学学研大厦 A 座　　　　邮　　编：100084
　　　　社 总 机：010-83470000　　　　　　　　　　　邮　　购：010-62786544
　　　　投稿与读者服务：010-62776969，c-service@tup.tsinghua.edu.cn
　　　　质量反馈：010-62772015，zhiliang@tup.tsinghua.edu.cn
印 装 者：北京嘉实印刷有限公司
经　销：全国新华书店
开　本：185mm×260mm　　印　张：15.75　　　　　字　数：395 千字
版　次：2022 年 6 月第 1 版　　　　　　　　　　　印　次：2022 年 6 月第 1 次印刷
定　价：69.00 元

产品编号：093901-01

前　言

在当前百年未有之大变局下，世界正处于复杂性、不稳定性、不确定性不断增强的状态。在此背景下，不少学校都在建设国家安全学科。在国家安全学科中，国家经济安全是重要的学科方向，因此编写一本"国家经济安全管理学"教材是十分必要的。基于此，在国家重点研发计划项目《国家安全风险管理关键技术研究与应用》的资助下，我们三位老师合作编写了这本教材。

本教材分为十二章。第一章、第二章论述国家经济安全的一般性问题。其中，第一章为国家经济安全的国家经济利益本质，具体论述了国家经济安全问题的由来、国家经济安全的本质是国家经济利益问题、新时期我国的国家经济利益。第二章为总体国家安全中的经济安全，叙述了总体国家安全观的基本内涵、经济安全在总体国家安全中的地位、总体国家安全观中关于经济安全的论述。

第三章到第八章论述国家经济安全的领域管理问题。其中，第三章为自然资源安全管理，论述了自然资源安全观念的转变、工业化中期的矿产资源安全、现代社会的水资源安全、确保民生的粮食供给安全以及资源安全的监测预警。第四章为能源安全管理，论述了能源安全、石油安全、煤炭安全和电力系统安全的管理问题以及能源安全的监测预警。第五章为产业安全管理，论述了产业安全观的演变、我国工业化中期的产业安全、外商直接投资对东道国产业安全的影响以及产业安全态势的评价方法。第六章为国有经济安全管理，论述了国有经济安全及其作用、国有经济安全的决定因素、完善国有经济安全的保障体系以及国有经济安全的评价方法。第七章为财政、金融安全管理，论述了财政、金融的职能及其关系，财政安全，金融安全，财政、金融安全的保障体系以及财政、金融安全的监测预警。第八章为国际经济关系安全管理，论述了经济全球化与国家经济安全、国际经济关系中常见的经济安全问题、全球化催生的新问题对发展中国家的损害以及国际经济关系安全态势的监测预警。

第九章、第十章论述公共突发事件和重大国际冲突下的国家经济安全管理。其中，第九章为公共突发事件下的国家经济安全管理，论述了现代社会的公共突发事件、公共突发事件对经济安全的影响、有效应对重大公共突发事件的保障体系以及重大公共突发事件对经济的影响的测度方法。第十章为重大国际冲突下的国家经济安全管理，论述了重大国际冲突、重大国际冲突对经济的破坏方式、重大国际冲突中的危机管控体系以及重大国际冲突的经济影响。

第十一章、第十二章论述国家经济安全的系统管理问题。其中，第十一章为国家经济安全的保障体系，论述了国家经济安全保障体系的系统结构、政府的国家经济安全管理、维护国家经济安全的体制机制建设以及国家经济安全的国内外环境建设。第十二章为国家经济安全的监测预警，论述了国家经济安全监测预警的对象、国家经济安全监测预警的评价方法以及国家经济安全监测预警的系统框架。

在编写体例上，本书第三章到第八章先是论述领域经济安全相关理论与实践问题，然后论述相关体制、机制建设，最后介绍特定领域经济安全评价、测度的相关方法。希望这样的体例能帮助读者更好地掌握相关知识及方法，真诚期待更多读者能够从本教材中得到一些启发。

由于编者水平有限，本教材难免存在不足之处，作为作者，我们未来将不断完善本教材，以逐步提升其应用价值。

雷家骕、胥和平、钟惠波

2021 年秋

目　录

第一章

国家经济安全的国家经济利益本质

▼

第一节　国家经济安全问题的由来

一、国家经济安全的基本内涵

2000 年前后至今，国际上先后爆发了两次大的金融危机。第一次是 1997—1998 年的东南亚金融危机，不仅使亚洲国家的经济遭受巨大损失，还波及世界上不少其他国家。第二次是 2008 年始于"次贷危机"的美国金融危机，沉重打击了包括早期发达国家在内的全球经济。以金融危机为典型代表的重大经济事件告诫世界各国都要关注国家经济安全问题。

国家经济安全问题早已成为各国和国际社会必须面对的问题。例如，在 1998 年亚洲金融危机期间的中、韩、日等国政府首脑会谈中，一些国际政要明确指出，不能将金融危机看成"孤立的金融危机"，而必须按照"国家经济安全的大思路"去看待这一事件。在遭受严重金融危机打击之后的 2009 年，美国《国家安全年度威胁评估报告》将经济危机列为国家安全威胁之首。

要理解国家经济安全问题，恰当界定国家经济安全的基本内涵是十分必要的。在国内，对国家经济安全的内涵至少有三种界定。第一种，状态论。其认为国家经济安全是指在经济全球化条件下，一国经济发展和经济利益不受外来势力根本威胁的状态。其具体体现在国家经济主权独立，经济发展所依赖的资源得到有效供给，经济发展进程能经受国际市场动荡的冲击等。第二种，状态与能力并重论。其认为经济安全是指在开放的经济条件下，一国经济免受国内外各种不利因素的干扰、威胁、侵袭、破坏而不断提高自身国际竞争力，从而实现可持续发展的状态和能力。第三种，风险防范论。其认为国家经济安全更多的是指一国如何防范短期冲击引发经济大幅度波动、国民财富突然大量流失的问题。

在国外，对国家经济安全的内涵至少有两种界定。第一种，状态论。例如，俄罗斯自然科学院院士维·康·先恰科夫认为，经济安全指一国在全球经济一体化条件下保持国家经济发展的独立性，所有经济部门稳定运行，公民具有体面的生活水平，社会经济稳定，国家完整，各民族文化具有自己的独特性。第二种，状态与能力并重论。例如，美国著名国际关系学者罗伯特·吉尔平认为，国家经济安全指一国的经济竞争力及其带来的相应的国际地位和能力。

从总体来看，国内外学者对于国家经济安全概念内涵的表述有三个共识：一是强调经济全球化的背景，二是强调国家的经济利益处于不受侵害的状态和能力，三是强调在国际上具有一定的经济竞争力。相应地，我们认为，国家经济安全是指在经济全球化背景下，一国最为根本和重要的经济利益处于不受伤害的状态和能力，特别是在国际上具有理想的国际竞争力。这一定义被称为"状态论+能力论+对外竞争力"的国家经济安全定义。

二、国家经济安全问题的主要特征

第一，国家性。国家经济安全强调的是一国经济整体上的安全，而不是某一部分或某些领域的安全。国家经济安全至少可分为资源能源安全、重要产业安全、财政金融安全等。一国经济可能在某些方面是安全的，却不一定是全局上的经济安全，这就要求国家必须将整体安全置于局部安全之上。在法理上，代表国家经济利益的中央政府是维护国家经济安全的主体。而地方利益、部门利益与国家利益是有区别的，这就导致中央政府维护国家经济利益时，往往不得不在国家利益、地方利益及部门利益之间寻求平衡。

第二，基础性。在总体国家安全中，经济安全是政治安全、国防安全、文化安全等的基础。在经济危机此起彼伏的国家，政府很难有效履行自己的职能，其相关活动也很难处于法制化、有序的状态，甚至很难代表国家参与国际事务。经济安全也是国防安全的基础。在经济极端糟糕的国家，很难设想政府会有足够的资源投入建设强大的国防。苏联解体之初，新成立的俄罗斯等国在当时即是这种情况。另外，经济安全还是文化安全的基础。在经济极端糟糕的国家，人民生活艰难，一些人的道德、理念、意识、行为就可能背弃这个国家传统的规范和尺度，此时这个国家的文化安全即可能遭到破坏。

第三，战略性。经济安全强调一国经济在较长时期内可持续发展，这本身是一种战略理念。同时，任何国家讲到经济安全时都带有主观上的某种战略追求，不少国家将维护国家经济安全作为国家整体战略的一部分。典型的是，美国每年发布的国家安全战略即将国家经济安全作为重要的组成部分。一些国家甚至强调为了维护本国长久的经济安全，必要时可以牺牲短期的经济利益来维护未来经济发展的稳定和可持续。由此可见，国家经济安全既是一种战略理念，也是一种战略诉求，这就使得经济安全一词具有强烈的战略属性。

第四，复杂性。国家经济安全是个巨型、复杂、系统的问题。总体上看，国家经济安全涉及较多领域，这些领域之间存在复杂的相互依存关系。同时，每个经济领域安全与否皆是由众多因素决定的。以粮食安全为例，一国的粮食供给是否安全既受制于经济系统内部的因素，又受制于经济系统外部的因素。其中，经济系统内部的因素有国内因素，诸如生产、需求、储备；也有国际因素，诸如国际经济关系、粮食进出口。经济系统外部的因素有国内因素，诸如国内气候、灌溉、政策等；也有国际因素，诸如来自国外的政治性禁运或支持。可见，影响一国粮食安全的因素是极为复杂的。其他安全领域也是如此。进而，一国要维护经济安全，需要综合运用经济的、政治的甚至军事的手段，需要政府及民众的共同努力。

三、各国对国家经济安全的关注由来已久

"国家经济安全"一词并不是 1998 年亚洲金融危机时才被提出来的，国际上对"国家经济安全"的研究已有几十年的历史。早在 20 世纪 60 年代后期，美国学者即开始关注"国家经济安全问题"。到了 70 年代，日本即有学者强烈关注"日本的生存空间和经济安全问题"。到了 80 年代，美、日学者及政府关注国家经济安全的兴趣不减，出版了不少专著和研究报告。

到了 20 世纪 90 年代，国家经济安全更是引起了越来越多的政界要人、战略专家的关注且国家经济安全的概念逐渐被融入政府政策。例如，1993 年美国即提出"把经济安全作为对外政策的主要目标"，1996 年俄罗斯明确提出了"国家经济安全战略"和"国家安全基本构想"，印度、日本等也提出了本国的国家经济安全战略。

20 世纪 90 年代中期至今，国家经济安全研究在世界范围内普遍展开。美国、法国、英国、俄罗斯、印度、日本等国都有专门机构在政府高层的领导或指导下进行国家经济安全问题的研究。国际货币基金组织、世界银行、联合国非洲经济委员会、经济合作与发展组织、美国斯坦福国际研究院、兰德公司、加拿大社会发展研究院、德国柏林 Thunen 研究所、俄罗斯科学院经济研究所、韩国产业研究院、欧洲政治预测实验室及印度有关机构都聚焦研究国家经济安全问题。特别是我国香港学者刘遵义、美国麻省理工学院格鲁德曼等教授甚至预测到"东南亚将发生金融危机"。欧洲政治预测实验室曾在美国"次贷危机"引发全球金融危机之前发出预警并预测到了 2009 年之后多个国家的主权债务危机。一些国际金融机构和一些国家的银行业对金融安全问题的研究尤为深入、具体且提出了相应的反危机对策。

诸多国家和机构关注国家经济安全问题主要是基于以下几点。

第一，现实中国家经济不安全甚或面临危机的事例屡见不鲜。20 世纪 60 年代初，我国出现过因"三年自然灾害"导致的"粮食危机"。伴随 1973 年的"阿以战争"和 1979 年的"伊朗革命"，出现过两次全球性石油危机，工业化国家不得不面对"依赖石油的产业结构难题"，日本甚至被迫关心自己的"生存空间和经济安全"。在拉丁美洲，先是 1982 年开始的"债务危机"，其后是长期而痛苦的经济衰退。1995 年，伴随金融危机的发生，墨西哥进入了极为痛苦的一年，GDP 同此下降 7%，工业生产下降 15%。"墨西哥金融危机"余波未平，1997—1998 年亚洲又发生了金融危机。而到了 1998 年后，俄罗斯又遇到了麻烦，俄杜马甚至认为"俄罗斯经济到了崩溃边缘"。21 世纪初，阿根廷陷入严重的债务危机，危机爆发后半个月内，先后有四位总统登台亮相，而民众对政府的敌视则直接导致了流血事件。所有这些皆使人们认识到必须关心本国的经济安全问题。

第二，应对国际环境和竞争方式的深刻变化。20 世纪 90 年代"冷战"结束以来，大国

之间的经济竞争日益激烈，甚至以往依靠枪炮和核威胁都不能达到的经济、政治、军事目的，现在采取某些经济手段即可能达到。以打开国外市场为例，以跨国公司直接投资为手段，发达国家企业即使东道国"以身相许"，以"资源或（和）市场换取技术或（和）资金"。由于经济手段相对于军事手段更具诱惑力，发达国家在国际竞争中就有了更多"合乎道德和法律"的办法，以达到它们的目的，但这往往使发展中国家有些被动。

第三，一国内部某些因素对于经济安全的危害也不可轻视。导致一国经济非安全的因素主要来自于四个方面：一是来自本国经济制度和资源条件的"基础性缺陷"；二是来自一国产业结构、市场秩序等方面的"结构性缺陷"；三是在既定的"基础条件"和"结构条件"下，来自国内方方面面的"非正常干扰"；四是以往不少国家轻视来自内部的"结构性缺陷"和"非正常干扰"对本国经济安全的负面影响。以东南亚和南美诸国的金融危机为例，其主要原因不仅在于这些国家迷信西方的金融自由化观念，而且源于这些国家长期以来产业竞争力的下降。换言之，这些国家发生金融危机是内部因素和外部因素同时作用的后果。

总体上，正是由于一些国家曾经遭遇过经济不安全甚至是危机的威胁，再加上国际环境和竞争方式的变化产生了新的竞争压力，相关国家才不得不制定国家经济安全战略、策略来保障本国的经济安全。

第二节　国家经济安全的本质是国家经济利益问题

国家经济安全是指一国在经济领域最为根本和重要的利益不受伤害，这就使得谈到国家经济安全时，必须首先搞清国家经济安全所关注的国家经济利益。我们正面对着百年未有之大变局。新一轮产业革命开展得如火如荼，美、德、日、英等国将在2030—2035年完成这次产业革命；科技革命迅猛推进，科学革命引领技术革命，科学、技术日益走向一体化，全球多个科技中心正在形成；基于科学的产业正在形成，科学家成为推动新兴产业形成与发展的重要力量。同时，世界格局正发生剧烈变化，发达国家和新兴国家皆在进军常规市场与网络市场，国家间市场主导权竞争、科学发展主导权竞争，创新链竞争、产业链竞争、供应链竞争、产业集聚竞争等成为新的竞争形式；发达国家出现"群体性焦虑"，如美国焦虑（全民性修昔底德焦虑）、欧盟焦虑（担心我国竞争力过快提升）且这是二战后没有过的。所有这些，对我国既是机遇，也是挑战。我们只有清晰地理解我国的国家经济利益，才能更为有效地维护国家经济安全。

一、搞清国家经济利益是制定国家经济安全政策的基础

20世纪90年代以来，国内关于国家经济安全的研究日益兴盛。先是1995年前后围绕我国21世纪粮食供给安全的"布朗预言"的争论，其后是围绕我国21世纪石油供给安全的日本有关团体对我国的"质疑"，再就是1998年前后围绕"以市场换技术"政策的利弊

得失的"争论",以及 1998 年亚洲金融危机和 2008 年美国金融危机等对我国的影响,等等。这些皆使我国前所未有地关注国家经济安全问题。

但值得关注的是,在讨论国家经济安全的某个具体问题时,人们对同一问题难以形成共识,问题很快即被引导到"这属于国家经济安全研究关注的国家经济利益问题吗"。围绕国家经济安全的这些争论,本质上是关于"国家经济利益究竟是什么"的争论,故搞清国家经济利益既成为研究国家经济安全问题的逻辑起点,也成为政府制定国家经济安全政策的基础。

客观上,任何国家都很难制定一项法律或政策将维护国家经济安全的思路囊括其中,而只能将维护国家经济安全的系统安排分散融入诸多法律和政策。例如,我国关于产业安全的政策安排即分布在产业投资政策、产业贸易政策以及产业技术政策中。相应地,要使这三方面的政策安排能有效维护我国的产业安全,即需要从理论上搞清产业领域的国家经济利益究竟有哪些。相似的是,要制定与维护国家经济安全相关的财税政策、金融政策、科技政策、环境政策等,也需要从理论上搞清相应领域的国家经济利益究竟有哪些。

二、搞清并理解国家经济利益必须关注四个原则性问题

（一）社会主义市场经济制度是我国一切经济活动的制度基础和保障

社会主义政治制度决定了我国必须坚持公有制为主体的基本经济制度,社会主义市场经济制度是我国一切经济活动有序运行的制度基础和保障。特别是随着第四次产业革命中更多新业态、新产业、新经济形态的出现,必然对企业市场关系和政府规制提出新的要求,我们既应更好地发挥市场机制在资源配置中的基础性作用,同时也需要与时俱进地调整和完善社会主义市场经济制度本身且这将是一个较为长期的任务。

（二）确保国家经济主权不被侵害是法赋权利和自主决策及发展的基础

经济主权至少包括国土资源开发权、经济发展及运行调控决策权、国际投资与贸易权、对侵害我国国家经济运行与发展利益的行为做出合法反应的权利等内容。不受外部力量干扰的经济运行及发展的决策权及实施权是国际法赋予主权国家的权利。确保这些权利的独立、完整、不被侵害是我们推动国家发展、维护人民利益的基础。在确保国家经济主权不被侵害的前提下,我们要积极发展国际投资、贸易和合作且要在这些活动中谋求与相关国家共赢。

（三）国家经济利益是分层级的

美国学界将其国家经济利益分为四个层级,奥巴马政府将国家经济利益分为三个层级;俄罗斯将国家经济利益从"语义"上分为五个层级;日本将国家经济利益分为三个层级;印度将国家经济利益分为四个层级,这些都值得我们借鉴。诸如在《美国国家利益报告》中,美国的国家经济利益被分为:根本的经济利益——防止贸易、金融、能源和环境等全球体系出现灾难性解体;极端重要的经济利益——鼓励有关国家接受国际法制和机制,推

动各种争端的和平解决；重要的经济利益——以较低代价防止和结束在具有战略意义的地缘地区发生的经济冲突；一般性经济利益——平衡双边贸易赤字。

（四）总体发展战略目标和宏观经济四大运行目标的实现体现全民共同利益

国家总体经济发展战略目标反映政府对于全民共同利益的长期考虑和承诺，宏观经济四大运行目标是以国家为单位的年度经济运行目标，反映全体人民的近期利益，二者的实现都体现了"全民共同利益"，故其无疑应被视作国家经济利益而加以维护。特别是经济稳健增长，只有有效规避和防范经济运行大起大落，才有助于宏观经济其他三大目标（物价、就业、国际收支）的实现，故经济稳健增长也是国家经济利益的必要内容。确保就业率达到适当水平是人民生活的基本保障。物价稳定是相对的，但若无这个相对稳定，必会引发民心躁动而影响社会稳定，甚至会引发产业间投入产出关系的紊乱。国际收支平衡特别是保有适量的外汇储备，是保障正常投资与贸易、应对他国金融危机冲击的必要条件。基于此，充分就业、物价稳定、国际收支平衡并保有适量的外汇储备等，也是国家经济利益的必要内容。

第三节　新时期我国的国家经济利益

新时期我国的国家经济利益应是指在经济全球化的国际背景下，在社会主义初级阶段的时代背景下，对内维护公有制为主体、多种经济成分共同发展，按劳分配为主、其他分配形式为重要补充的基本经济制度不被破坏，对外确保国家的经济主权和发展利益不被损害；确保经济发展的物质基础稳固，国内外环境和谐；确保经济发展必须实施的战略、规划、途径、手段得以实施；确保总体经济发展战略目标和宏观经济四大运行目标得以实现。

一、我国国家经济利益的具体化

（一）对内维护公有制为主体的基本经济制度不被破坏

这是指坚持社会主义基本经济制度的规定性，在所有制结构上，以公有制包括全民所有制和集体所有制经济为主体，个体经济、私营经济、外资经济、股份经济等多种经济成分共同发展；在分配制度上，以按劳分配为主体，以其他分配方式为补充，效率优先，兼顾公平；在宏观管理上，把当前利益与长远利益、局部利益与整体利益恰当结合，充分发挥政府规划计划引导与市场机制在资源配置中的基础性作用；在基本经济制度维护上，使国家相关法律和政策有效实施。

（二）对外确保国家的经济主权和发展利益不被损害

这是指在坚持和平发展道路的同时，在国际交往中绝不能放弃我国在经济领域的正当权益，绝不牺牲国家核心经济利益；不拿我国任何核心经济利益与任何国家做交易；确保我国在陆域、海域、空域、网域、太空的经济活动与发展权益；确保境外资产安全。

（三）确保经济运行与发展的基础稳固和国内外环境和谐

这是指确保经济运行和发展所需的国土开发及各种资源（矿产资源能源、金属产品、科技资源、人力资源等）的有效及可靠供给；确保技术及产业体系相对完善；确保资源能源、技术供给和产品价值实现的国内外市场稳定，国际通道不被阻塞并得到必要拓展；同时，确保与相关国家在国际规则下友好相处、共赢发展。

（四）确保经济运行和发展必须实施的战略、规划、途径、手段得以实施

战略及规划是国家实施经济发展战略布局、政府宏观引导的重要手段，相关途径、手段（往往体现为国家法律、政府政策、领域计划）是国家相关战略及规划得到有效实施的具体保障措施。为确保相关战略达到既定目标，既要依据相关程序制定必要的法律、法规或政策，又要培育相应的实施机制，还要排除各种干扰。

（五）确保总体经济发展战略目标和宏观经济四大运行目标的实现

国家总体经济发展战略目标反映政府对于人民共同利益的长期考虑和承诺，在目前的视野里，基本体现为党的"十九大报告"规定的从 2020 年到本世纪中叶分两个阶段来安排我国经济发展，2035 年基本实现社会主义现代化，2050 年建成富强、民主、文明、和谐、美丽的社会主义现代化强国。为确保国家总体经济发展战略目标的实现，基础是步步为营、年年努力，确保年度宏观经济四大运行目标（即经济增长、充分就业、物价稳定、国际收支平衡）的实现。

二、新时期国家经济利益的分级

国家经济利益是由重要程度分级的，新时期我国的国家经济利益可以分为三个层级。

（一）核心利益：制度主权与经济主权

社会主义基本经济制度是我国一切经济活动的制度保障，也是社会主义政治制度的基础。央企资产是真正的全民资产，是维护基本经济制度和政治制度最为核心的资产保障，故必须确保央企资产的保值增长，保证央企资产不流失且不被任何人或组织所侵占。经济主权既是我国一切经济活动的基础，也是我国作为独立主权国家与其他国家及国际组织平等交往的基础，更是维护总体国家利益的经济权利基础，故"制度主权"与"经济主权"是我国最核心的经济利益。

（二）重大利益：基础稳固与持续发展

我国是新兴发展中大国，诸多问题的缓解以至解决、民族复兴目标的实现都有赖于经

济的可持续发展，故凡涉及经济运行及发展基础和发展战略的，都是我国的重大经济利益。例如，资源能源可靠并有效供给、技术及产业体系完整，重要产业健康发展、科技及教育体系持续提升、财政金融稳定及外汇储备达到合理规模，抑制外资在华恶意并购，重要产业布局不被干扰。特别是国家外汇储备，它既是国际支付的货币保障，又是应对国际金融危机的保障，还是在国际上实施相关布局的资金保障，故必须确保国家外汇储备达到必要的合理规模。这些都是经济运行及发展所必须的基础。

（三）重要利益：稳定运行与环境和谐

生态环境既是人居生存环境，又是经济可持续发展的自然保障，故必须按照国际社会取得共识的原则、规范和我经济发展的阶段性特点（处于工业化中期），确保生态环境安全。信息安全是经济发展决策和运行管理的基础，故必须保障信息安全。经济发展及相关战略实施是以经济良性运行为基础的，故必须确保经济运行稳健，确保年度宏观经济四大运行目标的实现。特别是，我国是人口大国，就业是居民生存与发展的基本保障，民生是国家稳定之本，故必须努力实现居民充分就业。国际经济关系影响经济的长、中、短期发展，故必须确保国际经济关系友善且不被恶化，同时确保国际地位逐步提升。我国经济已深层融入全球经济，国际市场需求稍有萎缩即可能对国内经济的稳健增长产生负面影响；他国经济中的不利因素也可能跨国传导并影响我国经济，故必须努力实现国际贸易及投资的稳定增长及国际收支平衡。

三、各层级经济利益间的关系：系统性与共生性

（一）系统性

各个层级的国家经济利益相互关联，是一个有机整体且是一个复杂的巨型系统。其中，层级越高的经济利益，对国家整体经济利益实现的影响越大。层级越高的经济利益，越疏忽不得，稍有闪失即可能形成颠覆性损失。层级低的国家经济利益对层级高的国家经济利益的实现起着基础和支撑的作用。相应地，维护国家经济利益的基本构想和措施设计必须坚持有机联系的系统思维。

（二）共生性

国家经济利益的系统性决定了各层级利益的共生性，这表现在两个方面：一是国家经济利益中三个层级的利益是共生的，任何层级的利益如不能实现，即可能影响其他层级利益的实现；二是国家间客观上是共生关系，竞争、博弈、合作都是为了国家经济利益，一国如果损害他国的经济利益，其本国的经济利益也不一定能得到保障。相应地，维护国家经济利益的构想和措施设计必须兼顾利益层级间的共生关系，兼顾与相关国家利益的共生、协调和共赢。

第二章

总体国家安全中的经济安全

第一节 总体国家安全观的基本内涵

在准确把握我国国家安全形势新特点、新趋势的基础上，以习近平总书记为核心的党中央领导创新国家安全理念，提出了总体国家安全观，把我们对国家安全的认识提升到了新的高度[①]。

一、新时代的总体国家安全观

总体国家安全观的关键在"总体"，强调的是维护国家安全的系统意识，突出的是"大安全"理念，涵盖政治、国防、国土、经济、文化、社会、科技、网络、生态、资源、海外利益、生物等诸多领域。落实总体国家安全观，要求我们既重视发展问题又重视安全问题，既重视外部安全又重视内部安全，既重视国土安全又重视国民安全，既重视传统安全又重视非传统安全，既重视自身安全又重视共同安全；要完善国家安全制度体系，加强国家安全能力建设，坚决维护国家的主权、安全、发展利益。

二、走中国特色国家安全道路

习近平总书记强调要走中国特色国家安全道路，基本内涵是坚持总体国家安全观，以人民安全为宗旨，以政治安全为根本，以经济安全为基础，以军事、文化、社会安全为保障，以促进国际安全为依托，维护各领域安全，构建新的国家安全体系。

中国特色国家安全道路就是要坚持人民安全、政治安全、国家利益至上的有机统一。人民安全是国家安全的基本宗旨，要坚持国家安全一切为了人民、一切依靠人民，为人民创造良好的生存发展条件和安定的生产生活环境。政治安全是国家安全的根本，要把政权

---

① 新时代坚持总体国家安全观[N]. 人民网－人民日报，2019-09-23.

安全、制度安全放在首要位置，为国家安全提供根本政治保障。国家利益至上是国家安全的准则，要把国家利益作为制定国家安全战略的出发点，更为坚决、有效地维护、捍卫国家利益。

中国特色国家安全道路就是既要立足于防，又要有效处置风险。面对复杂的国际形势、敏感的周边环境、艰巨的改革发展任务，必须始终保持高度警惕，既要警惕"黑天鹅"，又要防范"灰犀牛"；既要有防范风险的"前瞻性"，又要有化解风险的"杀手锏"。

中国特色国家安全道路就是要把握国际变局，立足防范风险，谋划总体国家安全战略，保持战略自信、定力及耐心，把战略主动权牢牢掌握在自己手中。在国际社会中，要发挥负责任大国的作用，引导国际社会共同塑造更加公正、合理的国际秩序，推动各方朝着互利互惠、共同安全的目标前进。

三、积极维护重点领域的国家安全

落实总体国家安全观，应聚焦重点、抓纲带目，统筹推进各重点领域的国家安全。

一是维护政治安全。政治安全的核心是政权安全和制度安全，最根本的是维护党的领导地位，维护中国特色社会主义制度。要切实加强意识形态工作，持续巩固主流舆论的引导作用，严密防范和抑制各种渗透、颠覆、破坏。

二是维护国土安全。国土安全是立国之基。因此，要提升维护国土综合安全的能力，加强边防、海防、空防、网防建设，捍卫领土主权和海洋权益，有效遏制侵害国土安全的各种图谋和行为，筑牢国土安全的"长城"；抑制任何分裂国家的活动，打击恐怖主义、分裂主义、极端主义，坚决挫败任何形式的"台独"分裂图谋，全力维护我国香港、澳门的长期繁荣与稳定。

三是维护经济安全。经济安全是国家安全的基础。维护经济安全首先要保证基本经济制度安全；要保障关系国民经济命脉、国计民生的重要行业和关键领域的安全；健全金融宏观审慎管理和金融风险防范及处置机制，防范和化解系统性及区域性金融风险，防范和抵御外部金融风险及危机的冲击；保障经济社会发展所需的资源能源持续可靠地有效供给；确保国家粮食安全尤其是口粮安全，把国人的饭碗牢牢端在自己的手中；有效谋求科技自立自强，建设科技强国，把加强自主创新能力建设放在前所未有的高度，积极发展自主可控的战略高新技术和重要领域的关键核心技术，有效保障重大技术和工程的安全。

四是维护社会安全。社会安全与人民群众切身利益的关系最为密切，是社会安定的风向标，是经济健康运行的环境保障。随着经济发展、社会进步，人民群众对美好生活有更高的期待，对社会安全有更高的标准、要求。因此，要积极防范、减少和化解社会矛盾，妥善处置公共卫生、重大灾害等影响社会安全、经济安全的突发事件；有效保障人民群众的合法权益，打击各类危害人民安全的违法犯罪行为。

五是维护网络安全。当下，网络安全已成为各国面临的最复杂、最现实、最严峻的非传统安全问题之一，我国亦是如此。没有网络安全就没有经济社会的稳定运行，人民利益也难以保障。因此，要切实维护国家网络空间主权安全；要加强网络综合治理，形成从技术到内容、从载体到终端、从日常安全到抑制犯罪的网络综合治理能力；要加强关键信息基础设施网络安全防护，不断增强网络安全防御能力；要加强网络安全预警监测，切实保障数据安全。

六是维护外部安全。和平稳定的国际环境和国际秩序历来是国家安全的重要保障。因此，要坚持共益共赢、交流合作、可持续的国际关系观，积极塑造外部安全环境；要加强安全领域的国际合作，积极引导国际社会共同维护国际安全和区域安全；要切实维护我国海外利益，保护海外中国公民、组织和机构的安全和正当权益，建立强有力的海外利益安全保障体系。

四、统筹发展和安全，积极防范风险

习近平总书记说"保证国家安全是头等大事①"。国家安全是安邦定国的根本基石，是国家生存发展的基本前提。维护国家安全是保障全国人民根本利益的关建。

一是要增强忧患意识，居安思危。当前我国面临复杂多变的安全环境和发展环境，置身于世界百年未有的大变局之中，各种可以预见和难以预见的风险因素明显增多，国家安全面对的不确定、不稳定因素更加复杂，一些风险可能不断积累甚至集中显露，国家安全的内涵和外延更加丰富，时空领域更加宽广，维护国家安全和社会稳定的任务十分艰巨。

"安而不忘危，存而不忘亡，治而不忘乱"是中华民族的伟大智慧。新中国成立七十多年来，我们所取得的成就与进步都是在"居安思危"中实现的。其中有危难之际的绝处逢生，有遭遇挫折之后的毅然奋起，有失误之后的拨乱反正，有磨难面前的百折不挠，既历尽苦难又辉煌迭出。

二是要坚持统筹发展和安全。发展是安全的基础和目的，安全是发展的条件和保障，发展和安全要同步推进。这就要求既要善于运用发展成果夯实国家安全的实力基础，又要善于塑造有利于经济社会发展的安全环境，以发展促安全、以安全保发展，努力构建久安之势、长治之业。

当前我国正处于大有可为的百年未有之大变局时期，发展态势在总体上是好的，安全大局在总体上是稳定的，但面临的风险也是多方面、多领域的，有外部风险，也有内部风险。这些风险既包括国内经济风险、社会风险以及自然界的风险，也包括国际经济、政治、军事风险等。特别是各种矛盾风险挑战源、挑战点相互交织，各种威胁和挑战的联动效应明显，如果发生重大风险却扛不住，国家安全就可能面临重大威胁。我们对这些必须有清醒的认识。在走向2035年的发展过程中，必须把防风险置于十分突出的位置，着力破解各种矛盾和问题，力争不出现重大风险或在出现重大风险时能扛得住、过得去。

预判风险是防范风险的前提，把握风险是谋求主动的关键。特别是要加强战略风险研判和风险预警，力争把风险化解在源头，防止各种风险传导、叠加、演变甚至升级。要提高风险化解能力，透过现象把握本质，抓要害、找原因，科学决策，有效处置。要建立、健

---

① 新时代坚持总体国家安全观[N]. 人民网—人民日报，2019-09-23.

全风险研判机制、风险评估及防控协同机制，加强协调配合，层层落实措施和责任。要把防范、化解重大风险做实做细，绝不能让小风险演化为大风险，不能让个别风险演化为综合风险，不能让局部风险演化为系统性风险，不能让经济风险演化为社会政治风险。

第二节　经济安全在总体国家安全中的地位

一、经济安全是总体国家安全的基础

中共中央政治局第 26 次集体学习时习近平总书记明确指出，贯彻总体国家安全观要坚持政治安全、人民安全、国家利益至上的有机统一，以人民安全为宗旨，以政治安全为根本，以经济安全为基础，捍卫国家主权和领土完整，防范、化解重大安全风险，为实现中华民族伟大复兴提供坚实的安全保障。

经济安全是总体国家安全的基础。因此，为维护国家政治安全、国防安全、人民安全、科技安全、文化安全、生态安全等，首先需要维护经济安全。有了足够的经济实力，主权国家才可能更为有效地维护本国各个领域的安全。为维护经济安全，必须坚持统筹处理经济安全领域的各类问题，科学研判、辩证分析，全面把握、协调推进，既要注重总体谋划，又要以重点突破带动整体推进，调动各方面的积极性，推动全社会形成维护国家经济安全的强大合力。

二、经济安全与其他安全领域的互动关系

在总体国家安全中，经济安全与政治安全、国防安全、科技安全、文化安全、生态安全存在复杂的互动关系。不难设想，在一个经济危机此起彼伏的国家，人民很难拥护当时的政府，国家的政治安全就可能受到威胁，人民就可能要求调整政府组成，甚至会要求改变本国的政体、国体，政府的相关活动即难以处于有序的状态，甚至很难代表国家参与国际事务。反过来，如果一个国家缺少政治安全，经济活动即缺少稳定的社会环境，资本即可能外流，经济运行即可能紊乱，甚至发生经济危机。

经济安全与国防安全也存在互动关系。不难设想，在一个经济极端糟糕的国家，政府很难投入足够的资源建设强大的国防。苏联解体之初，新成立的俄罗斯等国在当时即处于这种状况。反过来，如果一国的国防安全受到威胁甚至被破坏，就很难有安全的发展环境。

经济安全与文化安全也存在互动关系。不难设想，在一个经济极端糟糕的国家，人民食不果腹、生活艰难，此时一些人的道德、理念、意识、行为就可能背离这个国家传统的行为规范。反过来，在一个文化匮乏的国家，人民必然缺少奋斗精神，经济及创新创业难以活跃，经济安全也难以保障。

经济安全与科技安全更是存在互动关系。现代经济竞争直接表现为产品创新及产业竞争，而产品创新及产业发展皆依赖于科技发展。就此而言，科技的可靠供给是经济安全的

可靠基础。反过来，一国经济活跃且安全稳定发展，国民收入特别是国家财政收入达到一定规模，全社会的研究开发投入才可能达到较高水平，基于此才会有科技的快速发展和安全。

三、国家经济安全的重要领域

国家经济安全是由诸多经济领域安全构成的，主要涉及资源能源安全、产业安全、国有经济安全、财政金融安全、国际经济关系安全等领域，这些领域的安全在国家层面形成经济意义上的综合安全。其中需要特别关注的是，在我国，国有经济具有重要的独特作用：一是社会主义政治制度的经济基础；二是社会主义市场经济的产业基础；三是国家经济发展的战略保障力量；四是全民共同福利的来源保障。

国家经济安全是个整体概念。领域经济安全是国家整体经济安全在某一领域的体现。整体经济安全与各领域安全是典型的总体与局部的关系。在某些情况下，一国可能在某些经济领域是安全的，却不一定有全局、整体上的经济安全。从另一个角度看，总体经济安全必然是所有局部及领域安全的综合表现。

国家经济安全各领域之间存在复杂的相互影响、相互依存的关系。某个经济领域的安全态势往往会影响其他领域的安全态势。典型的是，实体经济部门一旦处于危机状态，虚拟经济部门即很难独善其身，反之亦然，在某些情况下甚至是牵一发而动全身。在极端情况下，某些局部经济"非安全"累积、恶化到极点时，即可能转化为总体经济非安全问题。

四个领域的安全问题极易转化为全局性经济安全问题。一是粮食安全问题。我国是发展中的人口大国，有 14 亿人口，吃饭和就业问题极易转化为全局性经济安全问题。典型的是，20 世纪 60 年代初自然灾害和决策失误导致的粮食短缺问题最终导致了国民经济整体上的衰退。二是国有经济安全问题。国有经济是否安全，其功能发挥是否到位，经营风险管控如何，直接影响公有制为主体的基本经济制度的稳定性，影响全体国民对于中国特色社会主义市场经济制度的信心，进而影响社会的稳定性。三是金融安全问题。金融是经济的血液系统，金融危机会殃及整体国民经济，1998 年前后的亚洲金融危机、2008 年的美国金融危机皆证明了这一点。金融领域稍有大的"非安全"问题，即可能危害整体国民经济的健康运行和安全发展。四是国际经济关系安全问题。如果国家对一些国际经济关系问题处理不当，即可能影响经济健康运行及安全发展的外部环境，2018 年以来的美国对华贸易挑衅即佐证了这一点。

第三节　总体国家安全观中关于经济安全的论述

《中华人民共和国国民经济和社会发展第十四个五年规划和 2035 年远景目标纲要》（以下简称《"十四五"规划和 2035 年远景目标纲要》）第十五篇"统筹发展和安全、建设更高水平的平安中国"中关于经济安全的论述，充分体现了总体国家安全观关于经济安全的思想。

一、总体思想

《"十四五"规划和 2035 年远景目标纲要》第十五篇提出，要确保国家经济安全。总体上，要强化经济安全风险预警、防控机制和能力建设，努力实现重要产业、基础设施、战略资源、重大科技等关键领域安全可控，着力提升粮食、能源、金融等领域安全发展能力。具体而言，一是实施产业竞争力调查和评价工程，增强产业体系抗冲击能力；二是确保粮食安全，保障能源和战略性矿产资源安全；三是积极维护水利、电力、供水、油气、交通、通信、网络、金融等重要基础设施安全，提高水资源集约安全利用水平；四是积极维护金融安全，守住不发生系统性风险的底线；五是确保生态安全，加强核安全监管，维护新型领域安全；六是积极构建海外利益保护和风险预警防范体系（见第十五篇第五十三章"强化国家经济安全保障"）。

二、关于粮食安全

《"十四五"规划和 2035 年远景目标纲要》第十五篇第五十三章"强化国家经济安全保障"第一节"实施粮食安全战略"中提出，总体上，要积极实施分品种保障策略，完善重要农产品供给保障体系和粮食产购储加销体系，确保口粮绝对安全、谷物基本自给、重要农副产品供应充足，适时推进制定"粮食安全保障法"。基于此，一是毫不放松地抓好粮食生产，深入实施藏粮于地、藏粮于技战略，开展种源"卡脖子"技术攻关，提高良种自主可控能力；严守耕地红线和永久基本农田控制线，稳定并增加粮食播种面积和产量，合理布局区域性农产品应急保供基地。二是深化农产品收储制度改革，加快培育多元市场购销主体，改革完善中央储备粮管理体制，提高粮食储备调控能力；强化粮食安全省长责任制和"菜篮子"市长负责制，实行党政同责。三是有效降低粮食生产、储存、运输、加工环节损耗，开展粮食节约行动。四是积极开展重要农产品国际合作，健全农产品进口管理机制，推动进口来源多元化，培育国际大粮商和农业企业集团。

三、关于能源资源安全

《"十四五"规划和 2035 年远景目标纲要》第十五篇第五十三章"强化国家经济安全保障"第二节"实施能源资源安全战略"中提出，总体上，要坚持立足国内、补齐短板、多元保障、强化储备，完善产供储销体系，增强能源持续稳定供应和风险管控能力，实现煤炭供应安全兜底、油气核心需求依靠自保、电力供应稳定可靠。基于此，一是要夯实国内产量基础，保持原油和天然气稳产增产，做好煤制油气战略基地规划布局和管控；扩大油气储备规模，健全政府储备和企业社会责任储备有机结合、互为补充的油气储备体系。二是要完善能源风险应急管控体系，加强重点城市和用户电力供应保障，强化重要能源设施、能源网络安全防护;多元拓展油气进口来源,维护战略通道和关键节点安全。三是要积极培育以我为主的交易中心和定价机制,积极推进本币结算。四是要加强战略性矿产资源规划管控,提升储备安全保障能力,实施新一轮找矿突破战略行动。

四、关于金融安全

《"十四五"规划和 2035 年远景目标纲要》第十五篇第五十三章"强化国家经济安全保障"第三节"实施金融安全战略"中提出,总体上,要健全金融风险预防、预警、处置、问责制度体系,落实监管责任和属地责任,对违法违规行为零容忍,守住不发生系统性风险的底线。基于此,一是要完善宏观审慎管理体系,保持宏观杠杆率以稳为主、稳中有降。二是要加强系统重要性金融机构和金融控股公司监管,强化不良资产认定和处置,防范化解影子银行风险,有序处置高风险金融机构,严厉打击非法金融活动,健全互联网金融监管长效机制。三是要积极完善债务风险识别、评估预警和有效防控机制,健全债券市场违约处置机制,推动债券市场统一执法,稳妥化解地方政府隐性债务,严惩逃废债行为。四是要积极完善跨境资本流动管理框架,加强监管合作,提高开放条件下风险防控和应对能力。五是要加强人民币跨境支付系统建设,推进金融业信息化核心技术安全可控,维护金融基础设施安全。

五、关于应急管理

《"十四五"规划和 2035 年远景目标纲要》第十五篇第五十四章"全面提高公共安全保障能力"第四节"完善国家应急管理体系"中提出,总体上,要构建统一指挥、专常兼备、反应灵敏、上下联动的应急管理体制,优化国家应急管理能力体系建设,提高防灾减灾抗灾救灾能力。基于此,一是要坚持分级负责、属地为主,健全中央与地方分级响应机制,强化跨区域、跨流域灾害事故应急协同联动。二是要积极开展灾害事故风险隐患排查治理,实施公共基础设施安全加固和自然灾害防治能力提升工程,提升洪涝干旱、森林草原火灾、地质灾害、气象灾害、地震等自然灾害防御工程标准。三是要加强国家综合性消防救援队伍建设,增强全灾种救援能力;加强和完善航空应急救援体系与能力;科学调整应急物资储备品类、规模和结构,提高快速调配和紧急运输能力。四是要积极构建应急指挥信息和综合监测预警网络体系,加强极端条件应急救援通信保障能力建设。五是要积极发展巨灾保险,引入适合国情的巨灾保险机制。

第三章

自然资源安全管理

第一节　自然资源安全观念的转变

一、自然资源的分类及属性

资源安全一般指自然资源安全。自然资源指一切能够满足人类享用、生存、发展需要的自然物质与条件。自然资源分为可再生资源和不可再生资源。矿产资源是不可再生资源的典型代表。也有不少资源是可再生资源和不可再生资源的混合体，如水资源中的深层地下水，它的补给速度非常慢，一般被认为是不可再生资源。

自然资源能够为人类提供某种使用价值，这是自然资源的内在属性。有限性和稀缺性是自然资源的外在属性。这首先是因为全球人口增加，经济发展所耗用的自然资源与日俱增，自然资源量特别是不可再生资源量迅速减少。其次是人类不合理地利用资源所导致的。特别是人类无节制地耗费与滥用资源，使得整个自然资源生态系统受到破坏，使得资源的有限性和稀缺性更加突出，甚至可能给人类带来局部的灾难性后果。

随着自然资源有限性和稀缺性的加剧，人类对资源开发利用的基本看法也在变化：一是对于人类与自然资源关系的认识的转变；二是对不可再生资源的认识的转变。

二、对人类与自然资源关系的认识的转变

在人类社会发展的历史长河中，自然资源一直被动地顺从着人类的意志。人类想当然地认为自然资源只是人类生活的外部对象，想象着人类可以控制自然。但随着人类对自然资源的破坏性、毁灭性使用，自然界开始以各种资源危机和环境恶化来反抗人类。当这种反抗达到一定程度时，即会给人类的生活和生产带来困难，甚至会威胁人类的生存与发展。目前已有不少人认识到自然界的这种反抗，不少关于人类与自然资源的关系的新观念被提出。其中最为集中的思想是：人类也是自然资源生态系统中的一部分；人类和自然资源是一个大系统

中相互联系和依存的部分；人类不能再靠控制自然资源来满足自身无休止的需求，而应在合理满足人类自身需求的同时，积极适应自然资源生存与发展的"生态要求"。

三、对不可再生自然资源的认识的转变

人类对不可再生资源的认识经历了一系列变化。20 世纪 60 年代，一些学者提出了"物质进步论"，即认为借助科技手段，人类可以复制自然资源。在这种理论指导下，人类加剧了对于自然资源的掠夺式开发和利用。但 20 世纪 70 年代初期，随着人类与不可再生资源之间矛盾的加剧，人类的认识出现了"大反转"。特别是 20 世纪 70 至 80 年代发生的两次石油危机，更加深了人类对于"不可再生资源的有限性和稀缺性"的认识。罗马俱乐部于 1972 年发表的《增长的极限》指出，如果继续按当时的增长模式和趋势发展，人口的指数增长将使地球更加拥挤、污染更加严重，资源更趋枯竭，增长将达到极限，人类社会将不可逆转地瓦解。基于此，该报告提出了"反增长"和"经济增长动态平衡"的理念。

但到了 20 世纪 90 年代，随着一些矿产资源价格的波动式升降以及部分矿产资源储采比增加，人类又放松对不可再生资源可能枯竭的警惕。特别是某些领域科学技术的迅速发展提高了部分资源的利用效率，甚至提供了一些人工合成物，似乎减轻了人类对某些不可再生资源的依赖。于是一些人误以为"人类知识的增长有可能将不可再生资源拉离耗竭区"。然而，到了 21 世纪，各种不可再生资源价格的飙升及日益严重的全球气候变暖再次提醒人们"不可再生资源的日益枯竭越来越成为全球经济可持续发展的瓶颈"。人类如何摒弃"高消耗、高污染"的传统工业化道路，进而转向"资源消耗少、环境污染少"的新型工业化道路，即成为世界各国共同关注的议题。

四、战略自然资源及其安全

战略自然资源即在国民经济中具有举足轻重作用的，对当前和未来发展具有重要战略影响的自然资源，至少包括重要金属矿产、石油、水资源、粮食等。战略自然资源具有四个重要特性，即供给的稀缺性、开发或获得的高成本性、用途的广泛性、影响的普遍性和深远性。所谓战略自然资源安全，即一国拥有主权的或实际占有的或可得到的各种战略自然资源的数量和质量能够保障该国经济当前运行、参与国际竞争以及未来经济可持续发展的需要。

"安全"总是相对"不安全"而言，战略自然资源安全也是如此。战略自然资源"非安全"是在经济社会发展过程中逐步表现出来的供需失衡，甚至是资源供给危机。有效提高资源利用效率、努力实现资源的供需平衡是战略自然资源安全的核心要求。战略自然资源安全研究就是要研判可能发生的战略自然资源供给难题并在某些问题恶化之前即寻求合理有效的解决办法，进而防范并化解可能出现的危机。

第二节 工业化中期的矿产资源安全

一、矿产资源安全的内涵与挑战

（一）矿产资源安全的基本内涵

矿产资源指经过地质成矿作用，使埋藏于地下或显露于地表且具有开发利用价值的矿物或有用元素的含量达到有工业利用价值的集合体。矿产资源是重要的自然资源，是社会生产的重要物质基础。矿产资源属于不可再生资源，具有有限性和稀缺性。

矿产资源安全是指一国的矿产资源供给处于可靠、有效供给的状态且能有效防范各种风险并消除威胁。其中，一是强调矿产资源供应的可靠性，即满足国家生存与发展需求的矿产资源供应的可靠程度；二是强调矿产资源开发使用的安全性，即矿产资源开发及使用不应对人类生存与发展的环境构成威胁；三是强调矿产资源供应的价格合理。目前人们较多关注的矿产资源安全主要指一国所能获取的资源能够持久、稳定、足量地满足经济可持续发展需要的状态，这可视为狭义的矿产资源安全，即矿产资源供应的可靠性。

诸多国家谈到矿产资源安全，其目标主要有两个：一是要确保经济运行有足够的资源保障；二是要确保资源供给能够促进经济的可持续发展。特别是一些有色金属矿产如铜矿、锰矿等在全球已高度稀缺，这些矿产资源的供给安全即成为资源安全的重要矿种。同时，全球工业化、城市化的加速以及人口膨胀，矿物燃料大量使用所导致的全球气候变暖，使得生态环境承受的压力越来越大，一定程度上已危及人类的生存和发展，这已成为需要国际社会协调解决的问题。在资源开发使用过程中加强环境建设和保护，实现经济、社会、环境的协调发展，也成为矿产资源安全的重要目标。

特别是对处于工业化中期的国家而言，经济发展在相当程度上依赖于重工业特别是依赖于加工制造业。相应地，这些国家对矿产资源也会有较大的需求。在此背景下，矿产资源安全即成为其必须高度关注的问题。

（二）确保矿产资源供给安全已成为世界多国关心的政策目标之一

在人类发展历史上，经济和人口的增长带来的是对各种矿产资源开发利用的持续扩大。矿产资源是能源、制造、通信、建筑工业和现代农业的基础。矿产资源供给的保障程度直接关系到一国的经济发展，以主要金属矿产为重点的矿产资源安全已成为经济安全的重要组成部分。同时，经济全球化使不少国家在矿产领域的相互依赖程度越来越强。相应地，确保矿产资源供给安全已成为世界多国关心的政策目标之一。

特别是矿产资源的不可再生性、过量消耗与趋于枯竭、可供性与可控性等问题始终是各国考虑长期发展问题的重要支撑和边界条件。尤其是不少工业发达国家严重依赖于外部矿产资源供给，关键矿产资源的供应如果中断，即会严重影响这些国家的国防体系和经济体系的安全性，由此一些国家提出了"战略矿产"的概念。

（三）矿产资源供应中断是矿产资源安全最为严重的"非安全"状态

矿产资源供应中断往往意味着正常经济生活的阶段性中断，这本身就是一种经济非安全，甚至会影响一国的国防安全与政治安全。20 世纪 60 年代以来，国际上一些重要矿产供应中断的实例如表 3-1 所示。

表 3-1　部分矿产资源供应中断实例①

矿种	供应中断实例
镍	1967 年新喀里多尼亚暴雨和洪水造成采矿及运输设备毁坏，发货延迟
	1979 年加拿大鹰桥公司、1978—1979 年加拿大因科公司因员工罢工导致发货中断
	1988 年 1—4 月，多米尼亚矿业企业因出口税问题延迟发货
	1988 年 3—12 月，印度尼西亚发生重大矿山事故，难以向海外供货
铬	1986 年南非为反美国经济制裁而暂时停止出口
	1978 年苏联停止出口高品位矿石
	1994 年哈萨克斯坦铬矿大幅度减产，造成出口困难
钨	1976—1977 年苏联大量收购，同时国际投机商囤积居奇频发
钴	1975—1980 年扎伊尔种族纠纷频发，1991 年发生暴动，钴开采及出口皆遇困难
	1975 年扎伊尔由于安哥拉内战关闭港口，钴出口遇到困难
钼	1979—1980 年加拿大矿山发生罢工，造成出口困难
锰	1979 年苏联停止出口锰
	1973 年加纳发生政变，锰出口发货延迟
	1973 年澳大利亚企业（BHP 公司）员工罢工，锰供给中断
	1973 年印度停止高品位锰矿石出口
钒	1980—1981 年南非和美国的钒企业减产，供应量减少及需求大增致世界供给短缺

（四）国际矿产市场价格攀升对我国矿产加工业的产业安全形成挑战

20 世纪 90 年代以来，随着全球经济一体化的快速推进和深化，尤其是随着我国加入 WTO 及新兴国家冶金行业的急剧发展，国际矿产市场价格起伏不定，特别是攀升，对我国等新兴国家的冶金行业发展的影响是不可轻视的。2008 财年国际铁矿石基准价大大出乎我国钢铁企业的预料，较 2007 年涨了 65%，使得我国钢铁企业的成本平均增加了一百多亿美元。这几年，铁矿石价格更是一路攀升，甚至出现了这样一种现象：我国采购什么矿种，

---

① 沈镭，何贤杰，张新安，等. 我国矿产资源安全战略研究[J]. 矿业研究与开发，2004，24（5）：6-12.

该矿种的国际市场价格必然攀升。以远期现货澳洲粉矿（62%）为例（见图 3-1），从 2020 年 7 月 8 日到 2021 年 5 月 3 日，每千吨的美元价格翻了一倍多，这就大大挤压了我国钢铁行业企业的利润空间，使得不少钢铁企业的生存变得十分艰难。

图 3-1　远期现货澳洲粉矿（62%）的价格变动

资料来源：中国钢铁工业协会。

二、矿产资源安全面对的国际问题

（一）全球矿业资源的寡头垄断格局

在国际上，发达国家为保障自身矿产资源安全，控制全球矿产资源供应，进行了全球范围的战略布局。这种布局在很大程度上是依托跨国公司完成的。大型矿业跨国公司凭借政府支持，利用自身的资金和技术优势展开了并购大战，超大规模的矿产新巨头不断涌现。

1999 年，法国道达尔-菲纳公司收购埃尔夫-阿奎坦公司。2006 年，米塔尔、安赛洛两家公司在卢森堡达成协议，组建年产量超亿吨的"安赛洛-米塔尔"公司，当年交易总金额达到 280 亿欧元。同年，俄罗斯铝业公司通过收购俄第二大铝业公司即西伯利亚乌拉尔铝业公司和瑞士嘉能可国际公司的氧化铝业务，超过美国铝业公司成为全球最大的铝业公司。澳大利亚必和必拓公司与英国比利顿公司联合后，即成为世界上最大的跨国矿业公司、全球第三大铜生产商、第三大铁矿石生产商和最大的煤炭出口商。在 2007 年，全球矿产领域并购总金额达 2108 亿美元，比 2000 年的 387 亿美元增长了 445%。

矿业公司跨国并购激增使矿产资源控制权的集中度日益加强，形成不少新的规模更大、实力更强、控制着全球资源和市场的矿业巨头，"寡头垄断"的局面逐步形成。2019 年，参与全球矿业经营的企业大约有 8000 家，但大部分矿山产量仅由少数几家公司控制。全球规模排名前 25 的矿业公司中，美、加、澳、英四国的企业占了 18 家。这 18 家矿业公司控制了西方国家 32% 的锡产量、27.3% 的铁矿石产量、14.7% 的铜矿产量、15.3% 的金产量和 11.8% 的锌产量。这种全球矿产资源的寡头垄断保障了这些大型跨国企业所属国的经济发展和国家经济安全对矿产资源的需求，同时又由于垄断局面的出现而形成卖方市场，致使只要其中几个重要矿产资源的开采者联合起来，就能影响全球市场定价，甚至能控制全球供给。

（二）矿产资源安全与国际及地区争端

在世界上二百多个国家和地区[①]中，几乎没有能做到在矿产资源方面完全自给自足的。相应地，矿产资源即成为国际政治斗争和外交斡旋的重要筹码，矿产资源的争夺甚至成为国家间战争的根源之一。美国世界观察研究所在其报告《全球预警》中曾经指出，"在整个人类历史进程中，获取和控制自然资源（土地、水、能源和矿产）的战争一直是国际关系紧张和武装冲突的根源"。

矿产资源分布和消费格局的非均衡（见表3-2）使得矿产消费大国必然选择全球化获取战略，这自然加剧了国家之间围绕矿产资源获取所发生的竞争，资源丰富的发展中国家即成为发达国家争夺的焦点地区，这甚至加剧了一些地区的紧张局势。

表 3-2　全球主要矿产资源分布情况

矿种	主要分布国家或地区/%					
铝土矿	几内亚 28	巴西 14	澳大利亚 12	牙买加 10	其他 36	
铜	智利 27	美国 14	澳大利亚 7	波兰 6	其他 46	
金	南非 45	美国 23	澳大利亚 11	俄罗斯 8	其他 13	
铁矿石	俄罗斯 42	澳大利亚 12	美国 10	加拿大 8	巴西 7	中国 6	其他 15
铅	澳大利亚 27	美国 12	中国 10	加拿大 6	其他 45	
锂	智利 65	美国 17	加拿大 9	澳大利亚 8	其他 1	
锰	南非 53	乌克兰 19	澳大利亚 8	加蓬 6	中国 6	其他 8
镍	古巴 36	俄罗斯 13	加拿大 13	新喀里多尼亚 9	澳大利亚 8	其他 21
铀	澳大利亚 30	哈萨克斯坦 21	加拿大 13	南非 10	巴西 8	纳米比亚 8	其他 10
锌	澳大利亚 23	加拿大 13	美国 10	秘鲁 4	墨西哥 4	其他 46

数据来源：美国地质勘查局网站 http://www.usgs.gov.

对矿产资源的争夺是国际关系紧张和武装冲突的诱因之一。特别是随着世界人口增长和经济发展对矿产资源需求的增加，对矿产资源的争夺更易加剧国家间的争端和地区性冲突。为争夺和控制矿产资源产地，发生过苏联入侵阿富汗、以美国为首的多国部队发动海湾战争以及其他地区和局部战争。这些战争本质上是争夺矿产的战争。据统计，20世纪全球一共发生了三百多起地区局部战争，皆与争夺矿产资源有着直接或间接的联系。诸如美军入侵伊拉克、利比亚，俄罗斯与格鲁吉亚的冲突，其背后皆与争夺石油和天然气等资源有关。目前，国际上的潜在热点地区也多数与矿产资源密切相关。

近年来，国际社会围绕矿产资源、能源等议题频繁进行双边或多边对话与合作。美国、英国、日本等发达国家利用自身资本、技术与军事优势同一些资源丰富的发展中国家达成

[①] 国家是由领土、国民、文化、政府四要素构成的。截至 2019 年，全世界共有 235 个国家和地区，其中有 197 个国家，38 个地区。

各种协议，控制这些国家的矿产资源。除政府层面的行为外，这些发达国家还积极鼓励本国矿业企业进行海外收购和勘查，获取廉价、优质的矿产资源，提升对全球资源的控制能力，应对可能发生的价格波动，以期保障本国矿产资源安全。

三、我国发展中的矿产资源短缺及其成因

我国是矿产资源十分丰富的国家，矿产资源储量约占世界总量的 12%，但我国人均矿产资源只是世界平均水平的 58%。同时，我国的矿产资源普遍存在品位低、开采难度大、冶炼困难等不利因素，难以满足经济发展与人民日益增长的生活需求。

（一）我国多种重要矿产资源严重依赖进口

自 20 世纪 80 年代逐步参与国际矿产资源市场竞争以来，我国以自身的资源禀赋优势和开放的态度活跃了全球矿产资源市场；同时，我国强劲的经济增长和旺盛的矿产资源需求也成了全球矿产资源消费量增长的重要因素。目前，我国是世界上重要的铁矿石消费国和进口国、有色金属消费国。

以铁矿石为例，我国是世界主要的产钢国之一，铁矿石需求十分旺盛。我国的铁矿石储量虽然丰富，但是存在两个问题：一是贫矿多，贫矿储量占总储量的 80%（例如，2007年我国铁矿石产量为 70 707 万吨，但按世界铁矿石平均含铁量折算后只有 33 232 万吨）；二是多元素共生的复合矿石较多。因此，我国每年都需大量进口铁矿石，2020 年的进口量竟然占到铁矿石消耗量的 80%。

除此之外，我国每年还必须大量进口铜、铝、锰、钾肥等矿产资源，总量和金额都很大。大量矿产资源的进口使得我国经济发展的对外依赖性持续增强，一旦进口来源被切断或价格大幅上涨，我国矿产资源安全必然受到严重威胁。

（二）我国矿产资源进口来源存在风险

矿产资源的进口来源是否稳定与可靠也是影响一国矿产资源安全的重要因素。来源国的供给是否稳定、政治局势是否安定、进口路线是否安全等都关乎进口国的矿产资源供给安全。除进口量大外，进口来源国过于集中也是目前我国矿产资源进口的突出问题。通常使用集中度指标（concentration ratio，CR）衡量进口分布的集中情况（CR4 代表排前 4 位的国家的进口量占总量的百分比，CR6 代表排前 6 位的国家的进口量占总量的百分比）。现阶段我国主要矿产资源进口集中度如表 3-3 所示。

表 3-3　我国主要矿产资源进口集中度

矿产品名称	CR4/%	CR6/%
铁矿砂及精矿	87.4	90.3
锰矿砂及精矿	88.1	92.9
铜矿砂及精矿	71.9	80.3

矿产品名称	CR4/%	CR6/%
镍矿砂及精矿	99	99.6
氧化铝	98.7	99.5
铅矿砂及精矿	52.2	62.3
锌矿砂及精矿	66.7	77.5
铬矿砂及精矿	71.7	80.3
钾肥	92.2	98.5

资料来源：根据《中国矿业年鉴》整理计算。

（三）我国优势矿产资源正在逐步流失

除矿产短缺外，我国一些优势矿产过度出口，造成资源流失严重。稀土是我国富有的重要战略资源，1992 年邓小平同志在"南方谈话"中提到"中东有石油，我国有稀土"。然而，在发达国家先后将稀土视为战略资源储备的同时，我国的稀土长期以来被视为可换取外汇的普通商品。因长期过度出口，我国稀土的储量基础锐减，2008 年的储量占全球总量的 50%左右，包括美国在内的几个稀土资源大国已纷纷关闭本国矿山，转而从我国进口。由于出口价格低廉，一些国家甚至大量进口我国稀土之后将其沉入海底用作战略储备。

钨也是我国优势矿产之一，广泛用于电力、电子、石化、军工等领域。我国是世界钨资源最丰富的国家，储量和储量基础都占全球的 60%以上，供应了国际市场钨产品需求的80%。美国则是世界最大的钨消费国，其每年进口量的一半左右来自我国。

一些国家还通过在华直接投资获取我国矿产资源，采矿业外商直接投资一直保持在 5亿美元左右的规模，最多时一年有近三百个项目由外商投资。国外企业在华矿业投资基本以我国优势的矿产资源为主，仅在某地即有外国稀土企业十多家，其中不少企业收购稀土原料或初级产品后，稍做加工（规避我国出口管制产品目录限制品种）便运往国外。2008年，我国规模以上有色金属矿采选业企业中，"三资"企业共 75 家，总资产达 307 亿元人民币，占全行业总资产的 13.4%。这反映了保护我国优势矿产资源安全与保障短缺矿产的稳定供给同样重要。

（四）我国在全球矿产资源市场缺少定价权

价格是影响全球矿产资源供求格局的重要因素。一国的矿产资源安全不仅意味着能够获得满足发展需求的足量的矿产资源，还要能以适当的价格获取这些资源，故在全球矿产资源市场中，谁拥有了定价权，谁就能主导市场的供需格局。但长期以来，我国在全球矿产资源市场缺乏定价权。经济学认为，产品的垄断卖方具有控制市场价格的能力，产品的垄断买方也可凭借其市场地位在与卖方的博弈中影响市场价格。然而，作为全球最大的铁矿石买家，我国却无法影响市场价格，只能被迫接受不断上涨的价格；作为全球最大的稀土和其他一些稀有金属的卖家，我国同样难以影响市场价格。1990—2006 年，我国稀土出口量增长了近 10 倍，价格却下降了一半多。

造成我国在全球矿产资源市场上缺少定价权的一个重要原因是我国矿业进出口机制混乱，拥有进出口资质的企业过多。以钢铁行业为例，我国拥有铁矿石进口资质的企业一度多达 523 家，经过一系列整顿目前仍有约 100 家，而且这些企业在铁矿石谈判中各自为战。2002 年以来，铁矿石价格飙升，除 2007 年谈判时中方居于主动外，其余年份均处于被动。测算显示，中方为此累计多支付 7000 亿元人民币。除钢铁行业外，稀土行业也面临同样的难题。我国拥有稀土出口资质的企业一度多达 200 多家，2009 年减少为 20 家。如此多的企业拥有出口资质导致在对外谈判中很难协同一致，加上出口供应商恶性低价竞争，由此造成稀土出口价格一落再落。

（五）两大成因加剧了我国的矿产资源短缺难题

成因之一是工业化加速和城市化水平提高带来的矿产资源短缺问题。我国部分矿产资源供给出现较大缺口首先源于我国的工业化加速。经济高增长与矿产资源消耗存在正相关关系，而且我国经济发展已进入工业化中期，未来我国对矿产资源的需求还会增大。我国矿产资源供给缺口较大的是铁矿石和精炼铜，铁矿石供给缺口仍将保持在较高水平，原铝和锌的供给缺口也有进一步扩大的趋势。我国城市化水平不断提高对矿产资源提出了刚性需求，一些重要矿产资源的消费量占世界消费量的 20% 以上，铁矿石、锡的消费量占世界消费量的 30% 以上，锌的消费量占比也接近 30%。铁矿石的对外依存度和净进口量一路攀升，近年来媒体高度关注我国企业跨国并购国外矿山、矿企以及铁矿石价格一路飙升与此不无关系。

成因之二是全球矿产资源格局对我国形成的挑战。现阶段，全球矿产资源格局总体对我国较为不利，但受更多发展中国家逐步兴起和美国金融危机及全球新型冠状病毒肺炎疫情（以下简称新冠疫情）扩散的影响，矿产资源格局也悄然发生变化。对我国而言，其中的挑战不言而喻。首先，我国大量矿产资源严重依赖进口，导致在市场中处于不利地位。我国经济高速发展，对矿产资源的需求十分旺盛，这就使我国在国际矿产资源价格谈判中处于极为被动的位置，经常被迫接受过高的价格。同时，矿产资源严重依赖进口还使我国在某些其他国际事务中受制于人，严重影响我国总体对外战略及策略的实施。其次，我国开发利用国际资源遇到早期工业化国家的狙击。美国、日本、西欧等国家和地区已对主要资源国形成了强力控制，导致我国资源获取"走出去"战略的实施遇到不少障碍。再加上一些国家鼓噪的"中国威胁论"，也使得一些矿产资源丰富的国家对与我国合作持保留态度。不可否认，这种论调对我国进行"资源外交"和倡导"一带一路"皆产生了一定程度的消极影响，加大了我国获取国外矿产资源的难度。

四、我国矿产资源安全的对策与保障机制建设

（一）我国矿产资源安全的应有之策

1. 从战略层面加强资源平衡管理

自 20 世纪 90 年代中期进入工业化中期以来，我国的矿产资源短缺问题日益突出，

预计今后若干年这一局面有可能进一步加剧。基于此，我国必须从战略层面加强资源供需平衡管理。

一是应从经济社会可持续发展出发，高度关注未来我国多种类矿产资源供给短缺问题。在加强、加快国内矿产资源综合勘查、评价、开发的基础上，宏观调控矿产资源开发总量，有效利用国际、国内两类资源及两个市场，努力实现奔向 2035 年远景目标时全国矿产资源的供需平衡。

二是应加快调整矿产资源开发利用的结构和布局，加大资源技术创新力度、进度与成效，努力实现资源利用方式从粗放型向集约型转变和矿业生产力的合理布局。特别是，应依靠科技创新和进步，努力提高资源回收率，降低单位 GDP 的矿产资源消耗，加强二次资源回收利用，节约利用资源。

三是应对我国现有外贸出口结构进行调整，减少我国出口结构中资源消耗大的产品，努力降低出口商品给国内资源供给带来的过大压力，进而促进资源供需总量平衡。

2. 转变经济发展方式是缓解我国矿产资源短缺的根本出路

我国矿产资源短缺的重要成因之一是我国的经济发展方式较为落后。一是经济增长方式粗放。我国单位 GDP 的资源消耗远高于工业发达国家，各工业行业单位工业增加值的资源消耗也高于发达国家同行业。二是产业结构低级化。我国资源消耗高的产业在国民经济中的比例过高。三是经济增长主要是靠资本和劳动的消耗实现的，仅约 30% 的增长是靠技术进步实现的。而资本中流动资本部分在实物形态上往往表现为资源和其他原材料。由此可见，只有转变发展方式，走新型工业化道路，使经济增长更多地依靠以技术创新为核心的技术进步，更多地依靠消耗资源少的产业部门，才能缓解我国的矿产资源短缺局面。

但这其中有两个难题。一是产业结构怎样高级化。基于我国现实国情，同时借鉴发达国家和新兴工业化国家早期的经验，现阶段我国最为适当的产业结构就是"资源高消耗产业的比例大大降低，高新技术产业、现代服务业等资源低消耗产业的比例大大提高"。一旦资源高消耗产业的比例大大降低，我国矿产资源短缺的局面即可能得到一定程度的缓解。二是怎样建立资源节约型城市。现阶段我国的城市化率已达到 50% 左右。城市化水平的提高使我国矿产资源供给的压力正在增大。我们必须通过建设低投入、高产出、低消耗、少排放、能循环的经济体系和基础设施体系来实现城市的可持续发展。要坚持开发节约并重、节约优先，按照减量化、再利用、资源化的原则，在资源开采、生产消耗、废物产生、消费等环节逐步建立城市资源循环利用体系。

3. 从全球竞合角度来思考我国的国际矿产资源战略

改革开放以来，我国经济社会发展日益融入全球经济，我国必须在利我的前提下充分利用国际资源和国际市场，同时也要对过度依赖国际矿产资源保持高度警惕，进而采取适当的战略与政策。特别是在加强国际矿产资源运输通道的开发、建设与保护的同时，应积极实施"资源外交"。一是因为若无国家间良好的外交关系，则我国企业很难进入某些东道国；二是因为我国企业在外经营如受到东道国政府、企业的不合理干涉，即需要我国政府出面交涉或斡旋，甚至需要政府携国家的力量给予保护；三是因为这也是国际上常规的做法。

值得借鉴的是，美国为获取更多的国际资源、确保国内供给，利用其突出的经济实力、军事实力和科技优势，在政治、经济和技术上开展全方位的"资源外交"，甚至采取经济和军事手段保障其矿产资源战略的实施；日本政府通过"资源外交"，加强与资源富裕国及跨国矿业公司的联系与协作；韩国政府为了加强与具有战略意义的资源国家的合作，积极开展针对中亚和拉丁美洲国家的资源外交，成立专门的双边委员会来负责矿产资源领域的合作。

借鉴美、日、韩的经验，一是我国应有系统的"资源外交"构想，树立"资源外交无小事"的意识；二是国家及政府领导人应介入"资源外交"，将其纳入领导人出访的议程；三是应企业请求，外交部、商务部等政府部门应积极帮助企业解决在境外遇到的困难，积极与我国企业所在的东道国政府沟通、谈判，为我国矿业企业创造安全、良好的境外经营环境。

（二）我国矿产资源安全的保障机制建设

1. 加快完善国内矿产资源保护制度

现阶段我国在全球矿产资源储量及生产格局中皆处于不利地位，基于此，我国必须加强对国内矿产资源的保护，要从确保经济可持续发展出发，有规划、有节制地开发国内矿产资源，具体做法如下。

一是对国内已明显短缺的富铁矿石和稀有金属（矿石及其制品）要进一步明确品种，严控出口企业的资质和数量，严控出口额度，对企业出口实行配额制度。对超过配额出口和不具备资质而出口的企业，必须给予符合法律规定的严厉惩罚，以儆效尤。

二是要严控优势资源出口。我国具有稀土资源优势，但因多年来滥采滥挖，将稀土视为可换取外汇的普通商品而过度出口，造成出口越来越多，价格却越来越低，行业总利润逐年降低。例如，2005 年的稀土出口价格仅相当于 1990 年的 64%，稀土企业从中获得的利润仅为 1%～5%。除常规出口外，稀土资源走私也十分猖獗。据海关统计，2008 年我国稀土氧化物常规出口 4 万吨左右，而当年稀土走私出口约在 2 万吨左右，走私相当于常规出口的 1/2。对类似资源，今后必须严控出口数量，同时坚决打击走私。

三是要坚决杜绝国内矿产资源在国际市场廉价出售。我国的钨、铟和稀土等稀有金属储量曾居全球第一，钼、锗等稀有金属的储量和产量也居全球前列，被广泛用于武器制造、航空航天、信息产业等行业。但过度开采和恶性出口竞争使这些稀有金属在国际市场中处于被廉价出售的境地，出口量激增的同时，其 2010 年前后的价格却比 20 世纪 90 年代后期下降了 30%～40%。尽管贵金属铟 80% 都出自我国，但其国际价格仅为每千克 1000 美元左右，与 3000～5000 美元的国际合理价位相差甚远。

2. 加快完善矿产资源国家储备制度

国家物资储备制度是一国维护经济安全、应对突发事件、调节市场供给、满足特殊需求的有效制度。我国历来重视国家储备制度的建设。为应对当下和今后我国矿产资源供给持续短缺和部分矿产价格剧烈波动的局面，我国需要加快完善矿产资源国家储备制度，具体做法如下。

一是要根据国际政治和经济形势的变化，与发达国家进行博弈、应对全球气候变化等方面的需要，增加新的储备品种。特别是应增加现代社会生活和产业活动不可或缺、应对重大公共突发事件、大部分依赖进口、集中分布在某些国家、供给系统脆弱的矿产资源品种的储备。

二是应调整部分国家储备的形式，除成品储备之外，还应有储量储备，要使成品储备与储量储备形成合理的比例。现阶段应坚决关停部分钨、钛、稀土矿，以备未来发展之需。同时应调整现有储备的区域布局，尽可能缩短所储备矿产资源的运输距离，使得储备物资未来的调动运输半径更为合理。

三是应将政府储备与民间企业储备结合起来。日本于 1983 年开始实施国家储备、共同储备、民间储备三者结合的矿产资源储备制度，所储备金属包括镍、铬、钨、钼、钴、锰、钒 7 种金属，储备目标是保障国内 60 天消费量。日本通过当时的金属矿业事业团租赁民间储存设施，实施国家储备保障 25 天、共同储备 25 天；还通过特殊金属储备协会组织实施民间企业层面的储备，保障 10 天。日本 1986 年废除了共同储备，但统合后的国家储备制度仍包括国家储备和民间储备，储备目标是国家储备保障 42 天（70%），民间储备 18 天（30%）。借鉴日本的经验，我国部分矿产资源如稀土、部分有色金属也可以采取政府储备与民间企业储备结合的机制，但应统一作为国家储备来管理。

第三节　现代社会的水资源安全

一、水资源安全与短缺

（一）水资源安全的基本内涵

水资源安全是指一国所拥有主权或实际占用的或可得到的各种水资源在数量和质量上能够保障该国经济社会当前运行以及可持续发展的需要。

1. 水资源安全的核心问题

水资源安全的核心问题是保障水资源的供需平衡及水生态不被破坏。对世界绝大多数国家而言，水资源短缺和水生态破坏是主要的水资源安全问题。要解决这些问题，关键是要实行有效的水资源管理，包括水资源保护与优化供给以及水资源使用的节约和需求的自我控制，特别是要提高一国既有水资源的利用效率。

水资源供给与居民生活及经济社会各个领域的运行有着密切的联系，特别是与粮食生产有着非常紧密的联系。农作物主要通过两种基本途径获取它们所必需的水分，即降水与灌溉。自然降水及灌溉可使地球上阳光最充裕、最肥沃的土地变成重要的农作物生产区。目前，占全球农田 16% 的灌溉田生产着全球 36% 的农作物。1984 年以来，世界粮食生产平均每年下降 1%，其中可灌溉面积的下降是粮食生产下降的主要原因之一。在我国，可灌溉面积占全部农田的 47%，农业生产高度依赖于这些可灌溉耕地。

2. 水资源供给安全已成为全球性难题

全球耕地可灌溉面积下降的根本原因是水资源的短缺。虽然地球表面大部分被水所覆盖，但咸水占水资源总量的 97.5%，淡水中有 68.7% 以冰雪形式存在，有 30.97% 储存在地下含水层和永久冻土层中，人类所能利用的淡水量只占地球水储量的极小部分。地球上有少量可再生的水，可以通过太阳能的作用进行循环，变成淡水。例如，每年从海洋输送到陆地的水约为 4×10^5 亿立方米。按目前人口计算，每人每年可拥有的水量约为 7400 立方米，比 3000 立方米每人的缺水上限要高很多。但是，这些水的 2/3 随洪灾流掉了，剩下的又分布得极不均匀。

在国际上，年人均供水量少于 1000 立方米的国家通常被列为缺水国家。目前全球约有 2.32 亿人口所在的 26 个国家被列为缺水国家，全世界有 12 亿人口严重缺少饮用水，且世界人口的持续增长将使水资源短缺问题进一步加重。同时，部分水源充足国家的某些地区也出现了缺水的征兆。例如，我国人均水资源量为 2304 立方米，其中北方地区人均水资源是仅为 995.4 立方米，属于缺水地区。以上这些都是全球关注水资源安全问题的原因。

（二）水生态破坏

在那些目前供水并不紧张的国家和地区，水资源危机问题仍可能存在，这往往源于地下水水位下降和严重的水污染且它们已严重影响人类的生存与发展。目前已有不少国家靠抽取地下水来补充水源供给。但如果地下水的使用量超过了补给量，则必将引起地下水水位下降，特别是已储存了几百年或几千年的古蓄水层目前已很少得到补给，抽干这些水将给后人造成无水可用的局面。目前地下水过度开采在北非、中东、我国、印度和美国西部等国家和地区普遍存在。

水资源污染则使水资源原本短缺的某些国家雪上加霜，也使水资源比较充裕的国家陷入"有水不能喝"的尴尬境地。例如，在我国某个地区，河水哗哗地从当地居民家门口流过，当地居民却不得不买昂贵的"纯净水"，因为河水是黑的。更为严重的是，人类对国土资源的肆意开发造成不少国家或区域生态系统的破坏。以苏联在 20 世纪 60 年代建造的咸海流域灌区为例，虽然整个灌区生产了苏联 1/3 的水果、90% 的棉花和 40% 的稻米，却切断了咸海的补充线路，使咸海表面下降了 40%，容量下降了 60%，含盐量上升了 3 倍，每年至少卷起 4000 万吨干燥河床的有毒盐分和尘土且倾注在周围的农田里。咸海中的 24 个鱼种已经消失，原来的每年 44 000 吨渔业捕捞量下降为零且该地区居民的食道癌和肝炎发病率分别增加了 15 倍和 7 倍。而要恢复该地区的生态系统，则需要极大的财力与人力投入。从中亚到非洲、从美洲到东亚，咸海灌区的类似事件在世界各地并不鲜见。可见，人类在努力提高自身生活水平的同时，也需要理性地考虑如何有效保护人类赖以生存的生态系统。

（三）水文政治

国家之间如有河流穿过，围绕水资源的使用，相关国家在某些情况下即可能发生政治和外交摩擦，甚至是军事冲突。早在 20 世纪 90 年代，即有人在美国《时代杂志》上撰文指出："水，下个世纪战争的根源。"其基本论据是，随着全球人口压力增大以及对有限水资源供给需求的增加，国家之间的水资源需求冲突必将升级。早在 1990 年，约旦国王侯赛因即宣称，水资源问题将是使他卷入与以色列战争的唯一原因。在一段时间内，国际上也流行着"19 世纪争煤，20 世纪争石油，21 世纪可能争水"的说法。全世界有一半人口生活在与邻国分享河流和湖泊系统的国家里，有 214 个河流和湖泊系统跨越一条或多条国界，其中 148 个水系经过两个沿岸国家，31 个水系流经 3 个国家。由此，国家间发生水资源争端甚至冲突也不为怪。

例如，中亚地区 90% 的水资源集中在吉尔吉斯斯坦和塔吉克斯坦两国，而乌兹别克斯坦和哈萨克斯坦是最主要的水资源消费国。因占源头之便，吉、塔两国大力发展水电，塔吉克斯坦甚至决定升级努列克水电站。然而，中亚地区人口最多的乌兹别克斯坦则坚决反对塔吉克斯坦的水资源开发计划，两国几乎陷入了冷战状态。在南亚，印度与 3 个国家（巴基斯坦、孟加拉国、尼泊尔）有过用水争端。印度河发源于印度，下游经过巴基斯坦，是世界上最大的灌溉系统之一。1960 年印、巴两国签署了《印度河水使用协议》，缓解了两国的用水争端，但没有解决关于乌拉尔大坝问题的分歧。巴基斯坦一直认为印度修建乌拉尔大坝违反了《印度河水使用协议》，因为协议规定"禁止任何一方进行可能改变河水流量的人工工程"。更重要的是，巴方认为印度可由此截住河水，不让其流往巴基斯坦。

在国际上，一般认为，上游国家对其境内的河水拥有"绝对主权"，可以任意处置，而下游国家则往往持有异议。如果下游国家认为上游国家的水资源利用过度，威胁到下游国家的用水量，冲突即不可避免。目前国际上也有学者提出，要消除"水资源紧张"局面，流域国家即需要制定双方可以接受的水资源分享条约。一般而论，"双方协作"一定会比"双方争夺"要好些。因为争夺只能是"零和博弈"，即"我抢到的一定是你失去的"。但双方协商可能通过节水、高效用水、循环用水等方式增加可供用水量，再加上技术共享等措施，就可能缓解"水资源供给紧张"的局面。不过，这需要各国之间的相互信任、交流及合作。

（四）水资源安全管理的主要问题

水资源短缺问题在诸多国家和地区已非常严重，并且水资源供给缺口将长期存在。不少国家的实践表明，实现有效的水资源管理是解决水资源供给短缺问题的根本办法。水资源的自然供给有其自身的规律，短期内不会有大的改变，而且过多地使用水资源可能对整个生态系统造成破坏。因此，水资源供给管理主要是充分保护和合理调配水资源，防止可供水量减少和水资源被污染。应对水资源需求进行有效管控，而不是去迎合人类无限制的水资源需求，对水资源需求进行管理和控制是水资源安全管理的核心内容。

二、水资源供给的保护与调配

（一）水利工程对水资源供给的保护与调节

总体来看，自然降水是水资源供给的主要来源。但在多数国家，自然降水在时间、空间上的分布很不均匀，造成不少地区一年内水灾与旱灾并存或者不同地区间有的是水灾、有的是旱灾，这都会严重影响一国的水资源供给。各种水利工程是调节降水时空分布不均的有力措施。目前全球已经修建了五万多座大坝，每年动工的大坝平均有 320 座，很少有河流未经人工改造而直接流入大海，这些大坝客观上为人类用水量的增长提供了保障。

但水利工程对水资源供给增加的作用是有限的：人们自然而然地选择最容易施工、造价最低的地点建设水利工程。而随着时间的推移，现在的水利工程变得越来越复杂，造价也越来越高，还会对生态环境造成破坏。造价升高无疑会抑制资本的投入，如美国加利福尼亚输水工程计划从阿拉斯加东南部输水，而据估算，20 世纪 90 年代的输送成本为每立方米 2.4~3.25 美元，这使政府和其他投资者都对此犹豫再三。人类对生态环境的日益重视也会影响水利工程的建设。例如，美国环境保护署否决了图福克斯大坝的建设，因为这个大坝建成后会淹没风景秀丽的奇斯曼峡谷。因此，借助建设水利工程保证水资源供给还需要考虑某个工程所提供的水资源在经济价值和环境代价上是否值得，也许推广节水技术和措施比建设水利工程有更好的经济效益和环境效益。

（二）植被对水资源供给的保护作用

森林是天然的水库，保护好一片森林相当于建了一个水库。人类对森林植被的破坏不仅会妨碍水资源的调节，还会造成水土流失、河道淤积等生态环境问题。因此，保护森林植被既可以保障水资源的安全供给，又可以保护生态环境。但保护森林植被也会产生成本，甚至会影响某个地区的经济发展。一般情况下，森林植被保护成本基本发生在水源区，同时森林植被保护的收益多发生在用水区。这就要求建立经济利益调节或补偿机制，因为如果没有建立合理的经济利益调节或补偿机制，森林植被保护就很难得到"成本承受人"和"收益享受地区"的主动配合，由此必然影响森林植被保护的有效实施。例如，上游地区护林蓄水可使下游地区免受水灾且下游会有充足的水资源供给，但上游地区的经济发展会遭受一定损失，这就要求建立相应的利益调节或补偿机制。客观上，上游地区如能得到下游地区的经济补偿，就会有保护上游森林植被的积极性，由此才能既提升下游地区的水资源供给水平，又促进上、下游的和谐发展。

（三）水资源供给的有效调控与分配

水资源是一种公共资源。在特定水资源流域，上游国家和地区具有很大的用水优势。因此，上游肆意用水极可能导致下游发生较大的经济损失，甚至会威胁下游居民的生存。例如，若干年来，我国黄河上、中游一些地区盲目引水，造成了水资源的极大浪费，结果导致黄河频繁断流。1995 年黄河断流 133 天，仅山东省就减产粮食 270 万吨。1997 年黄河断流 226 天，造成的损失更大。水资源的地区分配需要国家适度的宏观调控，如对特定水资源流域，应规定各地区的用水配额，根据用水量收取一定费用，以促进水资源供给的合理配置和节约使用。当水资源供给涉及多个国家时，其调控与分配会更加复杂，往往会涉及国家间的政治、外交甚至军事关系，这就需要国家间进行充分的交流与协调，制定出合理的水资源分享条约，以避免国家间因此而产生摩擦甚或冲突。

（四）水资源污染的管控

近年来，水资源污染加剧了各国普遍紧张的水资源供给问题。在我国总长约 5 万千米的河流中，80%的水资源水质退化，一些流域甚至恶化到鱼类无法生存的程度。在黄河的某些河段，由于严重的重金属污染，一些河水已无法用于农田灌溉，更不用说饮用。水污染管理已成为重要的水资源管理工作。从国际经验看，水资源污染管理主要有两类措施：一类是政府指令，另一类是市场机制。就前者看，政府可直接关停一部分过量排污单位。尽管这种方法并不能从根本上解决水资源污染问题，因为一项政令实施之后，往往会出现已关闭排污单位的"反弹现象"。但另一方面，政府政令具有很强的"公众效应"，可以较快地提高公众的污染防范和治理意识，这是目前很多国家政府经常使用的污染控制方法。就后者看，市场化办法可以通过"排污者付费"，让排污者承担"排污成本"来减少部分污染物排放。有效的水污染管理需要将这两类措施结合起来，针对具体情况而有所侧重。

三、水资源需求的管理与控制

需求管理是水资源管理的重点，核心是提高水资源利用效率，促进水资源的供需平衡。

（一）在农业种植中节水灌溉

农业用水占国内外用水总量的绝大部分，全世界约有 2/3 的水用在农业生产上。在我国，农业用水占用水总量的 62%左右，如果能减少 1/10 的农业用水，即可为居民用水提供一倍以上的增量。然而，目前全球大部分农业灌溉方式与以前没有多大变化，多数仍是大水漫灌，大量的水在漫灌过程中被浪费了。全世界平均灌溉效率不足 40%，我国则更低且灌溉区多在干旱地区，蒸发作用又消耗了大量水分。因此，提高农业种植的灌溉效率、推行节水灌溉必然能"解放"大量水资源。

从历史上看，第一次产业革命以来，人类已发明了不少有效的灌溉技术，如美国的"涌浪式"灌溉技术，至少可以节约 15%～50%的用水量；以色列的滴灌技术可使水资源的利用效率提高 95%。采用这些技术改造现有的低效率灌溉系统就可大范围、大幅度地提高有限水资源的利用效率，大幅度减少农业灌溉的用水量。不过，采用这些技术改造现有的低效率灌溉系统还需要政府相关政策的引导和扶持，要用经济手段刺激种植户改变原有灌溉方式。

（二）工业用水的循环使用

在国际上，工业用水约占用水总量的 1/4。在我国，工业用水约占用水总量的 24%。与农业相比，工业用水中实际消耗量仅占很小一部分。工业用水主要用于冷却、加工等污染但不吸收水的工业活动，这就使得工业用水的循环使用成为必要。日本在过去的 30 年中，工业用水生产率提高了三倍多；美国 1950 年以来工业用水量下降了 36%，而工业产值则提高了近 4 倍，这在很大程度上是靠工业用水循环使用实现的。要使工业循环用水得到较大幅度和范围的推广，同样需要一定程度的政府激励，如制定适当高的工业水价、严格执行污染控制法规、严格执行废水排放收费等。这些政策举措有助于企业将"购水成本和污水排放成本"与"安装废水处理设备的成本"进行比较，从中发现"循环用水"的利益所得，从而乐意循环用水，进而大规模减少工业用水。

（三）城镇居民生活要节约用水

虽然这部分用水不足全球用水总量的 1/10，但集中到城镇特别是大城市，往往会给特定地区造成极大的供水压力。目前，不少城市都采取了各种各样的节水措施。例如，墨西哥城 1991 年把 35 万个原为 16 升的马桶更换为 6 升的马桶，每年节水近 2800 万立方米。在美国的波士顿，政府在 10 万个家庭安装了节水装置，修理了漏水的旧管道，由此城市用水量下降了 16%。另外，提高水价，更好地反映水的经济价值，也是很多城市的普遍做法。总体上，因地制宜地采取不同节水措施是城市用水管控的最好选择，因为节水成本比远距离调水的成本低得多。

（四）以有效政策促进节水技术的推广使用

要发挥节水技术的潜能，政府的行政推动与政策激励是十分重要的。如果某项节水技术能够形成有形的商品，则市场力量即会推动这类技术的进步。但如果某项技术进步是非市场经济的产物，则只能靠政府来推广。特别是，合理的水价是形成水资源市场、推动节水技术推广的重要因素。低价或无偿的水供给必然增加人们对水资源的需求和浪费，合理的供水价格才可能使用户感受到水的价值，增强其节约用水的意识，形成公众节水效应，促进节水技术的推广。但要确定合理的供水价格，还需要考虑众多因素的综合影响。例如，相同的水量在工业领域形成的价值会比农业领域多得多。相应地，农业领域的水价承受能力远远低于工业。因此，确定供水价格时需要综合考虑这些因素。在农业领域，改造原有的灌溉系统可能是农户无法承担的，这就需要政府投资和政策支持，以促进灌溉工程与设施的改造，除此之外，还需要采用适当的管理方法来维护灌溉系统的高效运行。

第四节　确保民生的粮食供给安全

一、全球关注的粮食安全问题

（一）粮食安全是永恒的全球性话题

近若干年来，全球粮食生产能力总体上高于粮食消费水平且世界上还有不少国家有一些闲置耕地，其中美国闲置 2500 万公顷，阿根廷闲置 3000 万公顷，巴西闲置 6000 万公顷。只要在粮食生产上有利可图，这些耕地就可能投入粮食生产。但人们对粮食安全的担忧一直没有消失，这主要源于马尔萨斯主义及其各种变体，再就是一些国家确实存在粮食问题。

1798 年马尔萨斯发表了《人口原理》，这对整个世界产生了巨大影响。马尔萨斯认为，在没有障碍的情况下，人口以几何级数增长，而人类的生活资料是以算术级数增长的，两者增加的不平衡性最终将使人类陷入"贫穷、饥饿、瘟疫、罪恶和战争"。马尔萨斯还把人口与生活资料的关系限定为单纯的人口与粮食的关系。他认为，"总的趋势是粮食增长总赶不上人口增长；粮食增长落后于人口增长的根源在于土地肥力递减，即在技术水平一定的情况下，土地的投资收益率递减"。进而，他认为，人口越是增长，要求生产的粮食越多，而土地肥力却随着土地生产力的提高而下降，可生产的粮食越来越少，最终人类将面对粮食短缺。

马尔萨斯之后，西方出现了多种马尔萨斯人口论的变体并以期解决马尔萨斯提出的人口问题，罗马俱乐部发表的《增长的极限》即这些变体的集大成者。《增长的极限》中，研究者用系统动力学模拟方法研究后认为，人口的指数增长导致对粮食需求的指数增长，要求粮食供给有相应的增长；而粮食供给不仅取决于耕地与淡水，还取决于农业投资；而土地肥力下降则要求更多的投资储备，增加投资储备依赖于不可再生资源，如燃料和金属。故扩大粮食生产最终依赖于可以得到的不可再生资源的数量，但世界上的不可再生资源是有限的，用一点少一点，于是世界粮食生产最终会陷入困境。

1983 年 4 月，联合国粮食及农业组织（Food and Agriculture Organization of the United Nations，简称联合国粮农组织）提出了"粮食安全的最终目标"，即保证任何人在任何时候都能够买到并能买得起他们为了生存和健康所需要的基本食品"。这包含了三种含义：第一，确保生产足够的粮食；第二，最大程度地稳定粮食的供给；第三，确保所有需要粮食的人都能获得粮食。这个目标得到了全世界的认同。

粮食安全也可分为短期安全和长期安全。短期粮食安全是指保证粮食的短期供需平衡和粮食价格的稳定，这主要可以通过粮食储备和国际贸易进行调节；长期粮食安全指农业资源的合理配置和可持续利用，保证国家有稳定、充裕的粮食生产能力，主要表现为耕地和农业生态环境的有效保护。

（二）维护粮食安全是我国坚持不懈的追求

历史上，我国确实发生过粮食供给"非安全"的问题，其中一些源于自然灾害，一些在发生自然灾害的同时伴有决策失误。20 世纪 60 年代初我国在"三年自然灾害时期"的粮食极度短缺即是典例，这给了我们一个教训。此后，维护粮食供给安全一直是我国不懈的追求。

到了 20 世纪末期，国际上也有人对我国的粮食安全问题给予了旁敲侧击的警示。1994 年，美国世界观察研究所的莱斯特·R. 布朗博士在《世界观察》杂志发表了名为《21 世纪谁来养活中国》的文章。布朗认为，由于人口增长，即使人均粮食消费量不变，我国的粮食需求到 2030 年也将达到 4.79 亿吨。同时，耕地的减少、灌溉水的缺乏和土地肥力的下降将导致我国的粮食供应下降 20%，2000 年我国将面临 2.07 亿吨的粮食缺口，相当于 1994 年的世界粮食出口总量。如果人均粮食消费量上升到 400 千克，我国的粮食需求将达到 6.41

亿吨，缺口为 3.69 亿吨，几乎是世界粮食出口总量的 2 倍。由此，布朗认为，谁也无法供应我国所需的粮食。

布朗的谬误除在于继承了马尔萨斯的人口增长、土地肥力下降等基本假设外，还把历史上马尔萨斯问题的"世界范畴"转化为"中国范畴"。但布朗的喊话对我们也是一种警示。20 世纪末期以来，我国在加强农业基础投入的同时，持续加大农业科技投入，深化农村农业体制改革，确保了我国进入 21 世纪后的粮食供给安全；粮食总产量由 1978 年的 3.048 亿吨上升到 2020 年的 6.695 亿吨（参见图 3-2）；人均粮食产量由 1978 年的 317 千克每人上升到 2020 年的 476.5 千克每人，确保 14 亿人口不会再遭遇类似 20 世纪 60 年代初期的"饿肚子"情况（参见图 3-3）[①]。

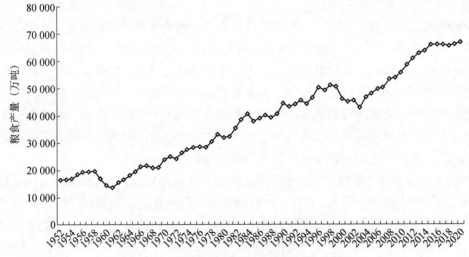

图 3-2　1952 年以来我国大陆年度粮食总产量

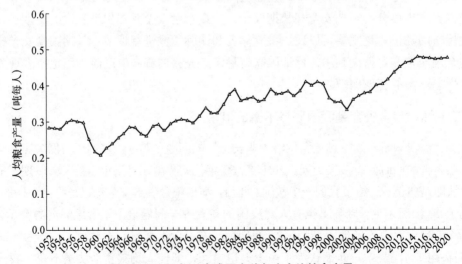

图 3-3　1952 年以来我国大陆年度人均粮食产量

① 两图皆根据国家统计局多年发布的《中国统计年鉴》和统计公报整理而成。

二、粮食安全的补缺和调节

（一）国际粮食贸易

国际粮食贸易是一国补充自产粮食供给缺口、调节居民生活用粮和工业用粮品种的重要途径。在国际贸易环境较为和谐的情况下，一国可以通过国际粮食贸易来调节供需平衡关系。这一般有较好的经济性，但也有相应的风险。目前全世界的可耕地大约有 32 亿公顷，已开发 13.7 亿公顷，垦植系数不足 50%。即使全球粮食单产不变，粮食总产量也有很大的增长余地，况且一国的粮食单产还会随着科技的发展而逐年增加。但因为各国的耕地资源禀赋程度不同，主要靠增加耕地面积来提高一国的粮食产量又是不现实的。例如，我国只有占世界总量 7% 的耕地，却要养活占世界总量 22% 的人口，耕地资源非常紧张。况且我国的"后备耕地"经过多次大规模开发已严重不足且开垦难度大、成本高，为保护生态环境，客观上又提出了"生态退耕"的要求，同时工业发展和居民生活水平的提高还会导致占用更多的耕地。在这种背景下，借助国际粮食贸易来缓解我国的粮食供给不足、弥补我国的粮食供给缺口已成为提升我国粮食安全水平的现实选择。

但将国际粮食贸易作为补充自产粮食供给缺口的重要途径需要考虑可能出现的各种形式的粮食禁运以及粮食禁运对进口国经济的影响。粮食禁运通常受到国际政治、外交、国家间冲突甚至道德标准等因素的影响。要判断可能发生的粮食禁运给一国带来的风险，至少需要研究四个层面的问题：一是未来针对一国的粮食禁运发生的概率；二是万一发生禁运，禁运发起国能否成功地实现其战略意图，即粮食禁运的有效性如何；三是万一发生有效的粮食禁运，它对被禁运国（进口国）粮食安全将构成怎样的影响；四是这些影响的形成取决于哪些因素，有无可能通过预案设计来抑制相应的负面影响。

（二）粮食储备制度

粮食储备指一国在新的作物年度开始时，可以从上一年度收获的作物中得到（包括进口）的粮食储备量，也称"结转储备量"。粮食储备可以调节一国短期的粮食供需平衡关系，因而它也是反映一国粮食安全水平的非常重要的指标。联合国粮农组织（FAO）通常直接用"粮食储备水平"来衡量一个国家甚至全球的粮食安全水平。该组织甚至认为，"从狭义上来说，粮食安全是指粮食的库存和有关建立及使用库存的种种安排，其目的是作为粮食歉收和粮食进口供应时的一种保护手段"。FAO 在 20 世纪 70 年代即提出了"确保全球粮食安全的最低储备水平"，认为世界谷物的储备量至少要达到世界谷物年需求量的 17%～18%，其中周转储备占 12%，后备储备占 5%～6%，这才是合理的。

粮食储备的合理运用不仅有助于平抑年度季节性市场价格的大幅波动，还有助于应对重大突发事件，减少这两类问题对一国粮食安全的影响，起到调节供求、平抑粮价、济贫救灾的作用。但粮食储备也具有局限性。例如，增大粮食储备量，调控的范围和力度固然会增大，但储备成本也会相应增加。粮食储备不仅关乎储备总量多少的问题，还关乎储备的机制和效率问题。例如，目前我国的专储粮主要分布在产粮区，这种布局常常影响储备粮的实际效能。当出现"卖粮难"时，产区往往会受仓容限制，难以敞开儿收购；而粮价波动一般是由销区引发的，当销区粮价迅猛上涨时，又要从产区紧急调运粮食，如果粮食储备调用的机动能力差，就会贻误粮食储备的调控时机。

三、粮食供给与需求的测算

（一）粮食供求预测的方法

在粮食供求预测中，前文所说的美国世界观察研究所的布朗博士采用的是"类比推理"的方法，这种方法固然有一定的局限性，但也有可借鉴之处。布朗用"在工业化之前就有很高人口密度的日本、韩国和我国台湾地区"的资料预测我国未来将走与前者类似的"东亚模式"，然后根据这些东亚国家和地区的耕地变化、粮食单产变化、粮食进口趋势等数据测算出"我国也将面临耕地减少、粮食单产增长乏力和需要大量粮食进口"的结论。在学理上，布朗基于"重演律"，然后做了"实证类比推理"。

"重演律"是由生物学家提出的，即个体的发育过程会重演种系的进化历史。换言之，同类事物遵循同样的发展规律。对粮食问题，布朗认识的"重演律"就是"后发国家"必将重演"先行国家"的"粮食供求历史过程"。评判"先""后"的标准可以选择某种经济指标，如人均 GDP 等。预测一国在未来某个时段的粮食供求关系时，就粮食需求而言，考虑同类国家居民的人均收入增长、饮食习惯变化、家庭结构演化等因素对口粮的影响，基本上就可以预测一国在某个时段的"人均口粮需求"，再乘以人口总规模，基本上就可以预测这个国家在特定时段的口粮总需求。对工业用粮需求，考虑 GDP 增长、同类国家经济发展到一定阶段单位 GDP 的用粮需求以及产业结构变化，基本上就可以预测这个国家在特定时段的工业用粮需求。口粮总需求加上工业用粮需求就是这个国家在未来特定时段的粮食总需求。就粮食供给而言，相应的预测要简单一些，考虑可以种植的耕地面积、灌溉条件、种子培育及农业机械等科技进步因素以及可能的灾害干扰，基本上就可以预测一个国家在特定时段的粮食总产量，再考虑对应时段的进口可能和储备情况，即可判断这个国家在特定时段会不会发生粮食短缺问题。

（二）粮食需求预测

关于粮食需求预测，通常需要完成以下三个步骤。

（1）横向拟合。可以选择世界上大部分国家作为样本，采用"人均收入"作为判断国家"先""后"的标准，具体数值可以采用世界银行确定的国际比较项目"人均 GDP 估计数"。用这些国家的"人均粮食消费量"和"人均 GDP 值"拟合出一条曲线，不同人均收入的国家就可以在这条曲线上得到定位，即可根据一国未来的人均收入水平求出这个国家未来的粮食需求量。

（2）纵向拟合。可以选择与被研究国家具有较大相似性、发展水平较高的某些国家作为样本，判断被研究国家处于"样本国家"的哪个历史阶段（历史阶段的判断也可采用人均 GDP 指标）。然后，就可用这些历史阶段的数据来预测被研究国家的粮食需求演化趋势。

（3）结果综合。对以上两种"类比预测结果"进行比较、综合，考虑各自的优、缺点和可信度，进行适当调整，如算术平均或加权平均，即可得出综合预测结果。当然，综合过程具有较大的主观性，需要参考多方专家的意见。

（三）粮食供给预测

1. 未来粮食生产量的综合因素预测法

国际上关于粮食产量主要有三种预测方法，即气象产量预测法、遥感技术预测法和统计动力学生长模拟预测法。但这三种方法的精度都不是很高，一般在5%～10%，而且只能提前2～3个月展开预测，因为目前气象预报对一个月以上的天气情况还难以做出可靠的预测，而遥感技术必须等作物生长到抽穗阶段才能观测。统计动力学生长模拟预测的变数更多，更难以预测准确。基于此，中国科学院陈锡康院士提出了"系统综合因素预测法"。

农业是典型的复杂巨型系统，具有多层次的结构，子系统之间以及系统与环境之间都存在复杂的互动关系，具有很强的非线性、随机性和动态特征，故必须综合考虑社会经济及技术因素，如政策、价格、种子、化肥、灌溉、机械等，还要考虑自然因素，如土壤、气候等，其中的社会经济及技术因素在粮食生产中起主要作用。相应地，陈锡康院士把投入/占用/产出技术、非线性预测方程以及最小绝对和方法三者结合，建立了包含二十多个预测方程的数学模型，使预测结果的平均误差降到了3%以下。

2. 粮食产量预测的原理性预测方程

根据农业属于复杂巨型系统的特点，借鉴陈锡康院士的系统综合因素预测法和其他人构想的相关方法，预测我国的粮食年产量至少需要关注以下两点。

（1）全面、系统地考虑各种因素的作用。影响粮食产量的因素有四大类：一是社会经济因素，如政策、管理、价格等；二是生产技术因素，如种子、化肥、农家肥、灌溉、农机、农药、地膜、农民受教育程度等；三是自然因素，包括气象因素和非气象因素；四是随机因素。

（2）社会经济及技术因素不仅决定粮食产量的长期趋势，而且会造成年度间的产量波动。但气象产量预测法认为，社会经济及技术因素决定着粮食生产的长期趋势，而农作物产量的年度间波动主要是由气象因素决定的。相应地，即有以下的原理性预测方程：

$$\hat{Y} = f(X_1, X_2, X_3)$$

其中，X_1, X_2, X_3分别表示各种社会经济因素、生产技术因素和自然因素。

3. 粮食产量预测的关键技术方法

为提高粮食产量的预测精度，陈锡康院士提出，需要采用投入/占用/产出分析技术，考虑边际报酬递减的非线性预测方程以及最小绝对和方法。陈锡康院士的投入/占用/产出分析技术是对美籍俄裔经济学家列昂惕夫创立的"投入产出分析法"的改进。陈锡康院士认为，投入产出分析法反映了国民经济中投入与产出之间的复杂联系，但没有反映占用与产出之间的联系，如占用的自然资源（耕地等）、固定资产、不同熟练程度的劳动力对产出的作用。为改善"投入产出分析法"的这一缺憾，陈锡康院士于1990年提出了"投入/占用/产出分析技术"。利用该技术，可对农业生产进行深入的分析和预测，如分析农作物生产过程中的投入，如化肥、种子、动力、农业服务和占用；分析耕地、水、劳动力等对农作物产量的影响。相应地，在农业投入/占用/产出表的基础上，可以计算两组重要指标：一组是各种农作物的亩纯收益、每个工日纯收益和资金利润率，另一组是各种农产品对各种投入品的完全消耗系数。

第五节　资源安全的监测预警

一、矿产资源安全评价

矿产资源安全评价即矿产资源供给安全评价，通常需要就每个资源品种分别进行评价。

（一）评价指标

从学理上看，如能就表 3-4 的逻辑和指标进行测算，即可对一国的矿产资源安全态势进行恰当评价。

表 3-4　矿产资源安全评价的指标设置（就特定矿产测算）

	短期指标	长期指标
需求态势	年消费量、对外依存度	年度消费强度、消费增速
供给态势	国内年产量、年可动用储备量、年进口量、市场价格、境外供应地集中度	未来国内年产量（资源储量、储采比、勘查投入强度）、储备量、境外获取资源能力（本国对境外资源的控制力、国际市场价格趋势、境外运输通道及其可靠性）
短缺态势	年短缺量、对外依存度、进口受阻程度与价格涨幅影响	未来年度短缺趋势、对外依存度趋势、相关资源可替代趋势
短缺的影响	对需求量大的行业的直接影响、对相关行业的间接影响、对国民经济的整体影响	对需求量大的行业的直接影响、对相关行业的间接影响、对国民经济的整体影响

在短期指标中，消费较为集中的行业也就是在供给短缺情况下受影响较大的行业，这些行业如与其他某些行业的技术经济关联较大，就可能使整体国民经济遭受较大损失。近年来，国际矿产资源市场价格波动较大，呈上升趋势且由于矿产资源总体上是"卖方市场"，故对矿产资源需求大国的供给安全面临极大的挑战。近年来，我国从境外采购大量铁矿石，国外三大铁矿石公司疯狂涨价即是例证。

对从国外进口矿产资源较多、对外依存度大的国家而言，境外供应地集中度高即反映该国的矿产资源供给安全在一定程度上受到少数国家的"掌控"。这里的年短缺量与对外依存度并不完全对应。前者指一国当年某种矿产资源的实际短缺量，即"年短缺量=年消费量−（国内年产量+年可动用的储备量+年进口量）"，只有这个"短缺量"才会对整体经济造成负面影响。后者指当年进口占实际消费量的比例，即"对外依存度=年进口量÷年实际消费量"。如果这个比例高到一定程度，不管境外供货地集中与否，都反映一国的矿产资源安全受制于外国。

在长期指标中，"对特定矿产的年度消费强度"是个很难降低的指标，这与一国经济所处的发展阶段相关。"对特定矿产的年度消费强度"与一国经济对该种矿产的"消费增速"一起决定着该国未来对该种矿产资源的需求总量。"资源储量、储采比、勘查投入强度"决定着"特定矿产的未来国内年产量"。本国对"境外资源的控制力、国际市场价格趋势、境外运输通道及其可靠性"决定着一国从国外实际获取资源的综合能力。另外，一国累积的"矿产品储备量""相关资源可替代趋势"也会对未来一国矿产资源的供求关系即安全态势起到一定程度的调节作用。

（二）评价方法

在测算前述指标的基础上，要综合分析、评价一国的矿产资源安全态势，找出对于矿产资源整体安全影响较大的品种以及对于整体国民经济影响较大的品种，可以采用主成分分析法及投入产出分析法。

1. 主成分分析法

主成分分析法是通过研究指标体系的内在结构，将多指标问题简化为少数指标问题的多元统计分析方法。这种方法即把原来的多个指标转化为一个或几个综合性指标并要求这少量的指标能够包含原来多个指标中 80%以上的信息，进而揭示变量间的关系。主成分分析法的显著优点在于由此确定的权重是基于原始数据系统分析的，反映的是指标之间内在的结构关系，基本不受分析人员主观判断的影响，在此基础上筛选出的综合指标相互独立。

基本步骤是：设 S_j 为第 j 年某矿种的资源安全值，也就是通常所说的资源安全程度；V_i 为第 i 个指标 C_i 的权重，C_{ij} 为第 j 年第 i 个指标。

通过确定 V_i 和 C_{ij} 来计算 S_j，在一定时期内，通过资源安全值（S_j）的总体趋势变化，即可分析该矿种资源安全的长期演化趋势；进而与确定的基年安全程度进行比较，即可得出资源安全程度的相对变化量值。

其中，V_i 即通过主成分分析法来确定的，即将指标体系的数据输入 SPSS 软件，通过主成分分析（因子分析）可以得出各主成分的贡献率 R_k 以及正交旋转后的主成分载荷矩阵，载荷矩阵中包含各指标的载荷 L_{ki}。

$$V_i = \sum R_k * L_{ki} / \sum\sum R_k * L_{ki}; \quad S_j = \sum V_i * C_{ij}。$$

2. 投入产出分析法

投入产出分析法是研究经济体系（如国民经济、部门经济）中各个部分之间投入与产出相互依存关系的分析方法，其理论基础来自于瓦尔拉斯的一般均衡论，是由经济学家列昂惕夫创立的。列昂惕夫改变了瓦尔拉斯"以论证均衡理论为目的"的模型体系，构建了"以产业间技术、经济联系为基础，研究经济中各产业之间相互依存关系"的投入产出分析法。

投入产出分析法的基础工具是投入产出表[①]，该表反映了不同产业之间的技术、经济联系。其中，表中第一部分是投入产出表的核心部分，既反映产业之间的生产技术联系，也反映产业之间的经济联系。借助一国各年度编制的投入产出表（我国 5 年编制一次），建立相应的线性代数方程体系，即可综合分析和确定国民经济各产业之间错综复杂的联系，分析重要的宏观经济比例关系及产业结构等基本问题。

在前述基础上，将矿产资源短缺的数据引入投入产出模型[②]的相关变量，就可以测算出这些矿产资源短缺对于整体国民经济的影响，从而就需要优先加强对哪些矿种资源的安全管理做出判断。同时，借助相关计算机工具软件，也可简化投入产出分析工作。

二、水资源供需预测

（一）基础数据预测

一个国家或地区的水资源供给主要源于地表水、地下水、区域间调水和开发利用其他水资源，如污水处理循环利用和海水淡化等。而水资源需求主要有居民生活用水、工农业用水、环境和生态系统用水（即为改善或维持生态环境质量不至于下降所需要的水量）。

由于各国、各地区的水资源供求状况差别很大，进行水资源供需预测时，首先要根据水资源供需情况将一国分成几个地区，然后再做进一步的分析、预测。例如，我国可以根据河流流域分成松辽、海河、淮河、黄河、长江、珠江、东南、西南、内陆九个区域。水资源供需预测是从经济社会发展目标开始的。首先，需要分析一国经济社会发展的总体目标和远景规划，细化到各个地区，逐步分析各个地区需水部门的发展规划，预测它们对水资源的需求状况；其次，分析各个地区的供水能力；最后，从总体上进行水资源供需平衡分析。

其中，预测水资源需求时，需要根据各地区经济社会发展目标来预测人口增长、城镇人口增长、农田灌溉面积发展水平、工业生产发展水平、居民生活水平提高程度等发展指标，以期为水资源需求预测提供基础数据。同时，还需要估计其他参数，如农业净灌溉定额、灌溉水利用系数、工业用水重复利用率、人口需水综合定额等数据。这些数据可根据一国的历史数据进行推算，还可以参考与该国有类似情况的其他国家的数据。

（二）水资源需求预测

1. 农业灌溉需水量

农业灌溉用水包括农田灌溉用水和林牧业灌溉用水。农业灌溉用水通常受气候等地理条件的影响，在时空分布上变化较大，同时受作物品种、灌溉方式与技术水平、管理水平等因素的影响，难以精确预测。农业灌溉需水预测应分地区进行，各地区需水量之和就是全区域农业灌溉需水量。目前较多采用定额法，其计算公式为

---

① 投入产出表是反映各种产品生产投入来源和去向的一种棋盘式表格。
② 投入产出模型是用数学形式体现投入产出表所反映的经济内容的线性代数方程组。

$$W_{灌} = \sum_{i=1}^{t} \sum_{j=1}^{k} w_{ij} m_{ij} / \eta_i$$

其中，$W_{灌}$ 为全区总灌溉需水量，w_{ij} 为某个分区某种作物的灌溉面积（注：林、牧业也当某种作物处理），m_{ij} 为某个分区某种作物的净灌溉定额，η_i 为分区灌溉水利用系数。

2. 工业需水量

工业用水变化与工业布局、行业结构和生产技术水平有关，可以采用趋势法、产值定额法、分行业预测法、重复利用率法等来预测。由于工业用水重复利用率是一个关键性指标，故重复利用率法也是常见的方法，其计算公式为

$$W_{工} = X q_2$$

$$q_2 = q_1 (1-\alpha)^n (1-\eta_2)/(1-\eta_1)$$

其中，$W_{工}$ 为工业总需水量，X 为工业产值，η_1、η_2 为预测始末年份的重复利用率，q_1、q_2 为预测始末年份的单位工业产值需水量，n 为预测年份，α 为工业技术进步率。对 q_2 值的估计除了上面的公式外，还可以参考与该国有类似工业发展水平的其他国家的历史数据，参考它们的发展趋势预测该国的未来发展，这种类比的方法有时会有非常好的预测效果。

3. 生活需水量

生活用水包括城镇居民生活用水和农村居民生活用水。城镇居民生活用水的增长较有规律，可以用定额法预测未来需水量，计算公式为

$$W_{生城} = P_n K$$

$$P_n = P_0 (1+\varepsilon)^n$$

其中，$W_{生城}$ 为城镇居民生活用水，n 为预测年份，P_n 为第 n 年的城镇人口，K 为城镇居民生活用水定额，P_0 为起始年份的城镇人口，ε 为城镇人口增长率。

农村居民生活用水的计算与城镇类似，用"人口×人均定额"得出。另外，对农村牲畜用水的预测可以大小牲畜的数量与牲畜平均用水定额来进行计算。

4. 生态环境需水量

生态环境需水量具有相对性，不同的生态环境保护策略（如优化、改善或维持）会产生不同的生态环境需水量。对生态环境用水量，可以单独列出考虑，也可在农业灌溉、城镇生活需水预测中综合考虑。单独考虑一般是分区域进行估计，目前还没有获得公认的计算公式。

5. 总体需水量

一般来说，将一个国家或地区的农业需水、工业需水、生活需水和生态环境需水综合起来，即可得到该国家或地区的总体需水量。

（三）水资源供给预测

较为准确地预测水资源供给是很困难的，但可以预测水资源供给量的增长情况，然后

与水资源需求量的增长进行比较，以考查某个地区或国家的水资源供给能否满足需求的增长。

首先需要关注的是，各种农田节水灌溉、生活节约用水等节水措施产生的"剩余可供水量"虽然可以供应给别的用水部门，但这些水量已经表现在需水量的减少上，因此不能作为供水量增加重复计算。一些自然因素形成的供水增加如降水、河流径流量等如没有人工干预，在较长时间内会保持比较稳定的状态，增长数量很少。因此，供水增加主要是由各种供水工程的建设形成的。这些供水工程主要包括蓄水工程、引提水工程、跨流域调水工程、地下水工程、污水处理工程以及微咸水和海水淡化利用工程。

蓄水工程的供水量可依据来水资源条件、工程规模和规划需水量直接进行调节计算，而对小型蓄水工程可采用"复蓄系数法"来计算。一般是对区域内的蓄水工程分别计算后求和。

引提水工程供水量与引提水口的径流量、工程能力和用水需求有关，可通过下列公式计算。

$$W_{引提水} = \sum_{i=1}^{t} \min(Q_i, H_i, X_i)$$

其中，$W_{引提水}$ 为引提水工程供水量；Q_i、H_i、X_i 分别是 i 时段取水口的可引流量、工程引提能力和需水量，t 为计算时段数。

跨流域调水工程的供水量与引提水工程类似，与水源的可引流量、工程能力和需水量有关，计算公式也类似。可分别计算各个调水工程的供水增加量，求和就可得出某区域的供水增加量。

地下水工程供水量与开采能力、当地地下水可开采量和需水量有关，用它们的最小值作为工程供水量。由于地下水可开采量难以估算，一般采用专家估计的办法。

污水处理工程循环供水量可采用"污水总量×污水处理率"进行计算。污水处理率可采用规划的目标进行估算。

微咸水和海水淡化利用工程的供水量可根据相应工程的规模进行测算。

（四）供需平衡和缺水评价

在供需预测的基础上，可对某个时段、某个地区的水资源供需情况进行平衡估算。如有供给缺口，则需要在开源和节流上进行平衡补救，即通过合理的水资源管理调整水资源供需的不平衡。此外，因为不同地区缺水的性质、程度、影响因素等不相同，还需要对一些重点缺水地区的供需平衡情况进行更为详细的分析。这可以通过指标评价的方法分析主要因素的影响并综合这些因素来确定总体水资源的紧缺程度。

评价指标可分为六大类24个指标（见表3-5）。第一类为水资源量，反映天然水资源多寡程度对水资源紧缺程度产生的影响。第二类为社会经济，反映由于区域内人口数量、经济发展导致水资源需求增大而引起的水资源紧缺程度所产生的影响。第三类为供水，反映供水工程建设程度与建设难度对水资源紧缺程度产生的影响。第四类为需水，反映用水水平和节水情况等因素的影响。第五类为缺水，这是一个综合性指标。第六类为水环境，反映水污染因素对水资源紧缺程度的影响。如果某个地区的上述某个指标偏高，则表明该地区的水资源紧缺状况是相关因素在起主要作用，即应采取相应的水资源管理措施[①]。

表 3-5 评价指标及计算公式

类 别	指 标	计算公式
水资源量	（1）人均水资源占有量	水资源总量/总人口
	（2）亩均水资源量	水资源总量/耕地面积
	（3）径流系数	径流量/降水量
	（4）干旱系数	水面蒸发量/降水量
社会经济	（5）人口密度	总人口/土地总面积
	（6）人均 GDP	GDP/总人口
	（7）工业产值模数	工业总产值/土地面积
	（8）耕地率	耕地面积/土地面积
	（9）灌溉率	灌溉面积/耕地面积
	（10）水田比例	水田面积/耕地面积
	（11）人均灌溉面积	灌溉面积/总人口
	（12）工业总产值占 GDP 比重	工业总产值/GDP
供水	（13）人均供水量	可供水量/总人口
	（14）水资源利用率	（地表可供水+地下可供水）/水资源总量
	（15）地下水供水比例	地下水可供水量/可供水总量
	（16）跨流域调水比例	跨流域调水量/可供水总量
	（17）单位立方米水投资	工程投资/可供水量
需水	（18）需水模数	需水量/土地面积
	（19）城镇需水比例	（城镇生活需水+工业需水）/总需水
	（20）单位 GDP 需水量	需水量/GDP
	（21）耗水率	耗水量/总用水量
缺水	（22）缺水率	缺水量/总需水量
水环境	（23）水质等级	评价河段的水质类别
	（24）污径比	污水排放量/地表径流量

三、粮食安全的监测预警

在技术层面，粮食安全本质上是粮食供给与需求的平衡问题。如果出现短期粮食供给缺口，通常需要通过国家的粮食储备来进行调节；如果出现长期的粮食供给缺口，即需要

[①] 水利部南京水文水资源研究所，中国水利水电科学研究院水资源研究所. 21 世纪中国水供求[M]. 北京：中国水利水电出版社，1999：80-83.

通过国际粮食贸易予以补充，同时需要通过增加国内粮食产量来提升粮食自给能力。一国的粮食安全态势可以通过一定的数量指标来测度。目前各国测度粮食安全态势常用五个指标，即粮食自给率 α（或用贸易依存度 β）、粮食总产量波动系数、粮食储备水平、人均粮食占有量，以及低收入群体的粮食保障水平，有时也使用出口来源国粮食出口的集中程度、世界粮食生产能力超过需求的程度这两个指标。

（一）粮食自给率

粮食自给率 α 表示一国粮食生产量占消费量的比重。一般来说，粮食自给率与粮食安全水平成正比计算公式为

$$\alpha = \frac{S}{D}, \quad \beta = 1 - \alpha$$

其中，S 表示国内粮食供给量，D 为粮食总需求量，β 表示粮食贸易依存度，即对国外的依存度。

考虑到一国的主食谷物需求基本是刚性的，而饲料用谷物需求的弹性较大，因此，这里还需要考虑采用"主食用谷物的自给率"作为"粮食自给率"的补充指标。不少国家认为，如果一国的"粮食自给率"大于 95%，即可认为该国基本实现了粮食自给或者说达到了足够高的粮食安全水平；如果粮食自给率大于 90%，即可认为该国达到了可以接受的粮食安全水平。对那些农业水平落后特别是耕地资源紧缺的国家来说，要追求 100% 的粮食自给率，通常需要付出较高昂的代价，而且这不一定是明智的选择。

（二）粮食总产量波动系数

一国的粮食总产量波动系数 V_i 可用下列公式计算。

$$V_i = \frac{(Y_t - \bar{Y}_t)}{\bar{Y}_t}$$

其中，V_i 为粮食总产量波动系数，Y_t 为 t 年的实际粮食产量，$\bar{Y}_t$ 为 t 年的趋势粮食产量。

（三）粮食储备水平

估算一国较为合理的粮食储备水平，除了应考虑"储备总量"外，还需要考虑"储备仓库分布""储备的机动能力"和"储备系统的运转效率"，相应需要设立"储备有效系数"指标。但这个系数通常较难估计，只能参考有关经验、知识。

（四）人均粮食占有量

一国的"人均粮食占有量"也可以在一定程度上反映一国的粮食安全水平。显然，一国的人均粮食占有量越高，其粮食安全水平就越高。

（五）低收入群体的粮食保障水平

低收入群体通常指"生活在贫困线以下、尚未解决温饱问题的群体"。如果一国总体上

粮食供给有余，但一部分低收入群体吃不饱或者营养不良，则增加低收入群体的粮食供给即可显著提高这个国家的粮食安全水平。

（六）出口来源国粮食出口的集中程度

这可以用"国际粮食市场中比重最大的三个国家的粮食出口量占世界粮食出口量的比例"来测度。该比例越高，说明大部分的粮食出口集中在少数国家，粮食禁运的有效性越高。特别是，与一国有意识形态冲突或重大利益冲突的国家的粮食出口比重越大，则对该国发生粮食禁运的概率也就越大，这时的粮食禁运越易形成"有效禁运"。

（七）世界粮食生产能力超过需求的程度

这通常用"某个时点世界粮食生产能力和粮食消费水平的差值"或"该差值占消费水平的比例"来表示。该值越高，说明发生粮食禁运的可能性越小，因为某些国家发起的禁运可以通过其他国家过剩的粮食生产能力来平衡且全球过剩的粮食生产能力也会使粮食出口国的禁运行为受到来自国内农民的压力。

粮食禁运对一国经济的影响程度及禁运的有效程度与禁运持续的时间有关。粮食禁运的影响程度可用四个指标来进行间接度量。一是粮食自给率。一国的粮食自给率越高，则国外针对该国的粮食禁运的负面影响越小。二是粮食储备水平。一国的粮食储备水平越高，可进行调节的余地越大，则针对该国的粮食禁运的负面影响越小。三是一国粮食进口中主食用粮的比例。通常，一国的主食用粮基本上是刚性的。如果发生禁运且进口粮食中主食用粮比例过大，则其后果将是严重的。四是耕地还原的可能性。该"可能性"可用"被占用耕地中可还原的比例"来表示。粮食进口可以缓解一国的耕地压力，使一部分耕地转化为非农用途，但如果在粮食禁运时这些被占用的耕地能够还原为农业耕地，则针对该国的粮食禁运的有效性就会大大减弱。

第四章

能源安全管理

第一节　能源安全

一、能源安全概念的提出

能源安全问题由来已久。自 19 世纪末以电力、化学工业的发展和内燃机的使用为特征的产业革命以来，能源消费不断增加，供需矛盾日益凸显，由此引起了人们对于能源安全问题的普遍关注。在经济全球化、科技进步日新月异的今天，能源安全进一步成为世界各国高度关注的问题。

通常，能源安全指保障对一国经济社会发展和国防至关重要的能源的可靠而有效的供给。这包含四个层面的寓意：一是确保可靠而有效的供给；二是在可承受的价格下保证能源供给；三是减少意外的供给中断所带来的负面影响；四是确保能源设施（如核电站、油田、输油输气管道等）不被破坏。

能源进口国和出口国对能源安全概念的理解不同。进口国认为"能源安全"是指以合理的价格和可靠的渠道获得稳定的能源供给；出口国则认为"能源安全"是指保障稳定的市场需求。换言之，前者是指能源供给安全，后者是指能源出口市场安全。在本书中，我们关注的是能源供给安全。

能源安全涉及矿物能源安全（石油安全、天然气安全、煤炭安全）和电力系统安全。值得关注的是，石油是当代工业、交通的"血液"，在不少国家的能源消费中占比颇高。石油资源在全球的分布相对集中，未来 20～30 年内也不可能被其他矿物燃料大规模代替，因此一般讲的能源安全多指石油安全，但广义的能源安全还包括其他能源品种的安全问题。本书所讲的能源安全主要指矿物能源安全（石油安全、天然气安全、煤炭安全）和电力系统的供给安全。

二、能源安全概念的演进

能源安全概念的明确提出源于 20 世纪发生的石油危机。由于工业发达国家对石油的高度依赖，20 世纪 70 年代的两次石油危机使不少发达国家的经济遭受重创。1973 年秋季爆发了第四次中东战争，一些国家对石油进行了短期禁运，依赖中东石油进口的国家受到不同程度的影响。典型的是，日本经济的年增长率由 1972 年的 11.9%降到 1973 年的 5%，其他工业发达国家的经济年增长率也由 4%下降到 2%。为了防范再次发生类似冲击，西方发达国家纷纷制定新的能源战略，积极开展维护能源安全的多边合作，同时采取节能、改善能源结构、石油供给多元化等系列保障措施。1974 年，国际能源署（International Energy Agency，IEA）成立并提出了以稳定原油价格为中心的国际能源安全概念。相应地，一些国家即将能源安全简单地理解为"液体能源即石油供给安全"。

20 世纪 90 年代前计划经济国家改革后陆续进入全球经济体系，相应地也开始融入全球能源体系，全球对石油、天然气、煤炭、电力等的需求持续增加，能源供求格局发生了很大的变化，各国对能源安全的认识也更加丰富。特别是美国发生"9·11"事件后，西方国家在能源安全概念中又加入了新的内容，如防止能源设施（如核电站、输油输气管道等）受到外来"恐怖袭击"。一些美国学者甚至将"美国在外国及本土的能源设施遭受破坏"列为美国十大能源安全隐患之一。

与能源安全相对应的是能源危机。能源危机通常指石油供应中断、短缺或价格飙涨而对经济产生重大影响，以及煤炭、天然气、电力的供应中断和短缺。能源危机会使相关国家的经济运行休克。第一次能源危机发生于 1973—1974 年。1973 年 10 月 6 日，第四次中东战争爆发，阿拉伯产油国决定削减石油产量并对美国等支持以色列的国家实行石油禁运，由此导致原油供应不足，原油价格也从 1973 年的每桶不到 3 美元涨到超过 13 美元。原油价格暴涨引起了西方工业国家的经济衰退。据估算，此间美国工业增速下降了 4.7%，欧洲下降了 2.5%，日本下降了 7%。第二次能源危机发生于 1979—1980 年。1978 年秋，石油出口量在当时居世界第二的伊朗国内政局动荡，国际石油供应再度紧张。1979 年初，伊朗采取限制原油出口政策，其他阿拉伯产油国也相继采取行动并大幅提高油价。1980 年，国际市场石油价格从每桶 13 美元猛增到 34 美元，1981 年 2 月达到了 39 美元。第二次能源危机引起了西方工业国家的经济衰退，据估算，此间美国工业增速下降了 3%。

三、能源安全与国家间冲突

石油不仅是重要的民用物资，还是现代不可缺少的军用物资，战机、战车、军舰等所需的燃料大部分从原油中提取。相应地，石油资源的主权、占有权、控制权、开发利用等已成为引发战争的重要因素。

历史上，第一次世界大战期间所使用的飞机、坦克等新式战争武器都是用石油制品来发动的，内燃机和石油改变了海陆空作战的机动性，甚至改变了战争进程。与此同时，石油供给安全也成为引发战争的重要因素。协约国对主要国家的石油供应实施了政府控制：英国建立了石油供应委员会，同时控制英国石油公司 51%的股权；美国建立了石油顾问委员会和国家燃料局。德国于 1917 年恢复潜艇战，几乎切断了英、法两国的海外石油供应路线，而战争末期德国对罗马尼亚和阿塞拜疆油田的占领失败则沉重打击了德国必胜的信心。

值得关注的是，第一次世界大战期间，协约国为保障石油供给安全所建立的相关体系为后来的国际能源安全提供了思路，如"国内应急控制""国际合作"和"物资储备"等。

二战更是一场"发动机和油气的战争"。20世纪30年代的经济危机使西方列强的战略重点集中在能源问题上。日本、德国的作战计划中有很大一部分涉及石油，如日本偷袭珍珠港、占领荷属东印度；德国意图占领高加索油田，南下占领伊朗和伊拉克，通过潜艇打击同盟国的大西洋运输路线等。同盟国也通过石油武器打击轴心国，如美国对日本的石油禁运；苏联占领罗马尼亚的普洛耶什蒂油田，切断了德国的主要石油供应来源。

到了21世纪，"超级大国"美国为了控制伊拉克的石油，同样不惜发动战争。典型的是伊拉克战争，美军于2003年3月20日入侵伊拉克，到2010年8月撤出全部战斗部队，历经7年零5个月，理由是"伊拉克前总统萨达姆发展大规模杀伤性武器并串通恐怖分子"。参战美军最多时达到16.6万人，截至2010年8月16日，驻伊美军死亡总数达到4415人，另有约3.2万人在战斗中受伤。截至2010年8月19日，美国用于伊拉克战争的开支达到7423亿美元，超过了越南战争和朝鲜战争的费用。按照从开战到撤军约2670天计算，平均每天耗费2.78亿美元。但打了7年零5个月，美国指控萨达姆的两大罪状皆查无实据。伊拉克石油出口收入占其国家财政收入的95%左右。2010年10月4日，伊拉克石油部长沙赫里斯塔尼宣称，伊拉克已探明石油储量从先前的1150亿桶（居世界第三，约占全球总储量的10%）升至1431亿桶（跃居全球第二）①，仅次于沙特阿拉伯。伊拉克拥有7个超级大油田，每个油田的储量都在50亿桶以上。由此可见，美国发动战争的目的是控制伊拉克丰富的石油资源。

四、有关国家的能源安全战略与政策

美国是世界头号石油消费国和进口国，因此十分关注石油供给安全。美国不仅有能源部制定能源安全战略，国会两院也设有能源问题专门委员会，以关注和讨论能源问题。美国能源协会更是积极研究国家能源安全问题，不定期给国会提交相关建议。美国早在2001年5月即发布了《国家能源政策报告》，提出解决"能源危机"的对策是"在国内，加强油气勘探和开发利用，重视煤炭和核能的作用，强化应急反应能力"。2009年，刚刚上台的美国总统奥巴马推出了能源新政，强调提高能源使用效率、发展新能源和可再生能源、引领能源技术发展新潮、推动能源机构转型，突出了摆脱化石能源依赖的想法与追求"能源独立"的理想。

日本的国家经济安全战略明确指出"确保重要物资（能源等）的稳定供应在经济安全保障方面具有生死攸关的重要性"。日本外务省设有能源管理局，与经济产业省共同负责对外及国际组织中的能源协调工作。日本在经济产业省设立了自然资源与能源委员会，负责制定和实施对外能源措施。日本政府于2000年9月提出将战略重点由节能转为开发；决定推行能源来源分散化，降低对中东的过分依赖，加强与中东之外的石油生产国的关系，进

---

① 全球最新十大探明石油储量国[J]. 能源技术经济，2010（3）：64.

一步开拓海外能源来源；推动能源结构多样化，降低对石油的依赖，大力开发替代能源，重点发展天然气。

亚洲新兴国家和欧盟诸国也非常重视海外能源的稳定供应。它们普遍认为，国家安全的主要威胁已由国内转向国外、由陆上转向海洋，对于今后国家的经济安全和经济发展，一要保障海外能源资源的供应和市场的获得，二要开发海洋资源，三要保障海上战略通道通畅。欧盟新能源政策的重点就是确保外部能源供应。为积极抢占外部油气资源，其与俄罗斯建立了战略性能源伙伴关系，加强了与亚洲、拉丁美洲等地区的能源合作；同时，大力开发生物燃料、天然气和氢气等替代能源。

第二节　石油安全

一、石油安全的基本内涵

所谓石油安全，即一国拥有主权的或实际可控制或实际可获得的石油资源在数量和质量上能够保障该国经济当前的需要、参与国际竞争的需要和可持续发展的需要。依据考虑的时间长短，可将石油安全分为短期石油安全和长期石油安全。短期石油安全主要关注世界石油市场可能发生的重大事件，判断石油价格的短期趋势，考虑石油价格波动对于经济的冲击和影响并寻求减少由石油价格波动所产生的经济代价的办法。长期石油安全主要考虑如何实现多渠道石油供给，减少石油供给风险，保证持续、稳定的石油供给；同时提高能源利用效率，积极开发和使用替代能源，减轻经济对石油的依赖，最终解决国民经济对于石油供给变化的脆弱性。

石油最基本的特性是稀缺性和不可再生性。石油地质蕴藏总量变化总是负值，石油需求增量总是正值，这种趋势持续下去，终将导致石油供应紧张甚或供不应求。同时，石油又是国民经济不可或缺、不可替代的重要能源和工业原料。经历 20 世纪的两次石油危机后，美国政府即把减轻石油依赖视作其石油安全战略的重要组成部分。但因为石油消费占美国能源消费的 38%以上，运输业石油消费占运输部门能源需求的 97%，因此实际上美国无法改变整个经济对石油的依赖。

石油的稀缺性和不可再生性以及国民经济对其的高度依赖性，使得石油成为保障国家经济安全的重要战略物资。同时，石油行业又是高投入、高风险的行业，只有拥有大量的资本和丰富的经验，石油企业才能在这个行业站稳脚跟。目前只有为数不多的几个石油公司能占领世界石油市场。石油资源分布的集中性和石油行业的高壁垒性决定了石油行业具有垄断性。从 1859 年在美国宾夕法尼亚州用机械钻出的第一口油井算起，纵观石油工业160 余年的历史，从洛克菲勒家族的标准石油公司到"石油七姐妹"，再到一些国家成立国家石油公司，再到石油输出国组织（Organization of the Petroleum Exporting Countries，OPEC），石油行业一直是高度垄断的。

二、影响石油安全的两大典型情景

（一）石油供给中断

对各国石油安全造成最大负面影响的是石油供给中断。自 20 世纪 50 年代以来，世界上发生过大大小小十多次石油供给中断（见表 4-1），其中，1973 年和 1979 年的两次中断构成了石油危机，给石油消费国的经济造成极大的冲击，接踵而至的便是石油出口国出口不畅、石油收入下降。由此，降低石油危机和石油供给中断对经济发展的影响已成为世界上很多国家都关注的重大问题。

表 4-1　石油供给中断情况[①]

中断日期	延续时间/月	中断量/（百万桶/日）	中断原因
1951 年 3 月～1954 年 10 月	44	0.6	伊朗石油国有化
1956 年 11 月～1957 年 3 月	4	2	苏伊士运河战争
1966 年 12 月～1967 年 3 月	3	0.7	叙利亚过境费争端
1967 年 6 月～1967 年 8 月	2	2	六天战争
1970 年 5 月～1971 年 1 月	9	1.3	利比亚油价争端
1971 年 4 月～1971 年 8 月	5	0.6	阿尔及利亚与法国的石油国有化斗争
1973 年 3 月～1973 年 5 月	2	0.5	黎巴嫩动乱，输油设施损坏
1973 年 10 月～1974 年 3 月	6	2.6	阿以十月战争，阿拉伯石油禁运
1976 年 4 月～1976 年 5 月	2	0.3	黎巴嫩内战，伊拉克外输油管受损
1977 年 5 月	1	0.7	沙特油田遭到破坏
1978 年 11 月～1979 年 4 月	6	3.5	伊朗革命
1980 年 10 月～1980 年 12 月	3	3.3	两伊战争爆发
1990 年 8 月～1990 年 10 月	3	4.6	伊拉克入侵科威特

（二）石油价格频繁波动

审视石油工业的发展历史，垄断促进了国际石油行业的发展。主力石油公司凭借其雄厚的资本和技术实力，集中进行石油勘探与开发，拓展世界石油市场。同时，垄断者可以在一定程度上控制市场，维持市场稳定，保证市场有序发展。但垄断也带来了一些负面影响，主要表现在石油价格上。当世界石油生产能力超过石油需求水平时，石油价格基本是异化于供需平衡的人为垄断价格，这就增加了石油进口国的支出。

石油的稀缺性、垄断性决定了石油价格的波动性。当垄断集团内部出现较大分歧时，部分产油国就可能放手增产石油，过剩的石油生产能力即可能很快压低石油价格；当石油价格过低时，共同的利益又会使石油垄断集团重新团结起来提高油价，这又会使全球石油

---

① 表中数据根据美国能源署资料整理而成。

价格发生极大的波动。石油价格波动会使石油生产国和消费国都处于两难境地，甚至是两败俱伤，而各国经济对于石油的依赖性则使国际石油价格波动必然对全球经济产生极大影响。

三、石油价格的影响因素

合理的石油价格和稳定的石油供给是石油安全的核心，油价的任何较大波动都会对世界政治、经济产生重大影响。石油的稀缺性、垄断性是决定油价波动性的最根本因素。更为具体地看，一方面，石油供需关系的基本面、政府干预、石油期货市场和科技发展等共同决定着石油价格的走势；另一方面，随着国际石油期货市场日趋成熟，该市场的运作和投机都会强化石油基本供求因素对石油价格的影响。此外，一些短期因素如当年的气候变化、突发性政治及军事事件，也会引起国际石油市场的价格波动。

（一）石油市场供需关系

从需求方面看，经济增长是导致石油需求增长的主要因素，也是影响石油价格的主要因素。从供给方面看，OPEC 国家拥有 76%的已探明剩余石油储量，提供了约 45%的世界石油产量。它们对于国际石油生产有着很强的调节能力，目前的机动产能大致为 3600 万桶每日，相当于 17 亿吨每年。而且 OPEC 国家的石油生产成本很低，大多低于 5 美元/桶，有的甚至不足 1 美元/桶，产量和成本优势使得该组织成员国可以通过降价增产的方式扩大市场份额，使世界更加依赖于 OPEC 的石油供给。非 OPEC 产油国则以不足 1/4 的储量生产着占世界总产量 55%的石油，这是 20 世纪 70 至 80 年代高油价期的后果。非 OPEC 国家石油生产能力的升降在很大程度上受制于国际油价的波动，但其自身的市场效应较小。尽管 OPEC 国家和非 OPEC 国家在争夺市场份额上存在矛盾，但在石油收益最大化问题上有着共同利益，在一定条件下，这些国家即由竞争者转化为合作者。例如，非 OPEC 国家通常会配合 OPEC 国家的减产协议，适当减少产量。

（二）相关国家的政府干预

虽然 OPEC 在原油供应上具有垄断性，但它只是控制原油生产和输出的国家联盟，不是控制国际石油产供销纵向一体化的卡特尔，其对手是以美国为首的西方石油消费国联合阵线，这个对手拥有比 OPEC 强大得多的经济和技术优势。当国际油价波动触及自身的根本利益时，石油消费国就会毫不犹豫地入市操纵油价。其中，最为常见的操纵手段是动用石油库存和储备在短期内调整市场供需，强制市场调整油价。例如，在海湾战争期间，美国动用了战略石油储备 3000 万桶，成功地控制了油价上涨。石油消费国对市场的操纵不仅表现在直接调节市场供需上，更多的是从政治、经济甚至军事方面施加影响。例如，1999 年 3 月到 2000 年初，油价飙升三倍多，这在很大程度上是美国政府操纵市场的结果。

进而，由于强权国家政府的干预，OPEC 对国际市场油价的操纵往往受阻。例如，在 1998 年 3 月和 1998 年 6 月，OPEC 在两次减产共计 310 万桶/日的情况下也未能推动油价上升，油价甚至于 1998 年 12 月跌破了 10 美元/桶。1999 年 7 月初，《石油经济学家》杂志曾载文透露，美国能源部长理查森于 1999 年 2 月到利雅得访问有"一个渐为人知的目的"，即美国政府的目标是保持国际油价稳定并使之维持在不损害美国国内石油生产者利益的水平上，以确保西南部各州的选票不受影响。美国政府官员也明确提出："我们一定会采取我们力所能及的措施来保持石油市场的稳定。"而 OPEC 国家由于政治上的需要和经济利益，很快地响应了美国的提议。可见，国际石油市场上各种力量之间既存在竞争与对抗，又存在合作与协调，并且各种力量之间的关系会随着政治、经济因素的变化而变化。

（三）石油期货市场

在国际市场上，石油期货交易和投机商对油价的影响越来越明显。期货市场状况在一定程度上反映了现货的供求情况，期货价格基本上随现货市场的供求关系而变化，正是这种趋同性使得石油期货具有规避风险的功能。同时，期货市场的预期性和连续性使它具有发现价格的功能，从而对现货市场产生重要影响。当石油市场疲软时，投机者认为油价将下跌，就将做大量的空头交易。进而，任何利空消息经过众多投机者传播都将进一步放大，导致油价进一步下跌。例如，1999 年 3 月之前的两次石油减产并不足以使油价升高，但由于投机商暗中操作，油价还是上升了。当石油需求旺盛时，投机商的多头交易又会抬高油价。例如，1999 年 3 月油价开始回升的半年里，投机者已在期货市场上购入了至少2.6 亿桶原油。这样，大量的投机活动至少把油价抬高了 6 美元/桶。客观上，国际石油期货市场吸引了众多的参与者和资金，交易量不断增加，期货市场和投机商对油价变动的"步伐"和幅度的影响力越来越大。因此，研究石油价格需要分析期货价格对现货价格的影响。

（四）相关领域的科技发展

科技发展对石油价格有着更加深远的影响。石油地质理论创新可以更好地指导石油勘探开发，缩小勘探目标，加快勘探速度，降低勘探成本。采收率理论的突破有助于挖掘老油田的增产潜力。目前的石油开采率一般只有 50%，地下仍有 2/3 的原油没有被开采，所谓的油田枯竭仅相对现有技术手段及能力而言。如果在新的开采理论的指导下能使石油开采率提高 5%，就相当于发现了若干个巨型油田。特别是，世界石油工业已由 20 世纪 70 年代的规模取胜、80 年代的成本取胜发展到现在的技术取胜。技术创新与管理的进步已使石油的发现成本与生产成本在近二十年来下降了 40%左右。科技进步也促使各国实施多种多样的节油工程，相对减少了全社会对石油的需求，某些方面的科技发展甚至使某些新兴能源在技术和经济上能够部分地代替石油。

四、石油价格的预测方法

石油价格预测是石油安全管理及研究的重要内容。油价的预测方法有很多，传统方法是对油价进行时间序列分析或根据油价和供求关系的相互影响进行推算。但由于这种方法没有考虑政府干预、期货市场和短期因素的影响，目前已很少被使用。近四十年来，学术界提出了"通过石油市场情景分析进行油价预测的方法"，即考虑油价波动市场情景的短期构成因素和长期构成因素，先分别对这些因素的变化进行评价，然后对一些关键因素进行综合分析，进而得出油价波动范围。这些市场情景构成因素主要包括市场供需态势、政府和石油组织的干预力度、气候变化、石油库存变化等。预测结果用随时间变化的油价变化曲线来表示，最高价和最低价形成了油价变动的通道。短期油价波动的最大幅度由通道高度决定，长期油价波动的最大幅度由通道高度和通道本身的波动来表示。

由于影响油价波动的因素有很多，可选择的市场情景构成因素也很多，故用这种方法预测的准确性取决于对关键构成因素的辨识以及对其进一步的深入分析。20 世纪 80 年代后期，一些专家预测 90 年代的油价在 12 美元/桶~25 美元/桶，与实际波动情况接近，故人们认为这种方法具有一定的可参考性。情景分析对于长期油价预测大多得出的是上升的曲线，因为预测者还是基于"自然资源必将日趋稀少"的论证依据：世界石油总量随着耗用将不断减少，寻找新的石油将更加困难，而石油消费随着经济增长会日益增加。因此，石油资源必将日趋稀少，最终会供不应求，油价总是要上升的。

五、石油危机及其防范

（一）石油危机的危害

石油禁运及油价剧烈波动都可能导致石油危机。以油价为例，油价过高或过低对石油消费国和石油出口国皆是不利的。

对石油进口国而言，油价低时，企业通常会大量使用石油，由此可能导致整体经济对石油的依赖程度提高。油价高时，必然直接导致进口国支出增加，由此即可能使进口国的国际收支恶化；同时，油价高时，进口国企业为减少成本，必然会减少石油消耗，进而导致产出减少；如果高价持续时间过长，企业即会被迫将燃油设备转换为利用其他能源的设备，将耗油大的设备提前淘汰，技术系统更新的转换成本有可能对国民经济造成一定损失。相应地，高油价给一国经济造成的直接损失可以表示为石油涨价幅度与石油进口量的乘积，即 $Sd=\Delta P \times QI$，其中 Sd 为直接损失，ΔP 为涨价幅度，QI 为石油进口量；高油价对一国经济造成的间接影响可以用石油消费弹性系数 K 进行估算，即 $\Delta g=\Delta e/K$，其中 Δe 为石油消费量减少的百分比，Δg 为经济增长率降低的百分比，K 为弹性系数（$K=e/g$）。

对石油出口国而言，高油价虽然在短期内可以增加收入，但会导致进口国的石油消费需求萎缩，从而使出口国的石油生产能力大量过剩，而维持过剩的生产能力需要石油出口国付出很高的成本。例如，沙特的剩余生产能力通常为 1000 万桶/日，每年的维护费要 5 亿美元。另外，在高油价冲击之下，要重新刺激进口国的石油消费需求往往是困难的。如 20 世纪第二次石油危机之后，整个 80 年代的石油价格和石油需求持续走低就是一个教训。而当油价低时，产油国为增加石油收入，就可能大量开采石油，由此会促使油价进一步下降，进而可能引起国际石油市场陷入新的混乱局面。

（二）以国家石油储备应对石油危机

据工业发达国家的经验，防范石油危机较为有效的方法是建立有效的石油储备制度。石油储备对稳定石油市场价格、调整短期供求关系等具有巨大作用。例如，1973 年爆发的第一次石油危机引发了西方国家的经济、社会动荡，美国作为世界头号石油进口国和消费国，深感"石油危机之痛"。于是，1974 年年底，美国等推动经合组织理事会成立了国际能源署。该机构成立后实施了一系列改变国际石油市场供求关系的措施，其中之一就是规定各成员国有义务保有相当于 90 天净进口量水平的战略石油储备。再如，海湾战争时期，一些国家曾动用战略石油储备 3000 万桶，这对稳定当时的国际油价和供应发挥了重要作用。但石油储备要有效发挥其作用，还需要建立有效的储备管理机制，尤其应明确何时、可以由谁来决定动用石油储备，可动用量多少为宜。

目前各国的石油储备大体由三部分组成：一是由政府或指定机构管理的战略储备；二是石油公司的库存；三是销售者和消费者持有的库存。后两者合称为民间库存。IEA 大多数成员国主要通过"储备法"对民间企业赋予一定的应急储备义务。例外的是，美国认为民间库存基本属于商业周转库存范畴，政府难以有效管控和调度，要提高石油储备的应急实效，即必须提高国家的战略石油储备水平，由此，美国采取了应急储备全部由国家承担的制度。

第三节　煤炭安全

一、煤炭的供给安全

煤炭在全球一次能源消费总量中位居第二位，仅次于石油。尽管煤炭在应用方面并不像石油那样不可替代且多数发达国家通过能源结构调整已使煤炭在本国能源消费中的比重较低，但大多数煤炭资源丰富的发展中国家的能源消费仍以煤炭为主。例如，2008 年，煤炭消费占印度能源消费的 53.4%，占波兰能源消费的 61%，占哈萨克斯坦能源消费的 51.9%，占南非能源消费的 77.7%，占澳大利亚能源消费的 43.3%，在我国占 70.2%[①]。故对于这些国家而言，煤炭的供给安全十分重要。

我国的能源禀赋与消费结构均以煤炭为主，煤炭短缺对我国经济造成的影响与石油短缺所造成的影响同样严重甚至更严重。尽管在世界范围内有人将石油供给安全等同于能源安全，但对我国而言，煤炭供给安全作为不可忽视的能源安全问题已日益凸显。长期以来，我国形成了以煤炭为主的能源消费和生产结构。随着我国经济的快速发展，近年来煤炭消费始终以 10%左右的速度增长，相应地即要求煤炭生产以同样的速度增长。当煤炭消费需求基数较小时（如改革开放之前），扩大煤炭生产较易满足新增需求。当煤炭消费需求基数

---

① 数据来源：《BP 世界能源统计（2009）》。

较大时（如 2008 年消费量达到 27.4 亿吨），即便很小幅度的需求增长都可能给煤炭的供给安全带来极大的压力。

二、煤炭的生产安全

在煤炭资源丰富的国家，煤炭生产安全是影响煤炭供给安全的重要因素。同时，煤炭生产安全也是世界性问题。煤炭生产安全与煤炭采掘技术设备及工艺技术水平、人才专业化程度、自然条件、政府规制等密切相关。以我国为例，采煤的机械化程度不到 50%，主要技术设备陈旧，这一指标与发达国家相比落后 10~15 年，多数乡镇和私营煤矿仍旧采用原始的开采方法，百万吨煤产量死亡率远远高于发达国家。煤炭生产事故主要为顶板、瓦斯（含煤尘）、机电、运输、火药放炮、水害、火灾等事故。其中以瓦斯、煤尘爆炸及水、火等灾害在各国最为严重。无论哪个国家，一旦发生煤炭生产安全事故，则在影响煤炭正常生产的同时，还必然造成人员伤亡和财产损失。如仅 2005 年，煤矿安全事故造成的死亡人数即占我国煤矿事故死亡人数的 74%。有业内专家测算，我国每年因煤炭生产安全事故造成的直接经济损失至少为 1000 亿元，如果加上间接损失，可能在 2000 亿元以上。

为防范煤炭行业生产安全事故的发生，需要加强煤炭生产技术的升级和政府规制。此外，国际能源署成员国的实践表明，要想成功解决煤炭行业的生产安全问题，还必须将立法、监察、罚款、培训、文化、责任和权力对称等方面的措施结合起来。2005 年我国成立了国家安全生产监督管理总局（2018 年调整为应急管理部）即加强政府规制的举措。

三、煤炭运输瓶颈

煤炭运输瓶颈是不少国家都会遇到的问题。为确保煤炭供给安全，必须化解煤炭运输的瓶颈制约，即煤炭的"请车满足率"不足。例如，我国跨省区煤炭调运量约占煤炭消耗总量的 1/3，煤炭运输占用了铁路货运能力的 45% 以上，但近年来铁路请车满足率仅在 35% 左右。我国煤炭产量主要集中在晋、陕、蒙地区，工业化先行地区的煤炭需求不断增长，铁路运输"瓶颈"即成为制约我国煤炭供给安全的重要因素。在其他国家，港口吞吐能力不足导致的装船不足往往造成煤炭运输瓶颈。例如，2004 年，澳大利亚纽卡斯尔港口达尔林普尔湾（Dalrymple bay）的"瓶颈现象"严重影响了澳大利亚的煤炭出口。在一段时间里，南威尔士各港口的待装船只数量达到了 50 艘左右，大大影响了其他地区的煤炭供给安全。

煤炭运输的另外一个问题是运费，如果运费上涨幅度高于煤炭企业产品价格的上涨幅度，就必然造成终端用户所承受的煤价涨幅较大，进而导致煤炭产销价格存在较大的差值。以我国山西煤炭销往浙江电厂为例，2004 年 6 月每吨计划内煤炭出矿价为 169.2 元，到浙江海港的价格达到了 373.9 元。除铁路及海运费用外，铁路运输还需要缴纳铁路建设基金、中转作业费用等，港口要交港杂费、化验费、过磅费等，中间环节的流通费用超过了出矿价，约占煤炭到港价格的 55%。特别是现行的铁路运输管理体制和垄断经营，其效率低、服务差造成了煤矿生产企业和用户利益在铁路运输企业的流失，这就严重制约了煤炭工业的健康发展，也影响了煤炭供给安全。

第四节 电力系统安全

一、电力系统

在人类历史上，电力系统的出现推动了社会各个领域的发展。电力系统即由发电、变电、输电、配电和用电等环节组成的电能生产与消费系统。电力系统的主体结构有电源、电力网络和负荷中心，其功能是将一次能源通过发电装置（锅炉、汽轮机、发电机及电厂辅助系统等）转化成电能，经输变电系统及配电系统将电能运送到负荷中心，再通过用户的设备转换成动力、热、光等能量形式。在现有技术条件下，电能生产必须与消费随动平衡，再加上电能的集中开发与分散使用以及电能的连续供应与负荷的随机变化，这些都制约着电力系统的有效运行及其使用效果。据此，电力系统要实现其功能，就需在各个环节和不同层次设置相应的控制系统，以便对电能的生产和输运过程进行测量、调控和调度，进而确保用户获得安全、经济、优质的电能供给。建立有效的电力系统不仅便于电能生产与消费的合理调度，节省电力设施投资，还有利于最大程度地满足一国日益增长的用电需要。

二、电力系统安全问题

传统的能源安全主要指石油供给安全，但随着能源技术进步及全球能源市场供求关系的变化，能源安全的范畴已大大拓宽，电力系统安全即成为能源安全的重要领域。电力系统是整个国民经济运行的基础，关系到国民经济的发展和社会的进步。在工业化和新兴工业化国家，电力系统的规模和技术水准已成为衡量一国经济发展水平的重要标志。相应地，电力系统安全即成为这些国家能源安全的重要内容，越来越受到各国的高度重视。

电力系统安全至少有两个含义：一是一国的电力供给能够满足国民经济和社会运行的需要；二是电力系统没有出现重大事故，没有给电力用户造成重大损失。一国经济越发达或发展得越快，电力供给对于国民经济和社会运行的满足程度越会受到高度关注。以我国为例，进入21世纪以来，在国民经济迅速发展的同时，全国不少地区出现了电力供给大量短缺的现象。2003年，我国有22个城市因电力短缺而拉闸限电，到2004年增加到24个，严峻形势贯穿全年。同时，一国经济越发达或发展得越快，其电力系统安全一旦受到破坏，对国家经济造成的损失也就越大。近年来在国际上，因电力系统出现问题造成的重大事件已屡见不鲜。例如，2003年8月14日美国及加拿大出现的大面积停电事故波及24 000多平方千米，受影响居民达500万，同时造成了很大的经济损失，仅美国纽约地区即停电29小时，经济损失高达120亿美元。再如，2002年12月23日，为我国包钢提供电力和高压蒸汽的包头一电厂 3 号锅炉的下降管与连接箱接口处炸裂，导致包钢四座高炉同时停产，损失达数亿美元。

三、电网运行安全问题

在电力系统中，用来连接发电和用电设备、输送和分配电能的设施即电网。电网包括连接成网的输电线路、变电所、配电所、配电线路等。通常可以按电压等级将电网划分为超高压电网（500 千伏及以上）、高压电网（220 千伏、110 千伏）、中压电网（35 千伏、60 千伏）和低压电网（10 千伏及以下）。电网运行安全在电力系统安全中居于特殊地位。相应地，电网的规划、设计、建设和维护皆应把电网稳定运行和可靠供电作为第一目标。

导致电网运行安全受到损害的原因有三个：一是电网超负荷受损。近年来我国经济发达地区的用电量和用电负荷强劲增长，这对电力系统的安全供电能力提出了越来越高的要求，但目前我国的电网发展水平又不能适应这种要求，这就可能导致电网运行安全因为超负荷而受到损害。二是冰冻等自然灾害对电网的破坏。电网是由带电的架空线路组成的，具有量大、面宽的特点。500 千伏铁塔高 40～50 米，1000 千伏铁塔高达 72 米，过江铁塔高达 140 米，因此电网对冰冻灾害的抵抗能力十分薄弱。例如，2008 年 1 月起，我国南方大部分地区和西北地区东部出现了罕见的持续大范围低温、雨雪和冰冻的极端天气，使电网系统大面积受损。贵州、湖南的输变电线路结冰直径达到 30～60 毫米。由于电网不能正常输电，受灾地区遭受的直接经济损失达 400 多亿元。三是电网往往是战争中交战双方重点打击的目标。例如，20 世纪 90 年代末期美国轰炸前南联盟期间曾多次动用碳纤维炸弹打击前南联盟的输变电系统。道理很简单，碳纤维炸弹爆炸后即会散落在并行的电线上，从而导致电网因短路而迅速断电。

第五节 能源安全的监测预警：以石油安全为例

一、石油的供需平衡分析

根据预测时间的长短，石油供需预测可以分为近期预测（周期为 1～5 年）、中期预测（周期为 5～10 年）和长期预测（周期超过 10 年）。近期预测时间较短，国民经济的发展及其变化比较清晰，能源结构也不可能发生很大的变化，故预测结果较为准确；中期预测需要考虑的因素较难把握，预测时总要进行各种假设，但至少可以大致搞清预测期内的石油供给量能否适应经济发展的需求；长期预测虽然粗略、准确度较差，但通常能发现需要关注的战略性问题，如能源结构应如何调整才能适应经济发展的趋势。

按预测技术性质，石油供需预测可分为定性预测和定量预测。定性预测主要是根据事物的性质、特点、过去和现在的延续状况等，对事物进行非数量化分析，对未来发展趋势做出预测。定量预测是利用大量数据，借助数学、统计学等方法建立数学模型展开预测，如美国的国家能源模型系统（national energy modeling system，NEMS）。

NEMS 用宏观经济子模型预测整个模型系统的宏观经济背景，在预测能源供需时分成各个子领域，子领域再细分下去，最后对所有子领域、子模块进行综合，得出完整预测结果。进行需求预测时，可将整体经济分为居民、工业、商业、交通四个部门；每个部门又可细分下去，如工业部门可分为制造业和非制造业，制造业又可分为能源密集型行业和非能源密集型行业；其后可根据各行业的发展目标和规律预测各行业的能源需求，最后再进行综合。

在无法建立复杂预测模型或无法获得充分数据的情况下，用定性加定量的方法，同时综合专家的预测结果是个恰当的选择。改进后的德尔菲预测法就是一种较好的方法。德尔菲预测法是 20 世纪 40 年代末由美国兰德公司创立并使用的预测方法，其主要过程是：预测主持机构首先选定与预测目标有关的领域专家 10 人，与他们建立信件联系。其后，预测组织者分别将需预测的问题及必要的资料提供给各位专家（专家之间无联系）。接着，专家们凭借自己的经验和主观判断，对问题做出预测，继而以书信形式反馈给预测组织者。然后，预测组织者对专家意见进行整理归纳后再匿名反馈给各专家以征求意见。如此反复多次，逐渐使专家们的意见趋于一致。最后，预测组织者将趋于一致的意见作为预测结果。

该方法排除了"权威意见"的影响，得出的结论有相当高的准确度，但耗时较长，通常要花费数月，故后来有人提出了"改进型德尔菲预测法"。其中的"改进"，一是在预测程序上变多次反复为一次成功；二是在"专家"选定上扩大了数量且不再限于与预测目标有关的专家，还聘请科技、经济和管理工作者，人数增加到 20～30 人；三是在预测结果处理上变趋于一致为加权平均，根据预测人员对预测目标的重要性不同，分别确定权重，计算公式法为

$$Y = \sum_{i=1}^{n} W_i X_i / \sum_{i=1}^{n} W_i$$

式中，Y 表示预测结果，W_i 表示权重，X_i 表示专家预测值，n 表示专家人数。

基于此，可选择一些权威机构的研究成果作为改进型德尔菲预测法的专家预测起点，分别确定各个专家的权重，最终得出预期的石油供需水平。

二、石油安全的评价指标

在国际石油市场上，石油进口国和出口国都希望石油价格能相对稳定。要减少油价波动所引发的石油危机对一国经济的影响，首先要恰当地评估发生石油危机的可能性，再去评估石油危机对一国经济的影响程度。

研判发生石油危机的可能性有两种途径：一是通过"全球石油生产的集中度"来测度，这可用"中东（或 OPEC）占全球石油产量的比重"来表示。该比重越高，即说明石油产量集中于民族或宗教关系复杂的地区，则发生"高油价危机"的可能性越大。二可通过"全球石油生产能力超过需求的程度"来测度，这可用某个时点"全球石油生产能力和石油消费水平的差值占消费总量的比例"来表示。该比值越高，说明不发生"石油危机"的可能

性越大。

　　石油危机对一国经济的影响可用四个指标来测度。一是一国经济的石油密集度。该指标可用该国石油消费量与 GDP 的比值表示。该比值越低，则石油危机影响的经济份额越小、程度越低。二是重要石油消费部门对石油的依赖程度。例如，与其他经济部门相比，运输部门基本没有可替代的能源，如发生石油供给中断，则对它的影响可能是毁灭性的。依赖程度可用相应部门的石油消费占总体石油消费的比重来表示，也可用相应部门产值占 GDP 的比值来表示。三是一国的石油储备水平。该指标包括战略石油储备和商业石油储备，二者可供一国消费的天数越多，则一国抵御石油危机的能力越强。四是一国经济对石油进口的依赖程度。一国所进口的石油占石油总消费量的比例越高，则一国经济对于石油危机的脆弱性越强。

第五章

产业安全管理

第一节　产业安全观的演变

20 世纪 90 年代以来，一些学者分别从不同角度提出了对产业安全的认识。

一、强调制造业安全的产业安全观

20 世纪 90 年代后期，国内相关研究者认为，产业安全的核心是制造业安全，特别是基础制造业（如新材料、机床、微电子器件）安全、关键设备制造业（如重大装备）安全、高关联性制造业（如汽车制造）安全等；同时认为，制造业安全的本质是一国制造业能够提供国内建设及发展所需要的关键制成品，同时又能向巩固国内市场、开拓国际市场转变。这种观点的产生主要基于制造业在一国产业体系中的支柱性地位[①]。现阶段我国仍处于工业化中期，这种观点对于现阶段的我国具有重要的现实意义。

二、强调以国民企业为主体的产业安全观

一些研究者认为，谈论产业安全不能脱离国民这个主体。一国国民具有共同的利益，产业安全应为国民产业安全。国民产业安全指一国的国民产业在国际竞争中达到这样一种状态，即一国国民得到由对外开放带来的产业权益时所让渡的产业权益最小或在让渡一些国民产业权益的条件下由对外开放得到的国民产业权益最大[②]。继而他们认为，尽管投资国际化、生产全球化不可逆转，但产业的国家归属仍然是不可回避的。强调产业安全，归根结底是要使以国民为主体的产业权益在国际竞争中得到保证并不受损害。

①　雷家骕等. 国家经济安全理论与方法[M]. 北京：经济科学出版社，2000：50-54.
②　赵世洪. 国民产业安全若干理论问题研究[J]. 中央财经大学学报，1998（5）：1-6.

三、强调本土资本控制力的产业安全观

尽管持这种观点的学者的表述各异，但其核心都是强调本土资本对境内产业的控制力。如王允贵提出，产业安全是指本土资本对影响国计民生的国内重要经济部门掌握控制权。国民经济各行业发展主要依赖于本土资本、技术和品牌[①]。杨公朴等人认为，产业安全是指在国际经济交往与竞争中，本土资本对关系国计民生的国内重要经济部门的控制[②]。于新东则提出，一国对产业的创始、调整和发展，如果拥有相应的自主权或称控制权，即可认为该国的产业是安全的[③]。由此可以看出，强调本土资本控制力的产业安全观包含两方面的内容：一是强调本土资本对产业的控制，二是强调本土经济主体对产业收益的控制。

四、同时强调控制力和竞争力的产业安全观

有学者提出，片面地强调本土资本对国内产业的控制会放缓一国融入全球经济体系的步伐，并不能从根本上提高一国产业的安全性。相应地，杨公朴认为，产业安全是指一国对国内重要产业的控制能力及该产业抵御外部威胁的能力，主要体现为产业的国际竞争力[④]。夏兴园等人认为，产业安全是指一国产业对来自国内外的不利因素具有足够的抵御和抗衡能力，能够保持各产业部门的均衡协调发展[⑤]。张立认为，产业安全是指一国在对外开放的条件下，在国际竞争的发展进程中，具有保持民族产业持续生存和发展的能力，同时本土资本保持着对产业主体的控制力[⑥]。许铭则认为，产业安全是一国产业抵御外来干扰或威胁并不断获得持续发展的状态，在很大程度上体现了本国产业的主导地位与竞争力[⑦]。

第二节　我国工业化中期的产业安全

一、我国正处于工业化中期

（一）划分工业化阶段的理论方法

辨识一国经济社会发展的工业化进程，必须先理解划分工业化进程的方法。传统的工业化阶段划分方法有三种：第一种是以钱纳里为代表的工业化六阶段理论，即采用人均GDP

---

① 王允贵. 产业安全问题与政策建议[J]. 开放导报，1997（1）：27-32.
② 杨公朴，夏大慰. 现代产业经济学[M]. 上海：上海财经大学出版社，1999：59-63.
③ 于新东. 产业保护和产业安全的理论分析[J]. 上海经济研究，1999（11）：33-37.
④ 杨公朴，王玉. 中国汽车产业安全性研究[J]. 财经研究，2000（1）：22-27.
⑤ 夏兴园，王瑛.国际投资自由化对我国产业安全的影响[J]. 中南财经大学学报，2001（2）：37-42.
⑥ 张立. 维护我国产业安全的制度变迁模式初探[J]. 天府新论，2002（4）：3-12.
⑦ 许铭. 中国产业安全问题分析[M]. 太原：山西经济出版社，2006：23.

指标；第二种是库兹涅茨、克拉克主张的以第二产业与第一产业产值的比重作为衡量标准；第三种以各产业就业人口比例作为标准[①]。

钱纳里以人均 GDP 把工业化划分为六个阶段（见表 5-1），即工业化起始时期、工业化初期、工业化中期、工业化成熟期、工业化发达期和发达经济时期。若用该方法考查我国所处的工业化阶段，必须对各个时期的人均 GDP 利用价格指数进行处理，然后利用 1970 年人民币兑换美元汇率进行折算，得到用 1970 年美元核算的人均 GDP。表 5-1 显示，工业化中期的人均 GDP 为 560～1120 美元。

表 5-1　钱纳里工业化六阶段划分[②]

工业化各阶段	阶段名称	人均 GDP（1970 年美元）
第一阶段	工业化起始时期	140～280
第二阶段	工业化初期	280～560
第三阶段	工业化中期	560～1120
第四阶段	工业化成熟期	1120～2100
第五阶段	工业化发达期	2100～3360
第六阶段	发达经济时期	3360～5040

表 5-2 是以产业结构为标准对工业化进行的划分。该划分方法的侧重点是农业产值占 GDP 的比重，相应地将工业化分为五个阶段，即前工业化阶段、工业化初级阶段、工业化中期阶段、后工业化阶段、完全实现工业化阶段。工业化中期阶段的标志为"农业产值占 GDP 的比重逐渐由 20%降到 10%"。

表 5-2　产业结构标准工业化分期表

工业化各阶段	阶段名称	产业结构比例
第一阶段	前工业化阶段	产业革命开始至工业产值等于农业产值
第二阶段	工业化初级阶段	农业产值占 GDP 的比重降到 20%
第三阶段	工业化中期阶段	农业产值占 GDP 的比重逐渐由 20%降到 10%
第四阶段	后工业化阶段	农业产值占 GDP 的比重降到 10%以下
第五阶段	完全实现工业化阶段	农业产值占 GDP 的比重降到 5%以下

表 5-3 是以就业结构为标准对工业化进行的划分，共分为五个阶段，即工业化初级阶段、工业化中期一阶段、工业化中期二阶段、工业化基本实现阶段、工业化全面实现阶段。工业化中期二阶段的标志为"第一、第二、第三产业就业人口比重为 28.6：30.7：40.7"。

---

① 郭濂，雷家骕，郭新双，等. 中国经济面临的矿产资源能源约束及对策[M]. 北京：清华大学出版社，2011：181-183.
② 张克俊，曾科. 新型工业化标准与评价指标体系研究[J]. 中国科技论坛，2004（6）：125-127.

表 5-3　就业结构标准工业化分期表

工业化阶段	人均 GDP（1970 年美元）	第一产业就业人口占总就业人口比重/%	第二产业就业人口占总就业人口比重/%	第三产业就业人口占总就业人口比重/%
工业化初级阶段	280	58.7	16.6	24.7
工业化中期一阶段	560	43.6	23.4	33
工业化中期二阶段	1400	28.6	30.7	40.7
工业化基本实现阶段	2800	23.7	33.2	43.1
工业化全面实现阶段	4200	8.3	40.1	51.6

（二）目前我国正处于工业化中期阶段

之前若干年，我国的工业化基本走的是发达国家的传统工业化道路，这几乎是难以避免的。相应地，也可以采用传统方法来考查我国的工业化进程，即采用人均 GDP、产业结构和就业结构来判断我国目前所处的工业化阶段。具体数据如表 5-4、表 5-5 和表 5-6 所示。

表 5-4　我国工业化程度的人均 GDP 标准列表

工业化各阶段	人均 GDP（1970 年美元）	阶段名称	中国达到该阶段的年份	达到该阶段人均 GDP 值（1970 年美元）
第一阶段	140～280	工业化起始时期	1978—1990	147～293（人均 GDP 达到 280 美元的年份估计为 1987 年左右）
第二阶段	280～560	工业化初期	1987—1997	293～562
第三阶段	560～1120	工业化中期	1997—2005	562～1171
第四阶段	1120～2100	工业化成熟期	2005—2007	1171～1483
第五阶段	2100～3360	工业化发达期		
第六阶段	3360～5040	发达经济时期		

表 5-5　我国工业化程度的产业结构标准列表

工业化阶段	产业结构比例	阶段名称	起止年份	第一产业比重/%
第一阶段	产业革命开始至工业产值等于农业产值	前工业化阶段	1978 年以前	1978 年工业产值大于农业产值
第二阶段	农业产值占 GDP 的比重降到20%	工业化初级阶段	1978—1992	28.19～21.79
第三阶段	农业产值占 GDP 的比重由 20%降到 10%	工业化中期阶段	1993—2007	19.71～11.26
第四阶段	农业产值占 GDP 的比重降到10%以下	后工业化阶段		
第五阶段	农业产值占 GDP 的比重降到 5%以下	完全实现工业化阶段		

表 5-4 后两列是我国人均 GDP 数值和工业化阶段年份。由该表可以看到，按照钱纳里的人均 GDP 标准，我国 1997—2005 年处于工业化中期，人均 GDP 为 562～1171 美元（1970 年美元）。而工业化成熟期人均 GDP 上限为 2100 美元，远高于我国 2007 年的 1483 美元。综合判断，依据钱纳里人均 GDP 标准，当今我国正处于工业化中期阶段。

表 5-6 我国工业化程度的就业结构标准列表

工业化阶段	人均 GDP（1970 年美元）	第一产业就业人口占总就业人口比重/%	第二产业就业人口占总就业人口比重/%	第三产业就业人口占总就业人口比重/%	年份	三次产业比例/%
工业化初级阶段	280	58.7	16.6	24.7	1978	70.5：17.3：12.2
工业化中期一阶段	560	43.6	23.4	33	1995	52.2：23：24.8
工业化中期二阶段	1400	28.6	30.7	40.7	2007	40.8：26.8：32.4
工业化基本实现阶段	2800	23.7	33.2	43.1		
工业化全面实现阶段	4200	8.3	40.1	51.6		

表 5-5 为我国工业化程度的产业结构标准列表，后两列是我国第一产业产值占当年 GDP 的比重和相应年份。数据显示，2007 年我国第一产业占 GDP 的比重为 11.26%，对应工业化发展阶段为工业化中期。依据产业结构标准可以判断，我国正处于工业化中期阶段。

表 5-6 是工业化程度的就业结构标准列表，后两列是我国三次产业结构的比例以及达到该比例的年份。数据显示，工业化中期第一阶段的三次产业比例标准为 43.6：23.4：33，与此标准最接近的是我国 2007 年的三次产业就业比例，该比例为 40.8：26.8：32.4。考虑到我国二元社会结构和农业人口比例基数偏大，我国的工业化依据三次产业就业比例标准分析，我国工业化正处于工业化中期一阶段已经完成、工业化中期二阶段正在进行中的阶段。基于上述分析可以判断，依据三次产业就业结构标准，我国正处于工业化中期阶段。

综合前述，依据人均 GDP 标准判断，我国正处于工业化中期偏后；依据产业结构比标准判断，我国正处于工业化中期偏后；依据三次产业就业比例标准，我国正处于工业化中期偏前。综合三个视角判断，可以认为，我国进入工业化中期的时间应该为 20 世纪 90 年代中期（即 1992—1997），目前我国仍处于工业化中期阶段。

二、现阶段我国产业安全的内涵及内在结构

（一）现阶段我国产业安全的内涵

对处于工业化中期的新兴国家而言，产业安全是指在当今全球化的背景下，一国产业保持全面、协调、健康、持续发展的状态。其具体体现包括：在国际分工中具备一定的自主性、自卫力和竞争力；始终保持对本国产业主体的控制力；能够规避、减少或化解不公

平贸易对本国产业带来的损害或威胁；各产业部门持续创新、稳健增长、可持续发展。

相应地，现阶段我国的产业安全的内涵包括以下几点内容。

第一，各产业部门持续创新、稳健增长、可持续发展。要坚持以市场为导向、以企业为主体，把增强自主创新能力作为中心环节，持续提升整体技术水平和综合竞争力。

第二，产业安全的核心是在国际分工中具有一定的自主性、自卫力和竞争力。在经济全球化背景下，国家间的竞争集中表现为以经济实力和创新能力为核心的综合国力之争，产业安全作为国家经济安全的重要组成部分，决定了其核心任务是提高整个产业体系的自主性、自卫力，保持优势产业的国际竞争力。

第三，对本土产业主体的控制力是关键。具体来说，在产业层面是指对事关国家安全的基础性、命脉性或战略性关键产业的控制；在企业层面是指对产业中主体企业的控制。国家支柱型产业及关系国计民生的重点产业或企业是支撑我国经济发展的关键，其安全问题理应引起社会各界的高度重视，本土资本应掌握它们的控制权。

第四，能够规避、减少或化解不公平贸易对本国产业带来的损害或威胁，具有危机处理能力是基本保障。加入世界贸易组织后，随着我国对外贸易的迅速增长，由技术性贸易壁垒、知识产权争端、倾销、补贴等一系列不公平贸易造成的产业损害日益增多，在一定程度已影响我国的产业安全，必须尽快继续完善产业损害预警机制，尽量降低产业受损程度，提高我国产业的损害危机处理能力。

理解产业安全的基本内涵时，必须注意到产业安全有四个特点。一是系统性。产业安全不但涉及各产业内部和产业之间的相互联系，而且还受到产业体系外部诸如政治体制、自然环境、国际环境等因素的影响，故产业安全强调的是用系统的方法综合考量各种因素的影响。二是整体性。产业安全关系到一国经济体系的完整性和竞争力，是国家经济安全的重要组成部分，故产业安全强调一国经济在整体上的安全性，而不仅是某个或某些产业的安全性。三是动态性。产业安全关系到一国经济整体能否健康运行、持续发展，发展利益能否不受侵害和威胁，故产业安全的具体内涵不是一成不变的，而是会随着一国经济的发展及环境变迁而演化的。换言之，产业安全的内容是不断变化的，产业安全的实现途径也是不断变化的。四是危机管理很重要，即当一国产业的运行利益和发展利益受到损害时，即需要采取有效措施来控制危机的蔓延和扩散，把产业自身的利益损失和对整个经济的影响降到最低程度。

（二）现阶段我国产业安全的内在结构

要清晰、恰当地理解我国的产业安全问题，必须以全球化为背景、以基本国情为基础，洞悉我国产业发展的轨迹，把握现阶段我国产业发展所面临的机遇和挑战。

1. 创新能力：产业安全的基础

创新是民族兴盛的灵魂，是推动国家前进的不竭动力。一个国家只有拥有强大的自主创新能力，才能在激烈的国际竞争中把握先机，赢得主动。只有坚持创新特别是自主创新，我国的产业发展才能走出"引进—消化—吸收—落后—再引进"的循环并在全球竞争中占据一定的地位。

美国的经验是值得借鉴的。1993年，克林顿政府发布了《科学与国家利益》《技术与国家利益》等系列报告，认为美国获得高附加值和可持续发展的唯一的、最重要的因素就是技术，而这种技术不是依靠引进或购买获得的，而是依靠不断创新获得的最前沿的技术。这一思想并不是克林顿政府的一时之念，而是美国政府长期以来的战略思想。在这一思想主导下，美国长期将重视基础研究、应用研究、商业化技术开发作为其产业发展、经济兴盛的基本战略。不难发现，创新在产业发展中具有至关重要的作用，没有创新就没有产业的发展，产业发展的落后必然导致一国产业的整体落后。产业作为一国国民经济体系的基础，它的落后必会造成国民经济整体的落后。基于此，考虑我国的产业安全问题，必须将提升我国的产业技术创新能力作为维护产业安全的基础。

2. **国际竞争力：产业安全的核心**

产业国际竞争力是指一国某个产业甚或整个产业体系在国际市场竞争中不被击败甚至能够取胜的能力。在经济全球化时代，产业国际竞争力强弱是决定并体现一国产业安全与否的核心要素。产业国际竞争力越强，则一国产业抵御国外产业威胁甚或伤害的能力就越强，其国内产业安全就越有保障。

近些年来，随着我国企业技术创新机制的逐步完善、产业技术创新能力的提升、产业结构调整相关政策的落实，以及企业对于国际市场竞争规律的掌握，我国若干产业的国际竞争力逐步增强。早在2016年，我国即成为仅次于美国的全球第二大贸易国。但值得关注的是，我国产业整体仍处于国际分工和全球产业链条的低端，部分产业的生产能力虽居全球首位，但高附加值产品少、技术含量偏低、出口获益不多，这恰恰说明现阶段我国产业的国际竞争力仍然不足，我国必须将进一步提升产业国际竞争力作为维护产业安全的重要着力点。

3. **基础产业安全：产业体系安全的关键**

在一国的产业体系中，那些为诸多产业提供重要设备装备、中间品（原材料、元器件、零部件等）的产业的安全程度极大地影响着其他产业的安全程度。这些产业可称为基础产业，它们是保障一国产业体系安全的关键。

就这类产业而言，我国存在严重的短板。诸如近年来我国每年进口集成电路所花的外汇比进口石油所花的外汇都要多（而我国进口的石油已占石油消费的70%左右）。自2018年美国对华实施贸易挑衅以来，我国诸多机电类、电子信息类企业即受制于美国限制对华出口集成电路。同时，备受国内业界、政府关注的"卡脖子"技术问题，更多地表现为发达国家如果对我国"断供"若干种设备装备、原材料、元器件、零部件等，我国不少产业的运行和发展即可能受到严重影响。因此，为保障我国的产业体系安全，必须把提升这些基础产业的技术创新能力、生产制造能力、企业管理能力等置于至关重要的位置；从科学研究、技术攻关、制造管理、数字化转型、智能化改造等方面发力，促进这些基础产业尽快补足短板，为我国产业体系安全程度的提升夯实基础。

4. **跨国损害处理能力：产业安全的保障**

早在2016年，我国的贸易伙伴即多达二百多个国家和地区。随着我国对外贸易迅速增长，特别是伴随着快速增长的商品出口，我国面对的国际贸易争端日益成为需要高度关注的问题。就此而言，同时存在出口、进口两方面的问题。

仅就出口而言，我国不少商品出口遭遇一些贸易伙伴国家实施的技术性贸易壁垒的限制，也遇到一些国家的反倾销调查和贸易救济调查的限制。其中，一些贸易伙伴国家实施的技术性贸易壁垒具有如下特征。一是不利影响较为广泛。其中，农产品和食品产业、机电产业、轻工业、纺织服装业、五矿化工业等产业几乎无一幸免。二是对我国实施技术性贸易壁垒的国家较为集中。2015—2018年，我国因美国、日本、欧盟等国家和地区实施技术性贸易壁垒所造成的损失占总损失的90%以上，在比例上大大超过了我国对其出口额占全部出口的比例。三是针对性和歧视性强。技术性贸易壁垒通常采用行政手段，制定国可针对特定对象国做出迅速调整，因而具有较强的针对性。四是具有较强的扩散性。一方面，某个国家实施某种技术性贸易壁垒常常会引起其他国家的效仿；另一方面，在产业之间，一旦一种产品被实施技术性贸易壁垒，即很容易波及其他相关产品和产业。

同时，近年来我国遭受的反倾销调查和贸易救济调查也日益增多。以2016年为例，我国共遭遇来自27个国家（地区）发起的119起贸易救济调查，其中反倾销91起、反补贴19起、保障措施9起；涉案金额143.4亿美元，案件数量和涉案金额同比分别上升36.8%、76%。其中，近半数的贸易救济调查案件针对我国钢铁产品，21个国家（地区）发起立案调查49起，涉案金额78.95亿美元，案件数量和金额同比分别上升32.4%、63.1%，发生贸易摩擦较多的其他产品主要集中在化工和轻工领域。

由此可以看出，我国正面临着越来越严峻的源自国外的产业损害。基于此，必须尽快提高我国的产业损害危机处理能力，建立完善的产业预警机制，这样当我国某个产业面临源自国外的产业损害时，才能够以最快的速度做出反应，以降低我国产业受损的程度。

三、产业安全实际态势的驱动因素

所谓产业安全态势的驱动因素，是指那些最终导致产业安全实际态势的因素，它们对一国的产业安全态势产生直接或者间接的影响。我国实行具有中国特色的社会主义市场经济，政府对于整体经济的安全运行和发展具有很强的掌控能力，故现阶段我国产业安全的不利因素即驱动因素主要来自于国外。

（一）产业安全态势：来自国外的直接驱动因素

直接驱动因素即国外企业或政府直接对我国产业造成损害的行为，这些行为对我国的产业安全形成了最为直接的影响。国家间的贸易摩擦等直接影响一国的产业安全态势，甚至直接威胁一国的产业安全。来自国外的直接驱动因素主要包括以下几个方面。

（1）倾销与反倾销。国外商品向我国的倾销对我国产业的危害体现在两个方面。一是发达国家企业往往会利用它们的成本、技术、资本优势，使它们的产品的价格在我国市场上具有竞争优势，这就使得我国新兴产业中的中小企业很难得到足够的成长空间。二是在一些成熟产业中，我国大部分企业的优势集中在低端市场，但在中高端商品市场受到发达国家企业的打压。而当国内企业力图利用较低的劳动力成本优势展开全球销售时，反过来又面临国外的反倾销诉讼。

（2）外国政府设置的技术性贸易壁垒。2001年年初我国正式成为WTO成员国后，越来越多的发达国家实施了更多的技术性贸易壁垒。一些国家甚至专门针对我国商品出口设置技术性贸易壁垒，而且对我国实施技术性贸易壁垒的国家较为集中，诸如欧盟、美国、日本等发达国家和地区。2002年时，上述三个国家和地区实施技术性贸易壁垒给我国造成的损失占同类损失的69.1%，大大高于我国对其出口额占全部出口的比例。

（3）外国政府设置的技术输出限制。发达国家企业为了获得或巩固自己的市场垄断地位，在对外直接投资中，多数会限制核心技术的输出与扩散。与此同时，发达国家政府为了维护本国企业利益，也会严格控制高新技术向发展中国家特别是社会主义国家扩散。1994年前后，巴黎统筹委员会解散后不久，美国等又拉起《瓦森纳协议》即例证。

（4）中外之间的知识产权争端。知识产权争端日益成为引发国家间贸易摩擦的重要因素。每个国家都有自己的知识产权制度，每个国家都会从自己的利益出发，形成各自的知识产权保护体系。特别是，不少发达国家过于苛刻的知识产权保护已成为发展中国家技术进步缓慢背后的重要障碍。2018年对华贸易挑衅以来，美国政府更是借助知识产权对我国进行了猛烈打击。

（5）"超级301条款"。与一般性贸易限制条款主要针对某个具体产业不同，"超级301条款"是美国政府"一揽子调查"解决某个外国对美产品出口方面的贸易壁垒。"超级301条款"的启动对出口国产业安全的损害是毋庸置疑的。鉴于我国与美国之间经贸关系的紧密性，密切关注美国政府使用"超级301条款"的情况对于理解我国的产业安全态势是非常有必要的。

（6）跨国公司在华恶意并购。随着我国对外商投资领域的更多开放，并购逐渐成为跨国公司对我国进行直接投资的重要途径。但由于跨国公司生来就有规避政府监管的属性，故跨国公司在华并购往往带有恶意并购的企图，这已成为发达国家企业威胁发展中国家产业安全的重要途径。基于此，有针对性地分析跨国公司并购的重点产业和热点产业有助于及时搞清跨国公司正在威胁我国哪些产业的安全运行与发展。

（7）重要企业供应链的可靠性。这决定着一国重要企业运行的稳定性，决定着相关产业发展的可持续性。2018年美国对华贸易挑衅以来，美国商务部多轮次开出名单，对我近百家企业进行制裁，限制我国这些企业购买美国企业的元器件。而我国国内生产的元器件又满足不了这些企业生产整机产品的技术需求，这就部分地动摇了这些企业的供应链。

（8）国家战略利益驱动。各国政府都会从本国利益出发来维护本国的产业安全，甚至全然不顾他国产业及企业的运行和发展。2018年美国对华贸易挑衅以来，美国商务部限制我国一些高新技术企业购买美国企业元器件的同时，又限制我国这些企业的产品出口美国，这皆是基于其国家战略利益，这也是我们分析我国产业安全问题时必须关注的问题。

（二）产业安全态势：来自国外的间接驱动因素

来自国外的投资与贸易的状态及其趋势一般会较为长期地间接影响一国的产业安全。

来自国外的间接驱动因素主要包括以下几个方面。

（1）贸易与投资的总量及趋势。这是指一年中的产业贸易总量，包括进口与出口、投资总量以及趋势。产业贸易与投资总量表明一个产业与外部进行交易的活跃程度。贸易与投资既可能是一国产业竞争活力的来源，也可能是产业受损害的途径，故对其总量及趋势进行观察是十分有必要的。

（2）贸易与投资的具体途径与方式。一国国内市场是如何被满足的或者说国内的供给结构是怎样的状态，也可能影响一国的产业安全。特别是，在国内市场上，有多少是通过进口得以满足的，有多少是靠合资企业的产品满足的，有多少是靠本土资本企业的产品满足的，通过对这方面的观察，一是可以发现国内市场对外部供给的依赖程度；二是可以发现国外企业是通过何种手段对一国某个产业形成影响的。

（3）贸易与投资的产品分布。不同类别、档次的产品对于产业发展有着不同的作用，对消费者来说有着不同的用途。观察在同一产业内，国外贸易与投资在不同产品类别及档次上的分布，即可了解该产业的重要产品特别是核心产品是否依赖国外。如果一国某产业对国外产品的依赖程度过高，则此国该产业的运行与发展即可能受制于其他国家。

（4）贸易与投资的产业链分布。第四次产业革命发生以来，各国产业发展的一个重要趋势是产业之间的边界越来越模糊，上下游产业之间的联系越来越紧密。特别是，在同一个产业的价值链上，不同的产业链环节对于该产业的发展与控制力度是不同的；在不同环节上，企业获取的利润（率）也是不一致的。基于此，谋求产业可持续发展的国家必须关注贸易与投资的产业链分布。

（5）贸易及投资的国别分布。贸易与投资的国别分布在一定程度上反映了一旦国家间发生利益冲突，国内产业会在多大程度上受到影响，特别是会在多大程度上受到与本国经贸关系密切的国家的影响。尽管难以确认同一产业国别贸易及投资的集中度是危险的，但对贸易及投资的国别分布的把握对于防范一国产业潜在的风险是十分有益的。

（6）国外直接投资的区域分布。我国是发展中大国，区域间协调发展是一个十分重要的问题。相应地，国外直接投资在各个区域的分布即成为影响我国产业安全的重要因素。多年来，国外企业在我国的直接投资过多地集中在东南沿海地区，这就影响了我国区域发展的协调性，进而影响到我国不少产业在区域间的合理布局。

（7）国外直接投资的企业规模分布。在同一产业中，企业的规模分布决定着产业垄断的程度。如果国外直接投资过多地集中于大企业，则这些企业的存在即可能影响所在产业的市场竞争结构，从而使这些产业中的竞争秩序出现问题。而且，过多大企业的存在会抑制众多中小企业的创新冲动，甚至会扼杀某些中小企业原本可能成功的创新，这对本土资本产业的发展无疑是不利的。

（8）国外直接投资的技术分布。技术是产业结构演化与产业绩效高低的重要驱动因素。如果发达国家企业主要把"生命周期后端的技术"拿到东道国来办厂，这对东道国产业技术水平的提升无疑是不利的。现阶段我国已处于工业化中期，同时第四次产业革命在部分发达国家将在2030年左右完成，如果这些发达国家企业过多地把第三次产业革命中形成的技术用于我国的企业，这无疑是在拖延我国的产业技术进步。

第三节　外商直接投资对东道国产业安全的影响

在经济全球化时代，处于工业化中期的国家为了加快经济发展，多数对于外商直接投资抱有极大的兴趣，但往往轻视这类投资对于东道国产业安全的影响，特别是轻视外商直接投资对于本土资本同行企业的冲击。

一、外商直接投资

（一）利弊兼有的外商直接投资

进入 21 世纪后，国际直接投资越发活跃。联合国贸易和发展会议于 2008 年和 2009 年发布的《世界投资报告》显示，全球外国直接投资流入量在 2007 年达到历史巅峰水平，为 1.979 万亿美元；之后受全球金融危机影响，2009 年流入量下滑至 1.2 万亿美元。这其中，流向发展中国家和转型国家的投资比例激增至 43%。

随着国际投资的不断发展，跨国公司在其中发挥的作用也越来越大，已成为外国直接投资的主体力量。一方面，大型跨国公司及其分支机构已遍布全球（据统计，全世界共有约 8.2 万家跨国公司，其国外子公司共计 81 万家）；另一方面，越来越多的跨国公司通过兼并、收购等方式不断扩大规模，甚至大型跨国公司间的合并也时有发生，超大规模的行业巨头不断涌现。大型跨国公司已成为全球投资市场上不可小觑的力量。2008 年，按《财富》公布的世界 500 强数据，年营收超千亿美元的企业有 58 家，排名第一的美国零售业巨头沃尔玛年营收近 3800 亿美元；而同年国内生产总值不足 1000 亿美元的国家尚有 118 个，年国内生产总值超过 3800 亿美元的国家也仅有 26 个，这些跨国巨头真可谓"富可敌国"。

大型跨国公司在全球化舞台上扮演着生产的组织者和投资主体的角色，其投资总额已占全球累计直接投资总额的 90%以上。它们以全球化市场为舞台，整合全球资源组织生产经营。例如，美国可口可乐公司在近二百个国家和地区拥有一百六十多种饮料品牌，市场占有率达到 48%，全球平均每一秒钟有近万人在消费该公司的产品。沃尔玛公司在全球拥有各类店铺近八千家，建立了最先进的计算机管理系统、卫星定位系统和电视调度系统。

一般来讲，外商直接投资有助于弥补东道国的资金缺口，促进东道国产业结构、技术和管理水平的升级，推动东道国经济增长，提高东道国就业者的生活水平。与此同时，跨国公司的直接投资对东道国的政治、经济都会产生重要影响，如改变东道国的产业结构、产权结构、市场结构等，从而也会影响东道国的产业安全。相应地，即使像美国、日本这样经济实力和产业基础都十分雄厚的国家，利用外资时也会加以引导和限制。

（二）诸多国家有对外商直接投资的限制

在美国，任何外资进入与并购都必须经过严格的"反垄断审查"和"国家安全审查"，其中的"国家安全审查"主要是产业准入方面的监管。美国《综合贸易与竞争法》中有专门针对外国兼并的管制条款并将有关行业分为四类，分别规定了外国资本的可介入程度。

日本也有完善的反垄断监管和产业准入制度，以阻止外资通过并购垄断日本的某些产业并对日本竞争力较弱的产业严格限制外资股权比例，一些行业甚至禁止外资进入。

在俄罗斯，为应对外国资本收购关乎民生和安全的国有企业及股份公司，时任总统普京颁布了《关于确定国有战略企业和战略股份公司名单》的总统令，其中涉及 514 家国有战略企业和 549 家股份公司。"法令+名单"就是俄罗斯应对民营和外国资本收购重要企业的管理机制。

二、外商并购投资对东道国产业的负面影响

外商直接投资主要通过三种途径对东道国产业形成负面影响：一是并购或控股东道国某些行业的龙头企业；二是挤压东道国本土资本企业的生存空间；三是扼杀东道国的民族品牌。

（一）外商并购投资对东道国某些产业的控制

进入 21 世纪后，跨国公司对一些工业化程度较高、产业基础较好的国家更倾向于采用并购投资的方式。以 2007 年为例，跨国公司的全球并购交易金额达到了创记录的 16 370 亿美元，远高于其他类型的外国直接投资。同时，跨国公司的并购重点逐渐转向东道国各个行业的龙头企业且并购条件越来越苛刻，通常要求必须控股。对于并购难度较大的企业，跨国公司往往采用分步到位的策略，先利用自身优势让并购对象亏损，迫使后者低价出让股权，进而想方设法增资控股，有些最终成为外商独资公司。

前述特点恰好印证了海默的观点，即国际资本对于在东道国创办合资企业并不感兴趣，而更乐意创办独资企业，以保持其垄断优势。外国资本兼并或控股东道国行业龙头企业的做法，一方面避免了其投资创办新企业的高成本和高风险，另一方面也使其获得了价值不菲的基础设施、专业设备和人力资本，同时还直接消灭了竞争对手。而作为投资对象的发展中国家的地方政府，常常为了短期利益和显赫的政绩，主动迎合跨国公司的并购，甚至给予政策上的优惠，客观上也就促进了跨国公司的并购。

此外，跨国公司的某些并购还具有更强的战略意图，即不是针对单独企业进行并购，而是往往以并购行业龙头企业为突破口，进而达到全行业"通吃"的程度，甚至针对同一行业中的上、中、下游各个阶段的企业进行纵向并购，对产业链进行整合。这样一来，东道国某些产业的产业链即可能被外资所控制。

（二）外商并购投资对东道国市场结构的影响

直接占有甚至垄断东道国某些领域市场是外商直接投资的目的之一，这通常可以用市场集中度来观察。某个行业的市场集中度越高，则市场竞争程度越低。外资进入一国市场初期，短期内有可能会降低东道国相应行业的市场集中度。但一段时间过后，因为东道国

同行本土企业的竞争力通常较弱，外资企业一般具有更强的生产能力与更高的效率，它们凭借优质的产品、服务和成熟的营销技巧，即可能逐渐占领东道国某些行业的市场，从而提高外资企业在这些市场上的集中度，甚至建立外资企业的垄断地位。而一旦这样，外资企业即可凭借其市场控制力向上游供货商和下游用户提出苛刻的交易条件，进而谋求超额利润，甚至可以通过掠夺式定价进一步挤压东道国企业，最终消灭竞争对手。

在全球化条件下，控制企业和控制市场通常被外资作为控制一国产业的"组合拳"来使用。通常，并购以至控股东道国龙头企业有助于消灭东道国竞争对手，进而巩固外资企业在东道国市场上的垄断地位；而控制了市场，外资即可凭借自身在成本、质量、营销等方面的优势，打压竞争对手，进而最终将其吞并，为实现在某些行业市场外资企业一家独大而创造条件。20世纪90年代后，我国不少知名日化企业被外资并购，此后外资在华企业对我国国内日化用品市场的控制即佐证。

（三）外商并购投资对东道国企业品牌的扼杀

外资抢占东道国市场的另一个重要途径是通过并购扼杀东道国本土企业既有知名品牌。常见做法包括：外资公司利用其资本和技术优势，特别是东道国希望引进外资的迫切愿望，以合资企业使用它们的品牌为前提，迫使东道国企业既有品牌退出市场；在合资时要求东道国企业将自身知名品牌纳入合资企业，但日后合资企业并不使用本土品牌，而是全力推广外资品牌；一次性买断东道国本土品牌若干年的使用权，然后将其"雪藏"；利用合资企业强大的销售网络和促销工具打压其他本土企业品牌在消费者心目中的地位。例如，20世纪90年代，"熊猫"曾是我国国内的知名洗衣粉品牌，但该企业与美国宝洁成立合资公司后即被以1.4亿元的价格买断了50年的品牌使用权。之后，宝洁控股的合资公司将熊猫洗衣粉的价格在原有基础上提高了50%，致使其产销量逐年下降，从而为宝洁旗下的洗衣粉品牌占领我国市场扫除了障碍。

当然，对于外资企业的这些做法，近年来我国政府采取了必要的"审查制度"，一定程度上遏制了外资企业扼杀我国本土知名品牌的做法。例如，2005年美国凯雷投资集团力图收购我国徐州工程机械集团85%的股权，但该收购案未获我国商务部通过。此后，凯雷放弃了85%的控股收购，而收购了"徐工"45%的股权，由此知名品牌"徐工"的控股权仍然掌握在我国手中。

三、外商投资对东道国经济整体的负面影响

外商在发展中国家投资有促进后者经济发展的一面，我国改革开放四十多年的实践即例证。但如果外商投资对东道国产业形成了控制，则必然不利于东道国经济整体的发展，甚至会危及东道国某些产业的生存，这主要体现在以下三个方面。

（一）弱化东道国本土资本产业的根基

跨国公司对东道国产业的并购、控股和独资化在某些情况下有可能动摇东道国某些产

业的根基，弱化东道国本土资本产业的竞争力。一是外资如果控制了东道国某些产业的关键企业和市场，也就控制了东道国该产业的利润，同时会导致东道国相关资源的流失。诸如外资并购过程中往往与东道国相关企业签订上、下游通吃的"一揽子"协议，东道国出让的不仅仅是某些企业的股权，还包括适用于该产业的原材料、设备以及专门人才，但这些恰恰都是东道国同类本土产业发展必需的资源。二是极易造成东道国相关产业对外资的技术依赖。外资一旦控股东道国某个行业的龙头企业，即会在全行业推广其技术标准，从而迫使东道国同类企业在标准、技术上依附于控股同行业龙头企业的外资企业，进而造成对东道国本土资本企业的技术锁定，使东道国该产业的未来发展长期难以摆脱对外资企业的技术依赖。

更为严重的是，如果前述现象发生在一些关系东道国经济命脉和国家安全的关键产业，如基础设施、装备制造、通信电子、新型材料等，则东道国本土资本产业竞争力的减弱不仅影响东道国的产业安全，而且会对东道国的国家总体安全造成不可估量的负面影响。与之对应的是，在不少发展中国家，恰恰是这些产业较为落后，与发达国家有较大的"技术势差"，迫切需要引进大量外资及其先进技术，这无疑给外资动摇发展中国家的产业根基提供了"想象空间"和逐利机会。

（二）加剧东道国产业结构和区域发展的不平衡

跨国公司的投资偏好通常会加剧东道国产业结构和区域发展的不平衡，其道理很简单，跨国公司对外投资有着明显的产业偏好和地域偏好。在产业方面，跨国公司倾向于投资回收期短、见效快，能够获得稳定收益的产业；在地域方面，跨国公司倾向于投资基础设施完善、配套政策、制度健全的地区。这就导致东道国原本具有一定发展基础的产业和工业化程度较高的地区更容易受到外商的青睐，而东道国迫切需要发展的产业和相对落后的地区则很少获得外商的投资，这就势必加剧东道国产业结构和区域发展的不平衡。而东道国如果想规避这种不平衡，就只能通过给外商以更多的政策优惠，引导外商投资迫切需要发展的产业和相对落后的地区。但政策优惠的空间终究是有限的，特别是过多的税收优惠必然使政府丧失部分税收。到了地方政府层面，往往还不得不在土地使用、资源开采等方面给予进一步优惠。

以阿根廷为例，20世纪后期，阿根廷试图以对内私有化和对外大量引资为手段调整其产业结构。在此过程中，外商投资多数集中在自然资源采掘业和加工业，而很少流向加工制造领域，这不仅使阿根廷原本落后的制造业得不到提升，也使阿根廷经济更加依赖外资。在此形势下，少数外资企业控制下的矿产业迅速做大，而多数阿根廷本土资本企业占主导地位的产业则萎靡不振，严重影响了阿根廷经济的整体发展，为不久之后的经济危机埋下了伏笔。

再以我国为例，多年来外商在我国的直接投资绝大多数流向了第二产业，其中以制造业为主。以2008年为例，当年总计924亿美元的外商直接投资中，流向制造业的占53.99%，而流向农林牧渔业的投资占比不到1.3%。从区域流向上看，改革开放以来，外商在华累计投资中近85%集中在东部地区，尤其集中在长三角、珠三角、环渤海三大经济区；中西部地区发展长期受到资金瓶颈制约，获得外商投资的比例却很低。

（三）削弱东道国政府的市场规制和调控能力

跨国公司对外投资一般有两个原则：一是占领东道国市场，谋求最大化利润；二是不违反东道国法律，做所谓"守法的企业国民"。基于此，只要不违反东道国法律，为了谋求最大化的利润，跨国公司是无所不用其极的。而发展中国家往往基于自身经济落后的国情，只要跨国公司能来投资办厂或通过并购改造发展中国家的落后企业，发展中国家作为东道国，往往就会对跨国公司"礼让三分"，这就很可能使东道国政府的市场规制效能大大降低。而一旦东道国政府加强市场规制，跨国公司的"天然本性"即规避监管就会暴露无遗。此时，它们就会快速撤离东道国市场。由此，即会引发东道国的经济波动。

经济学著名的"蒙代尔三角"理论（又称三元悖论或三难选择）认为，一国货币政策的独立性、汇率的稳定性、资本的完全流动性不可能同时实现，最多只能同时满足两个。在 WTO 框架下，一国政府对经济的调控能力必然相应减弱。而根据"蒙代尔三角"理论，当跨国资本完全流动时，一国政府用来调控产业的货币政策和汇率政策就可能失效，从而极可能导致政府对本国产业的规制能力和对整体经济的调控能力同时下降。典型的是，20世纪后期，拉美国家为了吸引外资和抑制通货膨胀，在"三元悖论"中选择了资本的完全流动性和汇率的稳定性，而放弃了货币政策的独立性。此间，当拉美国家经济形势变坏时，其央行即失去了采取降低利率或放松银根等货币政策进行宏观调控的能力，而只能放任经济不断恶化。

四、抑制外商投资不利影响的制度安排

（一）建立敏感产业的市场准入制度

敏感产业（诸如国防及防恐反恐装备产业、网络及通信产业、广电产业等）事关国家政治及军事安全，对该类产业，必须建立"敏感产业准入制度"。所谓准入制度，即对界定为"敏感"的产业，无论是国内企业请求进入，还是国外企业请求进入，都要实行严格的资格审批；即便允许进入，也要严格限制其产品研制、生产及营销范围。

一些早期工业化国家已通过各种立法和行政规定来限制他国企业进入自己的"敏感产业"。例如，美国以联邦或州法律和行政法规形式禁止外资进入国防工业和军事相关产业，严格限制外资在通信、广播电视、水力发电、自然资源及核能开发等领域的投资比例。日本在其某些主导产业尚乏竞争力时，即使用法律和行政手段来限制"竞争性进口"。一些发达国家还充分利用反倾销法、反补贴法等手段防止外来产品和服务冲击本国某些产业并根据不同情况采取征收附加关税、配额管理、提高卫生及环保标准等方法，限制他国企业进入某些产业领域，尽管其中某些领域事实上并不属于"敏感产业"。

（二）建立敏感产品的基本自给体系

敏感产品即除重要战略资源之外的、稍有短缺即可能给一国经济运行及发展带来瓶颈

性障碍的产品。诸如对现阶段的我国而言，"卡脖子"问题所涉及的元器件、原材料、装备设备即为敏感产品。目前一些国家已经有选择地在某些部门或领域对某些产品实施事实上的"自给自足"政策。例如，俄罗斯不允许"敏感产品"依赖进口，以防止形成对外国的"危险依赖"。为保障经济和社会安定，德国的粮食自给率保持在115%。美国强调"避免在关键技术领域依赖外国"，减少对外国资本"不必要的依赖"。

当然，各国的具体情况不同，事关各国经济安全的"敏感产品"的具体范围也必然不同。一般情况下，需要对各国的情况进行具体分析，建立基于产品的投入产出模型，分析本国经济究竟对哪些产品较为"敏感"，据此确定敏感产品范围；进而通过有关生产部门共同努力，以期实现敏感产品的"基本自给自足"。与此同时，一国不同发展阶段的情况也不尽相同，敏感产品范围的确定对于一国也应是动态的。通常需要在本国经济技术发展的不同阶段，确定特定阶段确保本国经济安全的敏感产品范围，相应地建立敏感产品的基本自给体系。

（三）建立外商投资国家安全审查制度

基于前述外商投资对于东道国经济安全甚至国家总体安全的负面影响甚至损害，不少国家都建立了"外商投资国家安全审查制度"且建立这一制度已成为国际通行做法，美国、欧盟、德国、英国、日本等国家和地区都有自己的"外商投资国家安全审查制度"。由此，近年来国际投资规则呈现这样的趋势性特征：一方面对外商投资的保护力度加强，高水平的外商投资保护规则得到了更多国家的认同；另一方面，诸多国家更加重视对外商投资的监管，而监管的第一道门槛就是建立并完善"外商投资国家安全审查制度"。

加入WTO后，我国多年来致力于构建适合我国国情的"外商投资国家安全审查制度"。2008年我国在《反垄断法》中首次对"国家安全审查"做出了法律性界定。2011年2月，国务院办公厅发布《关于建立外国投资者并购境内企业安全审查制度的通知》，构建了外商投资国家安全审查制度的基本框架；同年8月，国家商务部公布《实施外国投资者并购境内企业安全审查制度的规定》，将国家安全审查制度纳入对外资规制的基础性法律。2015年4月，国务院发布了《自由贸易试验区外商投资国家安全审查试行办法》，明确了实施与"负面清单"管理相适应的外商投资国家安全审查的操作性办法。2019年3月，全国人民代表大会通过《外商投资法》，同年12月国务院发布了《外商投资法实施条例》，二者皆强调"对影响或者可能影响国家安全的外商投资进行安全审查"。

总结多年来外商投资国家安全审查的实践，我国于2020年12月19日颁布了《外商投资安全审查办法》（以下简称《安审办法》，经国务院批准，由国家发展和改革委员会、商务部颁布）。《安审办法》一是体现了统筹发展和安全，开放和安全并重，协调平衡扩大开放与风险防控的关系。二是与时俱进地将我国扩大开放中新的敏感行业领域（如信息技术和互联网产品与服务、文化产品与服务、金融服务等）纳入审查范围。三是为避免安全审查泛化，进一步明确了安全审查的对象和内容。其中第二条明确规定"对影响或者可能影响国家安全的三种外商投资情形进行安全审查"。第四条规定了应当在实施投资前主动申报的外商投资的范围，即投资军工、军事配套等关系国防安全的领域，以及在军事设施和军工设施周边地域投资；投资关系国家安全的重要农产品、重要能源和资源、重大装备制造、重要基础设施、重要运输服务、重要文化产品与服务、重要信息技术和互联网产品与服务、重要金融服务、关键技术以及其他重要领域，并取得所投资企业的实际控制权。

（四）建立、落实相关制度的工作机制

建立制度与落实制度是一项工作的两个阶段。要使所建立的"敏感产业准入制度""敏感产品基本自给体系""外商投资国家安全审查制度"等真正落到实处，还需要建立健全相应的工作机制。

以"外商投资国家安全审查制度"的落实为例，一是必须明确谁来审查。相应地，《安审办法》第三条明确规定"安全审查工作机制办公室设在国家发改委，并由国家发改委和商务部牵头，承担日常安审工作"。二是必须明确审查程序。相应地，《安审办法》明确了"申报前咨询（第五条）、申报材料准备（第六条）、初步申报（第七条）、一般审查（第八条）、特别安全审查（第九条）、将审查结果和意见反馈给投资者（第九条）"的程序安排。三是必须明确审查的工作原则。相应地，《安审办法》明确"审查机制和程序遵循规范、简便、透明的原则，不增加外商投资负担"。

就审查的时间安排，《安审办法》明确，15 个工作日内决定是否需要进行安全审查（第七条）；启动之日起 30 个工作日完成一般审查，工作机制办公室做出通过安全审查的决定或者启动特别安全审查（第八条）；启动之日起 60 个工作日内完成特别审查或者延长审查期限并将审查结果和意见及时反馈给投资者（第九条）。

就审查结果的执行，《安审办法》第七条至第十二条分别规定了安审结果的三种情况：一是通过安全审查的，可实施投资；二是附条件通过审查的，应该按照附加条件实施投资；三是禁止投资的，不得实施投资。

就安审过程中的监督和检查，《安审办法》规定，对于安审过程中拒不申报、弄虚作假、不执行附加条件等违规行为（第十三条至第十五条），要实施相应的惩戒措施（第十六条至第十九条），要将违规行为作为企业的不良信用记录，纳入国家有关信用信息系统并按照国家有关规定实施联合惩戒。特别是，如果国家机关工作人员在安审工作中违规违法，要给予处分或追究刑事责任（第二十条）。

第四节　产业安全态势的评价方法

一、产业安全态势评价的基本思路

（一）产业安全态势评价的目的

产业安全是一国经济安全的基础，产业兴则国家兴，产业衰则国家衰，故对特定时段一国的产业安全态势进行评价，至少应达到三个目的：一是揭示某个时段产业安全的实际

状态和趋势；二是揭示该时段产业安全所存在的短板和问题；三是揭示"短板和问题"背后的成因即驱动因素有哪些。达到这三个目的的产业安全态势评价才是有意义和价值的，才能有助于业界做出调整，有助于政府在产业市场规制和产业发展规划引导上做出回应。

（二）产业安全问题的学理属性：半结构性问题

前文"产业安全态势的驱动因素"中，有些因素与产业安全态势的关系是可以进行结构化描述的，有些则不能，故产业安全态势评价属于"半结构性"问题。就某些因素对于产业安全态势的影响，可以基于相关理论来建立结构性模型；就另一些因素对于产业安全态势的影响，无法建立相应的结构性描述模型，就只能基于相关理论进行逻辑推演。基于这一现实，在进行产业安全态势评价时，需要就"产业安全的驱动要素与产业安全态势指标之间的关系"建立半结构性框架模型。

（三）产业安全态势评价的方法构建

产业安全态势评价属于"半结构性"问题，这就需要设计相应的产业安全评价指标体系，将过程分析与结果评价结合，将定性分析与定量分析结合。基于以上考虑，可以基于前文"基于我国国情的产业安全"的界定，选择从产业竞争力、产业控制力、产业成长性以及产业环境四个方面来评价某个时段我国产业安全的实际态势，并从产业竞争力、产业控制力、产业成长性以及产业环境四个方面来揭示同一时段我国产业安全存在的短板和问题。

二、产业安全态势评价的指标体系

基于前述考虑，可以从产业竞争力、产业控制力、产业成长性以及产业环境四个方面来设计产业安全态势的评价指标。

（一）产业竞争力评价指标

产业竞争力是个具有比较属性的概念，即一国某个产业与其他国家同一产业的比较。产业竞争力是产业安全的重要维度。在特定产业，产业绩效、产业规模、产业技术、产业市场四个方面作为一个整体，可以反映该产业的竞争力。

1. 产业绩效竞争力

最能反映"产业绩效"的是"产业利润率"，它体现了特定产业的创新效能、成本控制、品牌影响、企业战略等多个方面。"市场份额"也能从一个方面反映产业绩效，它反映特定产业生存空间的长期变化趋势。通常，市场份额可分别用"国内市场相对绩效指数"和"国际市场相对绩效指数"来衡量。国内市场相对绩效指数可以用该产业的国内市场份额与国内各产业国内市场平均份额之比来衡量。国际市场相对绩效指数实际上就是美国经济学家贝拉·巴拉萨（Bela Balassa）提出的相对出口绩效指数（relative export performance，REP）。它可以用"某个产业产品出口占全球该产业产品出口中的份额与该国所有产业产品出口在全球总出口中的份额的比率"来衡量。

2. 产业规模竞争力

"产业规模"包括国内市场需求规模与国内企业规模。对大部分产业而言，国内市场需求是支持产业规模及其发展的基本条件。波特提出的"钻石模型"也将产业的国内市场需求规模作为产业竞争力的重要因素。基于我国国情，评价产业规模竞争力时，可以根据各个产业的具体情况，选择"国内市场/国际市场""国内产业前三位企业的销售收入（资产）/该产业世界前三位企业的销售收入（资产）"等指标来具体测算。

3. 产业技术竞争力

当今国家间的产业竞争在本质上是技术竞争。产业技术竞争力的直接表现是产业技术能力及国家间的产业技术差距。产业技术能力既是一国特定产业现有竞争力的体现，也是影响该国产业长远竞争力的重要因素。根据各个产业的具体情况和数据的可得性，可以用"特定产业研发总投入/国际同行产业研发总投入""特定产业研发总投入占总营收的比例/国际同行产业研发总投入占总营收的比例"或者"国内该产业的专利申请数/该产业世界总体专利数"来衡量一国某个产业的技术能力。

4. 产业市场竞争力

市场竞争力是产业竞争力较为直观的表现。一国的产业如果缺少市场竞争力，自然难以在国内外市场上生存、竞争与发展。产业市场竞争力可以用"市场占有率"来衡量。市场占有率可以用两个指标来具体评价：一个是"该产业企业国内销售收入/该产业全球市场销售收入"；另一个是"该产业本土资本企业国内市场销售收入/该产业国内市场销售收入总量"。

（二）产业控制力评价指标

绝大多数国家都不会放弃对本国产业的适当控制，差异仅在于所追求的控制程度。我国更需要强调本土资本对于产业发展的控制力。一是因为我国是发展中大国，必须有完善且强大的产业体系；二是因为我国毕竟是世界上少有的社会主义国家，在国际上往往不得不面对西方国家的围堵，更需要强调本土资本对于产业发展的必要控制。关于产业控制力评价，一是需要关注本土资本对于关键产业的控制力；二是需要关注国有资本对于事关国家安全的敏感产业的控制力；三是需要关注主要产业的对外依存度。总体上需要关注的是产业的市场控制力、技术控制力、品牌控制力、企业控制力、利润控制力以及产业对外依存度。

1. 市场控制力

本土资本企业只有对国内市场拥有一定的控制力，才能够对本国产业的持续发展拥有相应的话语权。这可以用"本土资本企业国内销售收入/国内该产业销售总收入"以及"本土资本企业出口销售收入/本土资本企业销售总收入"来衡量。

2. 技术控制力

对于产业核心技术的控制是跨国公司实施产业控制的重要手段，我国企业也在通过

"自主创新""技术学习"等各种途径，努力摆脱跨国公司对我国产业的技术控制。在产业技术中，专利技术最具有独占性质。在跨国公司对我国的产业技术控制中，专利封锁、专利战略都是重要的控制途径。基于此，可以用某个产业"本土资本企业获权专利数/该产业企业总的获权专利数"来测度内资企业的技术控制力。

3. 品牌控制力

产业内的企业竞争在相当程度上是品牌间的竞争。跨国公司常将品牌战略作为其在东道国的竞争战略之一。相对于发达国家的跨国公司而言，我国企业在品牌培育方面，无论是资源投入，还是经验积累，都存在较大的差距。基于此，我国必须关注本土资本的品牌控制力，可以采用的指标是"外资品牌市场份额/国内产业总的市场份额"。外资品牌（外资控股及独资企业的产品品牌）拥有率越高，则本土资本的品牌控制力越差。

4. 企业控制力

在特定产业，多数是龙头企业及核心企业主导着产业的竞争规则，引领着产业发展的方向。我国加入 WTO 后，跨国公司在华并购也日益关注对各产业中龙头企业和核心企业的并购。相应地，本土资本企业与跨国公司就"并购与反并购"展开了激烈的较量，政府和业界都需要高度关注本土资本对于产业内龙头企业及核心企业的控制力。相应地，可以用"产业前 10 位或前 8 位企业中本土资本所控制企业的比例"或者用"本土资本占行业前三位企业的股权比例"等来测度产业中本土资本的企业控制力。

5. 利润控制力

利润对产业的持续发展起着重要的支撑作用。谁控制了某个产业的利润，谁就可能控制该产业的发展方向与进程，故国内外企业都将控制特定产业的利润分配作为追逐的目标之一。近年来，不少跨国公司在与我国企业合资的过程中也存在一定程度上的利润控制行为。基于此，将对产业的利润控制作为产业控制力的重要方面来考查，有利于监测产业利润的流向。相应地，该指标可以用"本土资本所控股企业利润/产业总利润"来衡量。

6. 产业对外依存度

产业对外依存度可从反面体现本土资本对于某个产业的控制力，包括技术依存度、资本依存度、资源依存度等。相应地，可以根据各个产业的具体情况，以"外资企业出口占比、利用外商直接投资占 GDP 比重、出口集中度、外资集中度、国外发明专利占我国发明专利授权量比重"等指标衡量国内产业发展的对外依存度。显然，某个产业的对外依存度越低，则其安全程度就可能越高一些；反之，其安全程度就可能越低一些。

（三）产业成长性评价指标

产业成长都会经历"从无到有、由小到大、由弱到强"的过程。"成长"是指这个"过程"，而不是大、强的"结果"。强调产业创立权与发展权的产业安全观更多地关注产业成长问题。国家的产业政策多是以培育新兴产业、促进新兴产业成长为目标的。一国如能较快地培育出需要的新兴产业，则其在国际竞争中就可能掌握主动权，故在产业安全态势评价中，有必要将"产业成长性"作为重要的评价维度。在学理上，可从两个方面来衡量产业的成长性：一是产业市场规模的增长速度；二是产业内企业投入的增长率，特别是产业内企业研发投入的增长率。

1. 市场规模成长性

该指标从市场规模角度反映特定产业的成长性，是衡量产业成长较为直接的指标，通常可以用"本年销售收入/上年销售收入−1"来表示。该值越大，市场规模成长性越好。

2. 资源投入成长性

该指标以资本增长、劳动力增长、研发投入增长来反映产业的成长性。其中，资本增长率反映特定产业吸引资本的能力，可以用"本年资本额/上年资本额−1"来表示；劳动力增长率反映特定产业能够为社会提供的就业机会，可以用"本年劳动力人数/上年劳动力人数−1"来表示；研发投入增长率反映产业中企业对该产业持续发展的信心，也反映该产业的可持续成长潜力，可以用"本年研发投入/上年研发投入−1"来表示。这些指标皆是数值越大，则产业的成长性越好。

（四）产业环境评价指标

在产业安全态势评价中，也需要将产业环境作为评价维度。这里的产业环境主要指产业发展的资源与生态环境、国内市场竞争环境，以及对外贸易环境，三者共同构成了产业发展的外部环境。

1. 资源与生态环境

根据数据的可获得性以及产业的具体特性，产业发展的资源与生态环境评价可以从几个方面选取指标。诸如主要生产资料进口金额/产业总销售收入、生产资料进口集中度、能源综合保证程度系数（即能源综合平衡差额的绝对值/能源消费总量）、环境污染治理投资/GDP、环境污染事故造成的经济损失/产业总销售收入等。

2. 国内市场竞争环境

国内市场竞争环境可以用"产业集中度"与"产业利润增长率"来表示。产业集中度可以根据产业的具体情况，选取"产业中前4位或者前8位企业的销售收入与整个产业的销售收入的比值"来计算；产业利润增长率可用"本年的产业总利润/去年的产业总利润−1"来计算。

3. 对外贸易环境

在对外贸易环境中，国家间的贸易摩擦是最需要关注的。基于此，一是可以考查"特定产业遭受的国外反倾销新立案件数/该产业全球反倾销新立案件数"；二是可以考查"特定产业遭受的国外对华反补贴案件数/该产业全球当年反补贴立案数"；三是可以考查"特定产业遭受的国外技术性贸易壁垒造成的损失价值"。

三、产业安全态势的评价方法和统计方法

产业安全态势评价的目的是对一国产业安全的现状和趋势做出整体研判，因此应注意

以下几点。

（一）应对三类产业分别评价

一国整体的产业安全是由各个具体产业的安全态势综合形成的。考虑到不同产业安全态势的影响因素、衡量标准以及同一因素、问题对不同产业安全态势的影响不同，不宜采用统一的标准对一国各个产业的安全态势进行评价，故应根据各个产业的特点进行分类评价，在此基础上再进行汇总，形成对一国产业安全态势的整体判断。

考虑到产业的代表性、指标数据的可得性以及评价的方便性，可以主要关注制造业、基础产业和批发零售业三大产业的安全态势。相应地，可以认为一国整体的产业安全是由这三大类产业各自的安全系数综合形成的。这样，一国整体的"产业安全态势系数"可以用公式表达为

$$CI = \alpha I_1 + \beta I_2 + (1 - \alpha - \beta)I_3$$

其中，CI 为产业整体安全系数，I_1、I_2、I_3 分别为制造业、基础产业和批发零售业的产业安全系数，α、β、δ 分别为制造业、基础产业和批发零售业的权重 ($\delta = 1 - \alpha - \beta$)。

（二）产业安全系数的确定

可以用"产业安全系数"来表示三大类产业安全态势的评价结果。产业安全系数包括产业竞争力系数、产业控制力系数、产业成长性系数和产业环境安全系数四个方面的评价要素。产业安全系数的计算公式为

$$I = \alpha \sum X_{ij}W_{ij}^{x} + \beta \sum Y_{ij}W_{ij}^{y} + \delta \sum Z_{ij}W_{ij}^{z} + (1 - \alpha - \beta - \delta)\sum V_{ij}W_{ij}^{v}$$

其中，I 为产业安全系数；X_{ij} 为第 i 项产业竞争力要素第 j 项指标评价值，W_{ij}^{x} 为第 i 项产业竞争力要素第 j 项指标的权重；Z_{ij} 为第 i 项产业控制力要素第 j 项指标评价值，W_{ij}^{z} 为第 i 项产业控制力要素第 j 项指标的权重；Y_{ij} 第 i 项产业成长性要素第 j 项指标评价值，W_{ij}^{y} 为第 i 项产业成长性要素第 j 项指标的权重；V_{ij} 为第 i 项产业环境安全要素第 j 项指标评价值，W_{ij}^{v} 为第 i 项产业环境安全要素第 j 项指标的权重；α、β、δ、$(1 - \alpha - \beta - \delta)$ 分别为产业竞争力要素、产业控制力要素、产业成长性要素和产业环境安全要素的权重；$\alpha \sum X_{ij}W_{ij}^{x}$ 为产业竞争力系数评价值，$\beta \sum Y_{ij}W_{ij}^{y}$ 为产业控制力系数评价值，$\delta \sum Z_{ij}W_{ij}^{z}$ 为产业成长性系数评价值，$(1 - \alpha - \beta - \delta)\sum V_{ij}W_{ij}^{v}$ 为产业环境安全系数评价值。

（三）评价指标的取值与无量纲化处理

产业安全系数的综合得分是在评价指标原始数据基础上，经过标准化处理及加权综合而得，故评价指标原始数据的确定对产业安全态势评价的结果具有基础性影响。由于不同类别评价要素指标的特征、变动性特别是内涵不同，所以其原始数据的确定标准应该有所区别。

产业成长性的判断应在下期比较有把握达到的概率区间取值。例如，

可信销售收入增长率=过去三年三期销售收入增长率加权平均值－

0.5244×过去三年三期销售收入增长率的标准差

其中，0.5244 为标准正态分布下 70%概率下的置信区间点。在可信度为 70%的情形下，置信区间为$[\bar{X}-0.5244\sigma, \bar{X}+0.5244\sigma]$（其中 $\bar{X}$ 为过去三年的加权平均值，σ 为过去三年的标准差）。假设某产业销售收入（三年）增长率的加权平均值为 55.7%，销售收入增长率标准差为 8.4%，则 70%置信区间下的可信增长率为 51.3%。

对产业竞争力、产业控制力和环境安全指标，也可以指标评价年份的实际值作为原始取值。此后，对指标进行无量纲化处理和转换，消除原始变量量纲的影响，才能得出综合评价结果。指标的无量纲化又称为数据的标准化，目的是通过数学变换来消除原始变量（指标）量纲的影响。实践中常用的无量纲化方法主要有阈值法、综合指数法、数据标准化法、主成份法和线性规划法等。这当中，阈值法突出了与评价标准满意值（即指标处于最为安全状态）的比较，可作为无量纲化的首选方法，即用指标实际值与阈值（如极大值、极小值或满意值、不允许值等）相比，以得到指标评价值的无量纲化。其公式为

$$V_{ij}=\frac{X_{ij}}{X_{ij}^{(h)}}$$

$$j=1,2\cdots\cdots n$$

其中，V_{ij} 为第 i 个因素第 j 个指标的评价值；X_{ij} 为第 i 个因素第 j 个指标的实际值；$X_{ij}^{(h)}$ 为第 i 个因素第 j 个指标的评价标准满意值，即该指标处于最为安全状态的实际值。

第六章

国有经济安全管理

第一节　国有经济安全及其作用

国有经济即中央政府和地方政府直接或间接投资所形成的经济体，主体部分是现阶段国有独资、国有控股的各类企业。

一、国有经济安全的内涵

国有经济是我国社会主义市场经济中最为重要的组成部分，对我国经济社会运行及发展具有基础性、全局性、战略性影响。国有经济安全即国有经济在经济体制改革过程中能够适应变革，在国家经济总体结构中健康运行、持续发展，同时对国家经济整体稳健增长、持续发展起到主导作用，对社会和谐运行、稳定发展起到关键支撑作用。

改革开放之前，我国实行单一的公有制经济，其中尤以国有经济占最大比重。1978年的国民生产总值中，国有经济占了55%；在工业领域，国有工业总产值占全部工业总产值的77.6%；在城镇就业人员中，国有经济占78.3%；国有经济在社会消费品零售额中占67.3%，在国家财政收入中占86.9%；在全社会固定资产投资中，国有单位投资占全社会投资总额的70%以上。

改革开放以来，我国实行以公有制经济为主体、多种经济成分共同发展的方针，所有制结构逐步形成了多元化格局，非国有经济迅猛发展，而国有经济增长相对缓慢，从而使国有经济在国民经济多项指标中的比重明显下降。但国有经济作为我国经济中最为重要的组成部分的地位仍然没有改变，这集中表现在四个方面：一是作为国民经济的基干力量，国有经济占用着70%左右的社会经济资源；二是国有经济仍然在关系国民经济命脉的重要行业和关键领域居于支配地位；三是除正常缴纳各种税费之外，随着国有企业上市公司部分股权向社保基金划转，同时向财政缴纳资本金收益，国有企业逐步成为全民社会保障重要的资金来源；四是在国家部署的诸多重要战略中，国有企业是实施者。

二、国有经济安全是国家整体经济安全的基础

在我国情境下，国有经济在国家整体经济发展与安全方面发挥着重要的基础性作用。

（一）国有经济提供了国民经济发展的物质基础

（1）为全社会再生产提供了有效的投入。新中国成立以来，国有资本集中投资于关系国民经济命脉的诸多生产领域，如重要设备装备研制生产、武器装备研制生产、能源资源勘探及生产基地建设、重要原材料等大宗物资的生产供给，这从基本物质条件方面保证了社会扩大再生产得以实现。典型的是，石油、天然气的勘探和生产至今仍是"三桶油"（中石油、中石化、中海油三家央企）的"专利"，我国排位靠前的汽车生产商仍主要是一汽、二汽、上汽等国有独资或控股企业，航空航天装备及船舶制造至今仍是以六家"军工央企"为主。

（2）为生产性服务和生活性服务提供基础设施。新中国成立特别是改革开放以来，国有资本积极投资于公共领域的重要基础设施，诸如交通（铁路、公路、航空、水运、城镇公共交通、综合性交通枢纽）、通信设施（电信基础设施、互联网基础设施等）、能源网络（超高压电网、油气管道等）、水利设施（大型水库、水处理厂等），以及医疗保健设施、水暖气管网、环保生态设施（废物处理、环保生态）等，这对促进我国生产性及生活性服务业发展起到了重要作用。

（3）积极推进产业结构优化。新中国成立特别是改革开放以来，国有资本通过在薄弱行业投资建立新的企业，加快了不少薄弱行业的发展，如交通、通信、能源、环保装备等行业。通过投资新兴产业，如航空航天、电子信息、智能装备制造、新能源新材料、新能源汽车等，加快了新兴产业的兴起和发展，改善了国民经济的技术结构，为国民经济的改造及其水平的提升提供了先进技术及设备装备，加速了我国经济整体的技术进步；国有资本主导的不少行业，甚至成为支柱产业和重点产业。"十二五"规划提出"大力发展战略性新兴产业"以来，诸多央企和地方国企更是一马当先，积极投资于战略性新兴产业，将"创新创业创造新动能"落到实处。在七大战略性新兴产业的 41 个行业中，几乎都有国有经济的投资。

（二）国有经济是社会主义市场经济的产业基础

旧中国长期处于半封建半殖民地社会，几乎没有现代工业，仅有的少数工业具有明显的帝国主义资本和官僚买办资本的垄断性，民族资本工业发展缓慢，始终未能成为我国工业的主要形式，导致我国工业具有强烈的依附性且国家产业结构单一、经济结构畸性、社会经济凋蔽、人民生活困苦。新中国成立之初，要在这种基础上建设新中国，使我国尽快摆脱贫穷落后的局面，唯一的选择就是迅速建立和发展国有经济。

新中国成立后，我国通过实施第一、第二、第三个"五年计划"，大力发展国有经济为主导的多种形式的公有制经济，加上苏联 156 项重大建设项目的援助，迅速启动现代工业化进程。尽管期间也有"大跃进"时期的失误，但依靠全社会的努力，迅速奠定了我国工

业化的基础，改变了单一、畸形、落后的产业结构，增强了国家整体经济实力，保障了新中国的政治、社会及国防安全。

特别是 20 世纪 80 年代末期后，随着改革开放、技术引进、鼓励兴办高新企业，我国的产业门类日益丰富；2000 年前后，我国基本建立社会主义市场经济制度，加入 WTO 后更深层次地融入全球经济，同时自主创新战略的实施及互联网技术的广泛扩散使得互联网平台、电子商务、互联网通信、新能源新材料、智能电网等行业迅速兴起；2010 年后，随着创新驱动发展和大力发展战略性新兴产业等思路的实施，涵盖 41 个产业门类的七大战略性新兴产业迅速崛起。

截至 2020 年，按照经济合作与发展组织（Organization for Economic Cooperation and Development，OECD）的产业分类，我国已成为全球产业门类最为齐全的国家。在这几个阶段及诸多产业中，国有资本在培育、促生、发展新兴产业方面的引导作用和基础性作用不容忽视。总体上，国有经济已成为我国社会主义市场经济的产业基础。

（三）国有经济的安全发展有助于克服"市场失灵"

现阶段我国实行社会主义市场经济制度。既然是市场经济，那就有市场经济的通病，即会存在某些情况下的"市场失灵"。古典经济理论认为，在充分竞争的市场，价格机制会引导并实现社会资源的最佳配置。但在现实经济生活中，多数情况下并不存在充分竞争的市场，这就使得单纯依靠价格机制并不能使有限的资源实现最佳的配置，即使在发达的市场经济国家也是如此，此即"市场失灵"。基于"市场失灵"现象的存在，在某些情况下，需要在充分发挥市场机制的基础性作用的前提下，同时借助政府"市场规制"和"宏观调控"这双"有形的手"来促进有限资源最佳配置的实现，这就使得政府干预经济运行成为不少市场经济国家的共同选择。

在我国，国有经济是社会主义市场经济的产业基础。它的存在使政府实施"市场规制"和"宏观调控"时多了一个"助手"。在商品市场上，当某个行业的市场供给大于市场需求时，政府可以通过限制国有企业在该行业的投资和生产来引导该行业供给与需求的平衡；反之，当某个行业的市场供给小于市场需求时，则政府可以通过鼓励国有企业在该行业的投资和生产来促进该行业供给与需求的平衡。在公共品领域，当某些公共品不便由政府直接供给时，即需要靠国有经济部门来组织生产和供给。在公路、城镇居民用水等准公共品领域，如果价格过高，会增加全社会使用的成本，消费者不满意；但如果价格过低，追求利润最大化的民营与股份制企业又不愿生产和供给。在后一种情况下，就需要靠国有企业来生产和供给。特别是在经济不景气甚至危机时期，为保障必要水平的社会就业、财政收入、经济增长，政府即需要动员国有企业投资和生产，对经济进行"反周期调节"。

值得关注的是，国有企业要在前述状态下起到应有的作用，首先要求国有企业要安全发展，有强劲的"体魄"，即强劲的创新能力、投资能力、及时扩大生产的能力，不能在国家需要国有企业发挥前述作用时因能力不足而选择不作为。

第二节　国有经济安全的决定因素

由前文国有经济安全的内涵可以看到，国有经济安全有三个特征：一是国有经济能够适应变革，健康运行、持续发展；二是国有经济对国家经济稳健增长、持续发展起主导作用；三是国有经济对社会和谐运行、稳定发展起关键的支撑作用。在逻辑上，这就决定了国有经济是否安全，一是取决于国有经济本身能否在适应改革的同时提升自身能力与效率；二是取决于国有经济的资产规模与产业分布能否主导整个经济，以支撑社会运行与发展。

一、国有经济的体制机制效率及发展能力

（一）国有企业体制机制的有效性

国有企业体制机制的有效性即它的治理结构、经营机制和激励机制的有效性。

首先，必须明晰国有企业的资产权利。毫无疑问，国有企业的资产应归全民所有。但作为所有者的全体人民不可能直接管理国有企业，这就需要政府代表人民行使这个权利。相应地，各级政府必须专门设立国有资产管理机构，如国有资产管理委员会等。国有资产管理机构也不能直接经营企业，而只能作为出资人代表，派出专人参与国有企业的资产管理和重大决策。

其次，在国有企业内部，必须建立科学、合理、有效的治理结构，即必须科学、合理地安排法人财产所有权、法人财产处置权、企业经营决策权、企业经营执行权、企业经营监督权、企业剩余控制权以及企业剩余索取权七种权利并科学地设置七种权利之间的关系，使企业资产的终极所有者、法人所有者、生产经营者之间建立起合理的责权关系；最终，要形成一套有助于提高企业经营效率的激励机制和约束机制，同时要降低内部人控制风险。

再次，在国有企业内部，必须建立高效的经营决策和决策实施机制，以及科学的激励机制。这一要靠企业董事会恰当地实施决策权力，经营团队扎实地履行职责。二要靠企业建立高效的组织体系，以确保信息畅通、上下左右协调，形成协调的企业整体行动力，努力规避大企业通常存在的"X非效率"。三要靠有效发挥监事会的经营监督权，及时矫正经营决策和执行中可能发生的"错误"，确保企业"做正确的事、正确地做事"。四要靠企业建立有效的激励机制，促使企业全员的创造力和积极性得到最大程度的发挥。

最后，要做到前述三点，客观上要求企业以建立现代企业制度为"抓手"，即通过建立现代企业制度，使国有企业成为真正的现代公司制企业，形成有效的企业内部治理结构，搭建起科学、合理的组织体系，明确企业各级的责权，建立起科学的激励机制和合规的约束机制。同时，也需要切实构建并完善国有企业的外部治理结构，诸如强有力的政府监管、同业企业的行业自律、规范的市场竞争对企业的督促。在此基础上，企业组织和各级管理者才可能切实履行经营责任，进而使企业以良好的经营业绩为维护国家整体经济安全做出

贡献。

党的十八大以来，党中央以前所未有的力度推进国有企业改革，使国有企业的体制机制越来越适应新时期市场经济的要求。党中央、国务院颁布了《关于深化国有企业改革的指导意见》，出台了 22 个配套文件，形成了"1+N"政策体系，形成了顶层设计和四梁八柱的大框架。全国国有企业公司制改制面达到 90%以上，央企各级子企业公司制改制面达92%。混合所有制改革稳步推进，超过 2/3 的央企已经或者正在引入各类社会资本，推进股权多元化。重组整合扎实推进，通过重组国有资本布局结构不断优化。国资监管职能进一步转变，国有资产监督不断强化。通过这些改革，国企改革红利逐渐释放，成效日趋明显。随着改革不断深入，企业市场化运行机制更加完善，企业运行质量和效率、发展活力和动力不断提升。以其中的央企为例，截至 2016 年年底，央企资产总额达到 50.5 万亿元，与前一个五年相比增加了 80%；从效益来看，这五年效益是 6.4 万亿元，增加了 30.6%；上缴各种税费 10.3 万亿元，增加了 63.5%。

（二）国有企业的创新与发展能力

国有企业具有强大的创新与发展能力，才能既确保国有经济自身安全，又为维护国家整体经济安全奠定坚实的基础。随着新一轮科技革命和产业革命日渐兴起，创新已经成为企业发展壮大、提升全球竞争力的源泉。不少国有企业意识到，只有加快从要素驱动向创新驱动转变，从追求规模、速度升级为追求高品质、高附加值、高效率发展，才能真正增强自身实力和全球竞争力，实现高质量发展。特别是 2013 年国家实施创新驱动发展战略以来，国有企业在重大技术攻关、参与技术标准制定、拥有有效专利等方面进展显著，逐渐领跑行业发展。

但客观地看，与世界一流企业相比，国有企业还存在原始创新能力不足、部分行业核心技术受制于人、处于创新前沿的成果较少、创新的质量和效率亟待提升等问题。相应地，这皆要求国有企业在优化要素投入方式、优化创新发展的体制机制、增强内在创新能力方面多下功夫。

首先，要着力构建以双循环市场需求为导向的企业创新体系。创新是包括新思想或新发现产生、新产品概念形成、新技术研发、新产品研制、面向量产的技术整合、生产制造、市场推广等环节的过程。这一过程要靠"以市场为导向、以企业家为驱动者、以企业组织为载体、以研究开发与技术整合为主要技术活动"的企业创新体系来承载并完成。需要关注的是，目前多数国企还缺少足够的研发能力，创新仍以技术整合为主，这是未来必须努力化解的"短板"。

其次，打造全球化开放式创新平台。科技国际化是不可能阻挡的趋势。在新的科技革命和产业革命背景下，新兴技术替代加速，产业技术创新日渐复杂，仅靠企业内部资源很难实现重大技术创新和颠覆性突破，故需要在更大范围搜索并整合优质创新资源。特别是剑指本行业枢纽性、通用性、前瞻性的共性技术创新或瓶颈性技术创新，企业更需要与国内科研院所、高校形成创新联盟，甚至需要与国外研发机构或大学就某些模块进行合作研发，进而打造涵盖"应用科学研究、重大技术攻关、商用技术突破、新产品研制、新兴市场开发"的创新平台。

再次，着力用好创新人才。创新靠人才，国有企业也不乏想创新、能创新的人才，关键是要构建能用好创新人才的机制，最为基本的是"创新者的收益率应大于企业员工平均收益率"。要将创新意识及能力作为市场化选聘企业领导人员的考核内容；要敢于让"帽子小"的创新者担当大任，给他们施展才能的机会和平台；要结合企业实际和国家政策，科学、合理地完善企业的薪酬分配制度；要完善对创新失败的"容错机制"，激发员工的创新积极性。同时，有条件的国有企业也应敢于积极稳妥地实施"创新者持股制度"，有效破除抑制员工参与创新的制度安排。

最后，瞄准高端产品布局研究开发。在我国大部分产业中，多数国有企业的研发实力与投入能力强于民营企业，故国有企业必须努力争当产业技术创新的行业排头兵。基于此，国有企业应结合自身资源和技术基础优势，为向全球产业链高端攀升进行战略布局，相应进行前瞻性研究开发，将自主原始创新与集成式自主创新结合。同时，国有企业应加快运用互联网、云计算、人工智能、大数据、新能源、新材料、智能化装备等现代技术促进传统产业转型升级。特别是，在新兴产业，国有企业要基于创新链布局产业链；在既有产业，国有企业要基于产业链布局创新链；进而通过积极发展新兴产业和深度改造传统产业，促使我国产业进入国际产业链高端环节，提升企业盈利能力和对所在产业的国际影响力。

二、国有经济的资产规模与产业分布

国有经济能否安全在相当程度上还取决于国有经济的资产规模与产业分布能否主导整个经济，以支撑社会运行与发展。

（一）国有经济的资产规模

国有经济的资产规模决定着整个社会的资产结构。社会资产结构是指各种所有制性质的资产在全社会资产总量中所占的比例和相互关系，在此主要指国有资产在全社会资产中的比例及其与其他性质资产的相互关系。国有经济的资产规模在全社会资产结构中的比重和地位决定着国有经济能否在国民经济中发挥主导作用。

合理确定国有经济的资产规模在社会资产中的数量比例是确保我国国有经济安全的客观要求，是发挥国有经济功能和作用的基本前提。但值得关注的是，我国国有经济的资产规模并不是人为主观决定的，而是由我国经济发展的阶段、水平以及非国有经济的发展程度等决定的。

改革开放前的 1957—1978 年，我国国有经济的资产规模始终占绝对优势。1978 年国有经济占国家财政收入的 86.9%，占全社会固定资产投资总额的 70%以上，这皆是以国有经济的资产规模占绝对优势为基础的。改革开放以来，随着多种所有制经济的发展，国有经济的资产规模在国民经济中的比重明显下降。到 1995 年，全国独立核算工业企业中，国有经济占资产总额的 59.9%、资本金的 51.8%。相应地，就业人数占 66.5%，总产值占 47.1%，工业增加值占 53.8%。

国有经济资产比例在国民经济中的下降曾引起一些人的担忧，即这种下降继续下去会影响国有经济的主导作用。但如果从我国经济发展的历史阶段、社会主义市场经济的发育程度看，1995 年我国国有经济的比重仍然偏大。从我国的基本国情出发，国有经济资产规模在社会资产结构中的比例不一定非得超过 50%。有一种观点认为，如果国有经济占全社会资产的 30%，再加上国有经济参股的 40%的股份制经济，二者之和占到全社会资产的 70%，这将既有助于国有经济发挥主导作用，又有助于通过民营经济的活跃来发挥市场机制的基础性作用。

有一项研究发现，1985—1995 年，我国不同地区工业增长的差异主要来自于国有工业下降的速度和比例。国有工业下降快的地区（如东南沿海地区）一般是工业增长快的地区，而中西部地区国有工业份额下降较为缓慢，工业增长速度也较为缓慢。这说明，这种社会资产结构的变化产生了不同的资源配置效率，国有经济规模占绝对优势的社会资产结构并不利于市场机制发挥资源配置的基础性作用，也不利于国有经济自身效率和效益的提高，甚至会削弱国有经济自身的安全性。换言之，国有经济是否安全绝不是简单地由其在社会资产结构中的比重高低决定的。盲目强调国有经济的规模，只会损害经济整体的效率和效益。在国有经济控制国民经济命脉的前提下，适当提升其他经济成分的资产比重，反倒有利于国有经济安全。

（二）国有经济的产业分布

国有经济在国民经济中主导作用的强弱，相当程度上也是由其产业分布决定的。国有经济的产业分布主要指国有经济在全社会各行业中的分布状况，可用"某个行业中国有企业的资产总额、职工人数、产值或营收等占该行业的比例"来衡量。国有企业如能广泛分布在关系国民经济命脉的众多关键产业领域，即能够在整个国民经济中发挥主导作用。从多数发展中国家特别是"金砖五国"的情况看，国有经济多数分布在敏感性产业（如军工产业）、自然垄断产业、非营利性产业、外部经济性明显产业、资本密集性产业、基础性产业、支柱性产业等产业部门。

在我国，国有经济的产业分布主要受四种因素影响：①特定产业的技术经济特点，特别是自然垄断性或投资收益率；②国家整体所处经济发展阶段及产业结构变动态势；③国家及地区的经济市场化程度；④政府产业政策的引导。在我国，投资收益率低但又不能不发展的行业通常是国有经济比重较大的行业。在工业化比较早期的经济发展阶段，为奠定国民经济的发展基础，在能源重化工和装备制造业中，国有经济会占较大的比重。改革开放以来，在那些经济市场化较快、市场化程度较高的地区，投资收益率较高的行业，由于民营经济的大量涌入，国有经济的比重通常比较低。在政府产业政策鼓励发展的行业，如果入行的门槛资本比较高，基于国有企业融资的方便性，国有经济的比重会高些；如果入行的门槛资本比较低，则民营经济的比重就会高些。

考察我国国有经济的产业分布，不难看出，1995 年之前我国国有经济的产业分布是较为广泛的。截至 1995 年年底，29.1 万户国有企业几乎分布在所有产业领域，平均每个企业拥有的生产经营资本仅为 1000 万元左右。1995 年年底，全国国有独立核算工业企业多达

87 905 家，每个企业平均拥有的资产仅为 0.54 亿元，国家资本金仅为 0.12 亿元，销售收入仅为 0.30 亿元。在社会服务业和制造业中，国有企业从业人数占全行业的比重分别为 45% 和 33%。客观地看，这种国有经济产业分布过散的局面实际上降低了国有经济的主导作用。

近年来特别是党的十八大以来，各级政府国有资产管理部门积极深化国有企业改革，以国有资本投资、运营公司为平台，积极推动国有资本投向符合国家战略的领域，持续推动国有资本优化配置，推动国有资本向结构更优、质量更高、效益更好的发展方向转型。同时，积极推动国有资本向关系国家安全、国民经济命脉和国计民生的重要行业、关键领域和优势企业集中；发挥国有资本的引导和带动作用，加大国有资本在战略性、前瞻性产业的投资力度；持续推进国有企业整合重组，更好地发挥国有企业在服务国家战略中的重要作用。

以国有经济中的央企为例，截至 2017 年，央企资产规模达到 53.8 万亿元，户均资产为 5400 亿元，比 2012 年翻了一倍。特别是，央企不断加大对电力、石油石化、电信和军工等国民经济基础性、支柱性、战略性产业的投资力度，2012—2017 年累计完成固定资产投资 12.7 万亿元，较上一个五年增长 18.8%。其中，电力企业累计投资 4.5 万亿元扩大装机容量，承担了全国约 70% 的发电量；电网企业提供全国 95% 以上的用电量；石油石化企业累计投资超过 3 万亿元，承担国家战略油气储备使命和油气管线建设运营任务；电信企业累计投资 1.8 万亿元，加快信息产业迭代升级；军工企业在核工业、航天、航空、海洋及常规武器装备等方面取得重大突破，促进了我国国防现代化水平进一步提升。

同时，央企在"创新驱动发展"中发挥引导作用，加快新旧发展动能转换。一是做大做强新兴产业。央企在天宫、蛟龙、天眼、悟空、墨子、大飞机等领域的重大科技攻关中承担了关键任务。二是激活传统产业。央企中的石油石化、冶金等行业企业通过工艺技术创新大幅提高了产品附加价值；央企中的建筑企业在超高层建筑、高速铁路、特大桥梁、大型疏浚吹填等领域达到世界领先水平。三是央企的产业布局对整个国民经济的主导、引导作用进一步改善。其中，石油、电力、冶金等传统重化工业资产占全部央企资产的比重（35.5%）较 2012 年下降了 9.4 个百分点，而建筑、交通运输、商贸等现代服务业的资产占比提高了 8.7 个百分点。

第三节　完善国有经济安全的保障体系

一、加快完善中央企业的风险防范机制

（一）中央企业

中央企业指由国家资本独资或控股的工商实业企业和金融企业，它们在关系国家安全和国民经济命脉的主要行业和关键领域占据主导地位，是我国国民经济的中坚力量和重要

支柱。

央企有狭义和广义之分。狭义的央企指由国务院国有资产监督管理委员会（以下简称国务院国资委）监管的企业。其主要是提供公共产品的央企，如军工、电信企业；提供自然垄断产品的企业，如石油、天然气企业；提供竞争性产品的企业，如一般工业、建筑、贸易企业。广义的央企包括四类：第一类是前述的狭义央企。第二类是由国务院其他部门管理的企业，如烟草、黄金、铁路客货运、港口机场、广播电视、文化出版等行业企业。第三类是由中国银行保险监督管理委员会（以下简称银保监会）、中国证券监督管理委员会（以下简称证监会）监管的金融类企业，如五大国有控股银行（中国工商银行、中国农业银行、中国银行、中国建设银行、交通银行），以及中国进出口银行、中国农业发展银行、国家开发银行等，还有其他投资类央企。第四类是"在国家经济社会发展中承担较为特殊责任"，由国务院直管的"正部级企业"，如国家铁路总公司等。

20 世纪 90 年代中期起，国务院先后推动央企进行了一系列改革。1997 年开始，为实现包括央企在内的"国企三年脱困"的目标，国务院出台了诸多配套措施，包括剥离央企在内的"国企负担"，还有国家注资、资本市场融资、债转股、中央储备金入资、贴息贷款等，国家累计花费两万多亿元人民币。央企改革的另一个举措是企业重组。2003 年国务院国资委成立之初，监管狭义央企 196 家。重组后至 2015 年 3 月，国务院国资委直接监管的狭义央企为 112 家。再加上银保监会、证监会直接监管的金融类央企，一共为 124 家。截至 2015 年 12 月 12 日，国务院国资委监管的狭义央企调整为 106 家[①]。截至 2017 年 8 月，国务院国资委监管的狭义央企调整为 98 家。

（二）央企风险防范机制完善的进程

央企是我国国有经济的中坚力量，经营范围广泛、涉及行业众多，产业链长、业务环节多，企业规模大、组织体系复杂，故央企风险防范需要构建"从投资到经营、从国内到国际"的体系化风险防范机制。多年来，国务院国有资产管理部门积极构建并持续完善央企风险防范机制。

1. 2017 年颁布《中央企业投资监督管理办法》

为防范央企的投资风险，2006 年国务院国资委颁布了《中央企业投资监督管理暂行办法》（国资委令第 16 号），2017 年正式颁布了《中央企业投资监督管理办法》。《中央企业投资监督管理办法》明确规定，"以把握投资方向、优化资本布局、严格决策程序、规范资本运作、提高资本回报、维护资本安全为重点，依法建立信息对称、权责对等、运行规范、风险控制有力的投资监督管理体系，推动中央企业强化投资行为的全程全面监管"。

该办法进一步具体规定，要"严格遵守投资决策程序，提高投资回报水平，防止国有资产流失"。要"优化投资管理信息系统，科学编制投资计划，制定投资项目负面清单，切实加强项目管理，提高投资风险防控能力"。"中央企业应当开展重大投资项目专项审计，审计的重点包括重大投资项目决策、投资方向、资金使用、投资收益、投资风险管理等方

---

① 在美国《财富》杂志 2011 年公布的世界 500 强企业中，央企有 38 家，比 2010 年增加 8 家。

面"。"中央企业应当建立投资全过程风险管理体系，将投资风险管理作为企业实施全面风险管理、加强廉洁风险防控的重要内容。强化投资前期风险评估和风控方案制定，做好项目实施过程中的风险监控、预警和处置，防范投资后项目运营、整合风险，做好项目退出的时点与方式安排"。

2. 2017 年发布《关于加强中央企业 PPP 业务风险管控的通知》

在基础设施项目建设中，近年来央企与地方国企及民营企业合作的 PPP 项目日益增多，为防范其中的合作投资风险，2017 年 12 月，国务院国资委印发了《关于加强中央企业 PPP 业务风险管控的通知》，对央企 PPP 项目规模从严设定上限，以防止杠杆率过高，并明确提出对 PPP 业务重大决策实施终身责任追究制度；提出从"强化集团管控、严格准入条件、严格规模控制、优化合作安排、规范会计核算、严肃责任追究"六方面防范央企参与 PPP 的经营风险。明确"纳入中央企业债务风险管控范围的企业集团，累计对 PPP 项目的净投资原则上不得超过上一年度集团合并净资产的 50%，不得因开展 PPP 业务推高资产负债率"。"资产负债率高于 85% 或近两年连续亏损的央企子公司不得单独投资 PPP 项目。严禁非投资金融类子公司参与仅为项目提供融资、不参与建设或运营的项目"。要求"央企要严格遵守国家重大项目资本金制度，合理控制杠杆比例，做好拟开展 PPP 项目的自有资金安排，落实项目股权投资资金，不得通过引入'名股实债'类股权资金或购买劣后级份额等方式承担过多风险。债权资金安排方面则要在争取各类金融机构长期低成本资金支持的同时，匹配好债务融资与项目生命周期"。

3. 2019 年发布《关于加强中央企业内部控制体系建设与监督工作的实施意见》

央企的业务环节多，企业规模大、组织体系复杂，不少风险源自企业内部控制体系存在漏洞，故 2019 年 11 月，国务院国资委发布了《关于加强中央企业内部控制体系建设与监督工作的实施意见》，要求中央企业要充分发挥内控体系对企业"强基固本、防风险、促合规"的作用。其中，一是建立健全内控体系。从优化内控体系、强化集团管控、完善管理制度、健全监督评价体系等方面，建立健全以风险管理为导向、以合规管理监督为重点，严格、规范、全面、有效的内控体系，实现"强内控、防风险、促合规"的管控目标。二是加强内控体系有效执行。聚焦关键业务、改革重点领域、国有资本运营重要环节以及境外国有资产监管，加强重要岗位和关键人员在授权、审批、执行、报告等方面的权责管控，形成相互衔接、相互制衡、相互监督的工作机制，切实提高重大风险防控能力。三是强化内控信息化刚性约束。将信息化建设作为加强内控体系刚性约束的重要手段，推动内控措施嵌入业务信息系统，推进信息系统间的集成共享，实现经营管理决策和执行活动可控制、可追溯、可检查，有效减少人为违规操纵因素。四是突出"强监管、严问责"。以监督问责为重要抓手，通过加强出资人和企业监督评价力度，强化整改和落实责任追究工作，形成"以查促改""以改促建"的动态优化机制，促进中央企业不断完善内控体系。

4. 2020 年发布《关于加强重大经营风险事件报告工作有关事项的通知》

在充分发挥内控体系对企业"强基固本、防风险、促合规"作用的同时，央企还需要建立重大经营风险事件报告制度。2020 年 4 月，国务院国资委提出，中央企业要"建立健全重大风险管控机制，切实增强防范化解重大风险能力"。在《关于加强重大经营风险事件报告工作有关事项的通知》中，国务院国资委提出，重大经营风险事件报告工作是建立健全中央企业风险防控机制的重要环节，直接影响企业能否及时采取有效措施减少资产损失和消除不良后果，避免发生系统性经营风险。央企要抓紧建立健全重大经营风险事件报告工作机制。企业主要领导人员是报告工作第一责任人，负责组织建立健全报告工作机制，形成及时有效的报告工作体系。相应地明确了重大经营风险事件报告的范围：对实现年度经营业绩目标影响超过 5%或造成重大资产损失风险；被司法机关或监管机构立案调查，主要资产被查封、扣押、冻结或企业面临行政处罚等，对企业正常生产经营造成重大影响；受到境外国家、地区或国际组织出口管制、贸易制裁等，企业国际化战略或国际形象产生重大负面影响；被境内或境外媒体网络刊载，造成重大负面舆情影响；等等。进而，国务院国资委就重大经营风险事件报告程序、重大经营风险事件续报等事项也提出了明确要求。

（三）未来方向：系统优化、增强合力

"十四五"时期是央企高质量发展必须跨越的关口，必须系统优化央企的风险防范机制，整合相关制度安排，进一步增强央企的风险防范能力，有效防范化解各类风险，坚守不发生重大风险底线。

1. 进一步增强央企风险防范意识

要处理好发展与安全的关系，坚持底线思维，增强风险意识，积极化解存量风险，有效防范增量风险，牢牢把握发展主动权。重大风险往往会经历"孕育生成、发展演变、升级失控"的演化过程，重大风险事件的发生往往都是量的积累的结果。为应对各类矛盾和易发风险，央企更应见微知著、未雨绸缪，增强风险防范意识，力争把风险化解在源头，防止各种风险传导、叠加、演变、升级。要从思想上高度重视潜在的风险，注意问题表象背后隐性的、深层次的风险点，充分评估各种可能性并做足做好相关预案。其中风险点、盲点较多的领域正是加强风险预判和预警的重点方向，特别是要更多关注债务、投资、金融、国际化经营及安全生产等领域的风险。

2. 有效防范债务及投资风险

要将防范债务债券违约风险摆在突出位置。就单个企业而言，一是要坚持稳健的财务策略，做好债务结构、期限、比重的匹配，进一步降低融资成本。要保持企业负债率稳健可控，加强对高负债子企业的穿透式管理。二是要高度关注集团公司内部各企业间的财务规范管理与资源统筹，加强对系统内各级子公司融资和担保的集中管控，特别是要管住央企的负债率。按照行业制定警戒线、管控线，然后实施分类管控，确定央企整体负债水平稳定。三是要加强债券发行监测预警，确保不发生债券违约。要加强对集团层面信用风险的监控预警，确保不出现信用违约，特别是要管住重点企业。要加强债务风险动态监测，通过债务风险量化评估体系精准地识别高风险企业，采取特别的监管措施。

就央企整体而言，在防范债券风险方面，要建立完善的债券风险防范机制。一是严格债券发行的比例限制，严控高风险企业债券占带息负债的比例和短期债券占债券的比例，

防止出现集中兑付的风险。二是严格债券资金用途，聚焦主业实业，严禁资金空转、脱实向虚，严禁挪用资金违规套利。发债券是投向主业、实业的，严禁用到其他地方。三是加强债券风险监测，重点关注经营严重亏损、现金流紧张企业的债券违约风险，提前做好兑付资金安排。四是要建立信用保障基金，推动企业按照市场化、法治化、国际化的原则，稳妥化解债券违约风险。

要将防范投资风险摆在同样的突出位置。一是要实行投资预算刚性管理，严肃各项投资决策制度，严格落实财务评价指标体系和负面清单制度，严控融资不落实垫资施工的行为，坚决遏制投资冲动。二是要严禁超越财务承受能力的投资行为，严格参股投资和参股企业管理，严防 PPP、垫资建设等业务风险。三是要管住高风险业务。严管非主业低毛利大宗商品贸易的业务风险，严控金融衍生、融资担保、PPP 等业务风险，坚决禁止开展融资性贸易业务。

3. 突出关注、有效防范境外投资风险

受国际形势变化、新冠疫情等因素的影响，央企国际化经营风险易发、多发。为此，一是境外单位要及时搜集所在国家（地区）的政治、经济、社会、安全、舆情等国别风险信息，针对发生外汇管制、汇率大幅波动、通货膨胀率快速攀升等情况，关注国际形势变化对企业海外经营的影响，加强境外风险研判，增强境外经营风险防范。特别是要严控在政局不稳定或高债务国家和地区开展建设和投资。二是要有效开展境外资金风险管控，完善境外资金内控监管制度。要明确监管工作程序、标准和方式方法，构建事前有规范、事中有控制、事后有评价的工作机制，形成内控部门与业务、财务（资金）、审计等部门运转顺畅、有效监督、相互制衡的工作体系。三是针对境外大额资金审核支付、银行账户管理、财务主管人员委派、同一境外单位任职时限、资金关键岗位设置等方面要求，细化资金内控预警触发条件，促进境外资金合规管理。特别是，要明确关键环节的控制触发条件和控制标准、缺陷认定标准，确保内控要求嵌入资金活动全流程。四是及时做好重大资金风险应急处置工作。

4. 努力构建风险防范、化解的系统能力

总体上，要加强战略预判和风险预警，抓住要害，提高风险化解能力，构筑全面风险防控体系。其中，一是企业要构建集中统一、全面覆盖、权威高效的审计监督体系，及时对集团公司和子公司进行"体检"，对生产经营中发现和审计查出的违规经营投资行为及时纠正。二是要重视企业资金资源储备，形成可供调节的"资金池""人才池""供应链池"等，稳定好供应链、资金链和必备人才，增强企业运行的韧性。三是要借助现代信息网络技术和精益管理方式，建立财务、制造、成本、采购、销售、物流、市场等全过程、全方位的数字化体系，健全资金、订单、产品等重点环节动态跟踪网络，完善实时在线的决策-执行-监督信息管理系统，为企业风险防范提供数据支持。四是要加强企业风险研判、风险评估、风险风控等环节的协同，按照全面风险治理的要求，全过程、链条式、动态化地防控重大风险。五是要将风险管理自上而下贯穿集团企业各个层级，明确集团各层级风险管理的边界和管控方式，规范风险管理制度流程，全面提高央企集团对风险的掌控力和可控力。

二、加快完善地方国企的风险防范机制

（一）地方国企的风险防范

在国际上，国有企业仅指由一国中央政府或联邦政府投资或控股的企业。我国的国企除了央企，还有地方国企，即由地方政府投资或控股的企业。在地方国企中，又包括县属、市属及省属国有企业。地方国企主要分布在基础、公益、金融、资源等行业。国有企业既是生产经营组织形式，又具有营利法人和公益法人的特点。其营利性主要体现为追求国有资产的保值和增值；公益性主要体现为国有企业的设立通常是为了实现国家宏观调节的目标，同时落实地方经济发展的构想和战略规划。

客观地看，新中国成立以来，地方国企在地方发展、供给民生、吸纳就业、发展公共设施、稳定地方等方面发挥了重要作用。改革开放以来，地方国企改革体制机制、调整产业布局、妥善安排下岗人员……为国家改革与发展做出了新的贡献。党的"十八大"以来，地方国企积极发挥国有经济整体优势和协同效应，助力构建新发展格局，倾力加快推动高质量发展。2021 年上半年，地方国资委监管的企业营业收入增长 30.7%、利润总额增长 97.7%、净利润增长 124.7%，加快推进了重大项目投资建设，为国民经济稳中加固、稳中提质提供了有力支撑。

特别是，地方国企科技创新力度不断加大，创新引领带动作用日益增强。不少地方国企把推动高水平科技自立自强摆在核心位置，勇当当地创新的"技术策源地"。它们积极参加中央企业的创新联合体，聚焦卡点、突出重点，致力于为当地打造高质量发展引擎。它们以提升产业链、供应链安全性、稳定性和现代化水平为导向推进重组整合，在充分考虑地方产业优势、特色的基础上，大力发展战略性新兴产业，增强高质量发展新动能。

（二）地方工商国企的风险防范

在四十多年的改革开放中，地方工商国企在平衡发展和安全方面进行了诸多探索。目前最为突出的风险因素是不少企业的债务负担很重。2020 年 11 月以来，地方国企债券违约事件频发，甚至个别进入世界 500 强的地方国企也出现了债务危机。诸如河南某家 500 强企业到期债务数十亿难以归还银行，由此引发了各大银行对河南当地国企债务的担忧，相应地引起了国务院国资委对于地方国企债务问题的高度关注[1]。一些地方国企的债务问题不仅影响企业本身的稳定运行，而且影响当地社会稳定，甚至导致地方政府不得不多方求助，帮企业解困。

基于此，现阶段地方国企的风险防范中最为重要的是防范债务风险[2]。在地方国资委层面，一是要建立企业负债风险防控、日常监测、重大风险报告等工作机制，动态跟踪企业负债情况。在加强企业商业银行贷款风险监测的同时，也应将企业债券发行的比例限制、

---

[1] 新华社. 国资委发文加强地方国企债务风险管控[EB/OL].（2021-03-6）[2022-02-22] http://www.xinhuanet.com/2021-03/26/c_1127259348.html.

[2] 财管运行局. 关于印发《关于加强地方国有企业债务风险管控工作的指导意见》的通知[EB/OL].（2021-03-26）[2022-02-22] http://www.sasac.gov.cn/n2588035/c17761913/content.html.

债券期限的匹配管理、高负债企业的分类管控等纳入视野。二是要突出"问题风险"导向，建立债务风险监测识别机制。综合企业债务水平、负债结构、盈利能力、现金保障、资产质量和隐性债务等，精准识别债务风险突出的企业并纳入重点管控范围。对可能或已经触及负债红线的企业做好重点监管，做好企业偿债能力评估，及时对问题企业进行预警。

在企业层面，一是要依法合规地开展投资计划和项目决策，认真履行可行性研究，加强年度投资计划与财务预算的全面对接，提升投资计划的规范性、科学性，确保投资行为符合企业实际，严禁超越财务承受能力的投资行为。要加强投资的事中、事后评价，实现全过程监督，及时发现并处理风险问题。二是要从负债规模和资产负债率双约束、严控隐性债务规模、规范对外担保。要建立债券全生命周期管理机制，从债券发行、资金使用、到期兑付、违约风险处置等债券管理全流程加强自我管控，及时化解债券违约风险。三是要从培育企业竞争力入手，为企业创造好的经济效益奠定基础。要聚焦主业实业发展，严控非主业投资比例，不要向非主业范围内的参股企业提供融资性信用输出，防止盲目扩张，有效增强企业抗风险能力。

（三）地方融资平台公司的风险防范

地方融资平台是指由地方政府发起设立，通过划拨土地、股权、规费、国债等资产，迅速包装出一个资产和现金流可达融资标准的公司，必要时再辅之以财政补贴作为还款承诺，以承接各路资金，进而将资金运用于市政建设、公用事业，甚至地方工商国企的项目。地方政府融资平台的主要形式为地方城市建设投资公司（简称"城投公司"）。这类平台公司的融资方式包括银行贷款、发行债券和信托产品、上市募集、转让经营权、资产证券化、股权质押、股权投资基金、建设-移交（build-transfer，BT）、建设-经营-移交（build-operate-transfer，BOT）等。根据所服务的政府的行政级别不同，这类平台又分为省级平台、地市级平台、县级平台。根据 2018 年年底有关部门公布的数据，县级政府的融资平台数量最多（占 67.21%），其次是地市级政府平台（占 29.56%），省级政府平台占比最少（占 3.23%）。

地方融资平台公司的建立源于 1994 年国家的"分税制改革"。这一改革加强了中央政府的财力，削弱了地方政府的财力，而地方政府承担着大量公共事务支出，加上中央政府的转移支付制度又不完善，这就催生了地方融资平台公司的建立。这类公司建立后，一是基于地方发展巨大的资金需求，二是基于"前任借钱、后任还债"的机制，两者即加剧了地方政府强烈的借债动力。

随着地方政府投融资平台的数量和融资规模的飞速发展，给当地发展募集了巨额资金，但负债规模也在急剧膨胀，成为地方国有经济巨大的风险源。一些地方的融资平台公司接连发生违约现象，甚至引发了资本市场波动。2010 年是地方政府融资平台"监管元年"，国务院银监会将地方政府融资平台分为"监管类"平台和"退出类"平台，明确商业银行不得向"退出类"平台公司贷款；对"监管类"平台公司的贷款，平台公司要"满足资产负债要求"且"融资规模要受到控制"。此后，2011 年到 2018 年 12 月 31 日，全国地方政府融资平台共退出 2710 家。2015 年"监管类"融资平台数达到峰值，为 9436 家，2016 年起逐年减少。截至 2018 年 12 月 31 日，全国"监管类"融资平台仍有 9027 家。

基于以上情况，要确保地方国有经济不发生区域性、系统性风险，也必须加强这类融资平台公司的风险防范。在资本市场，要加强对融资平台公司的融资管理和银行业金融机构的放贷管理。在地方政府层面，一是当地政府要建立债务动态监测机制，及时分析评估自身偿债能力，按量力而行、规模适度的原则，把融资的数量、总体规模控制在与本地经济发展水平相适应的范围内，使政府投融资平台既能实现经济社会发展目标，又能保持融资功能的良性循环和可持续发展。二是要分类清理、规范地方政府已设立的融资平台公司，划清职能，规范运作。三是要加强对融资平台的债务管控，确保平台公司债务风险可控。四是要坚决杜绝地方政府若明若暗的违规担保承诺行为。

在融资平台公司层面，一是要建立健全法人治理结构，完善投融资决策机制、运营机制和内控机制，构建"借、用、管、还"相匹配、"决策、管理、执行、监督"相分离的投融资管理机制，切实做到借得来、用得好、管得住、还得上。二是要加快完善融资平台债务风险监测预警机制，对债务风险进行精准识别，将债务风险突出的融资业务纳入重点管控范围，采取特别管控措施。三是要为融资平台的资产负债率设置警戒线、管控线，针对具体融资业务设置管控目标和指标，推动融资平台的负债率回归合理水平。要把防范债务违约作为债务风险管控的重中之重，实施债务全生命周期管理。

第四节　国有经济安全评价：以企业国际竞争力评价为例

国有企业国际竞争力评价可采取"以标杆测定法为主体"的综合评价法和其他几种方法。

一、以标杆测定法为主体的综合评价法

（一）标杆法及标杆企业样本的设定

采用标杆法测定企业国际竞争力，首先要选择适当的标杆企业，提供评价的标杆和尺度并作为企业最佳实践的判断标准，赋予比较的量化值，从不同角度直观地反映企业之间的竞争力差距并做及时合理的调整与改进[①]。

由于不同行业企业竞争力的决定因素各异且企业最佳实践的模式与做法也不尽相同，故标杆测定通常应在行业内进行，这种行业内的企业竞争力比较更具有对标的指向性。确认同行业中的标准最佳标杆之后，通过各评价要素和指标比较，找出特定企业的差距及产生差距的原因，这就使得企业提升竞争力的战略安排目标明确、更具有针对性。

行业标杆的选取必须建基于综合考察和专业分析之上。尽管诸多企业的行业不同，标杆企业样本也不相同，但标杆企业样本的设定方法应该是一致的。相应的步骤可以分为以

---

① 中国大中型企业国际竞争力评价报告专家委员会. 中国大中型企业国际竞争力评价报告（2002—2003）[M]. 北京：中国财政经济出版社，2003：11-12.

下几步。

（1）企业标杆的选取。考虑企业综合影响力以及参评企业的行业分布，可在世界 500 强中选择每个行业的企业各 1~3 家并从中筛选出 6 家企业作为企业标杆。

（2）标杆企业样本设定。可设定两种标杆：总体标杆和行业标杆。可在对行业标杆企业进行分析的基础上，统计加权并进行必要补充后形成虚拟标杆。

（3）定量指标数据确定。以连续三年的财务年报数据为定量指标数据的基本来源和主要依据，可取相应指标实际值或按相应权重取值作为标杆企业样本的定量指标数据。

（4）定性指标数据确定。在无法获取企业标杆定性指标数据的情况下，可采用虚拟标杆法，将标杆企业样本的全部定性指标都取满分 100 分，意即最佳实践。但虚拟标杆不代表具体企业。

（二）结构性差异系数评价法

企业竞争力评价较通行的做法是把企业竞争力分解成若干指标，按照某种方法赋予每个指标以权重，然后进行汇总综合，得出企业竞争力的整体状态。但在实践中，由于每个指标并非独立地对企业竞争力整体发挥影响，指标之间也存在着相互制约的互动关系。甚至可能的极端情况是，当某一个指标很不理想而其余指标都很好时，指标合成后仍可能得出"企业竞争力水平较高"的判断。但在实践中，很可能因为这个不理想指标的"木桶效应"，使其他指标的优势很难得到发挥，企业整体真实竞争力仍处于较低水平。

换言之，企业之间竞争力水平的真实差距除了通过"分解－赋权－合成"所形成的总量上的差别外，还会有不同指标之间是否均衡发展而形成的结构性差异。由此，采用标杆法进行企业国际竞争力测评，不但需要评价特定企业与标杆企业在竞争力总量上的差距，还需要反映企业与标杆企业在竞争力合成结构或者说竞争力均衡发展模式上的差异。

相应地，需要构造一个结构性差异系数来弥补前述"分解－赋权－合成"的总量评价方法的不足，以反映被评价企业与标杆企业竞争力评价指标之间的结构性差异程度。相应的企业竞争力结构性差异系数 CV 的计算公式为

$$CV = \frac{\sqrt{\frac{1}{n}\sum_{i=1}^{n}(X_i - \overline{X})^2}}{\overline{X}} \times 100\%$$

其中，CV 为企业竞争力结构性差异系数，X_i 为企业第 i 项指标评价值，$\overline{X}$ 为企业各项评价指标评价值的加权平均值，$\sqrt{\frac{1}{n}\sum_{i=1}^{n}(X_i - \overline{X})^2}$ 为企业指标评价值的标准差。

在这里，企业竞争力结构性差异系数 CV 是各项竞争力评价指标评价值的标准差除以均值的百分数。其数学含义是用以衡量企业各个竞争力评价指标评价值的相对离散程度，是各个评价指标的评价值在该批数据的平均值两侧相对波动的幅度。CV 值越小，则各个评价指标的评价值相对离散程度越小，相对波动幅度越小，一致性也越好。换言之，CV 值越小，竞争力的结构性越好，企业的竞争力发展模式也越好。

（三）雷达图评价法

雷达图是揭示企业相对优势的工具，也可用于表达企业竞争力的全貌[1][2]。

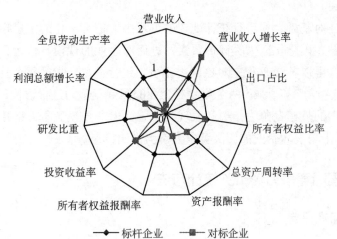

图 6-1　雷达图在竞争力评价中的应用

使用雷达图的具体步骤如下。

（1）绘制雷达图纬线。令标杆企业样本的所有指标数据均转换为 1。相应地，参评企业的数值是它们与标杆企业样本相应指标值的比值。以零为圆心、以 1 为半径确定一个标准纬线，然后向内、向外绘制其他纬线，标准纬线构成的圆就是标杆企业样本。

（2）绘制雷达图经线。按照指标的个数绘制雷达图经线，经线的个数就是指标的个数，然后按照评价要素的个数（而不是按权重划分）将雷达图分为相同数量的几个区域。

（3）根据事先设定的评价方法来测算参评企业各项指标评价值，纬线与经线的交点就表示该企业在经线所表示的这个指标上的竞争力。相应地，可以从每根经线上的交点看出"参评企业在相应竞争力指标上的竞争力"，交点越靠外，说明该企业在这个指标上的竞争力越强，反之则说明该企业在这个指标上的竞争力越弱。

（4）特定企业所有竞争力指标在每根经线上的交点所围成的图形面积即表示该企业的综合竞争力，面积越大表示综合竞争力就越强；反之，面积越小表示综合竞争力越弱。

（5）对所有指标进行综合分析，以找出差距，明确竞争能力。如图 6-1 所示，正方形点状线条到标准纬线的距离就是参评企业与标杆企业样本在每个具体竞争力指标上的差距，这种"差距"即可作为对标企业构想自身国际竞争力战略的基础。

（四）规模竞争力与非规模竞争力分别评价法

长期以来，国内外关于企业国际竞争力的评价多数是针对规模实力展开的，如"财富 500 强"的排名就是以营业收入这个规模总量指标作为衡量尺度的。但目前我国国有企业

---

① 王忠明，白津夫. 大企业定位国际竞争力[M]. 北京：中国财政经济出版社，2002：92-95.

② 中国大中型企业国际竞争力评价报告专家委员会. 中国大中型企业国际竞争力评价报告（2002－2003）[M]. 北京：中国财政经济出版社，2003：12-13.

与国外先进企业的差距不仅表现在"规模大小"上，更多地表现在"实力强弱"上。相应地，科学有效的国有企业的国际竞争力评价应能够对企业在"大"与"强"方面的优势与弱势分别做出判断。

相应地，可在对基础数据进行统计处理的过程中，把可量化的定量指标区分为规模、盈利、发展、运营、国际化五大类评价要素，进而对企业的规模、营运、盈利与发展竞争力分别进行评价；再以各25%权重对这四类竞争力进行汇总，求得每个企业的综合国际竞争力。进而，可从"大"和"强"两个角度对企业的国际竞争力进行评价。将可量化的指标分为表现为"大"的规模竞争力指数和表现为"强"的非规模竞争力指数，这就有利于从"大"和"强"两个角度对企业的国际竞争力态势做出判断。

二、国有企业国际竞争力评价的统计方法

（一）评价标准设定

评价标准是判断评价对象优劣的参照物和对比尺度，一般是针对具体评价指标而设定的。由于多数评价指标量纲不统一，即需要借助评价标准对其进行比较、判断，作为衡量评价指标所处水平的尺度。由于定量指标与定性指标的赋值方法不同，故其评价标准的形式也不一样。

对定量指标而言，常见的评价标准有历史标准、经验标准、计划标准、行业标准等。实践中，可以国际同行标杆企业数据作为评价标准的满意值。

对于定性指标，可将其划分为不同的标准等级，采用隶属度赋值法，不同的等级赋予相应的等级参数。由于定性评价标准不具有定量评价标准那样强的客观性，评价赋值时易受评价人员的经验、知识、判断能力和对评价标准把握程度的影响，故定性指标评价要求对其内涵及标准等级的划分有明确的规定。为克服定性指标因主观评分而产生的随意性，需要设立一套详细、完整的定性指标赋值法。

（二）评价指标的取值、量化与标准化处理

1. 定量指标的实际取值与标准化处理

实际评价中，企业国际竞争力的综合得分是在评价指标原始数据的基础上，经过标准化处理及加权综合得出的，故原始数据的确定对企业竞争力评价结果具有基础性影响。由于不同类别的评价要素指标所表示的竞争力内涵不同，其原始数据的确定标准也应有所差异。

对效益类指标，可采用加权平均法取值：数据区间取最近三年的年报数据，对最近一期数据赋予50%权重、倒数第二期赋予30%权重、最远一期赋予20%权重；进而计算特定指标的加权平均值并以此值作为指标的原始实际取值。

对发展类指标，可在70%置信区间下取值，即测算70%置信区间下"可置信的成长"。所谓可置信的成长，指在一定置信区间下企业的成长率。换言之，指在下期比较有把握达到的企业成长率，即企业动态的可持续成长能力。以下列公式为例：

可信营业收入增长率=过去三年三期营业收入增长率加权平均值−

0.5244×过去三年三期营业收入增长率的标准差

其中，0.5244 为标准正态分布下，70%概率下的置信区间点。在可信度为 70%情形下，置信区间为 $[\bar{X}-0.5244\sigma, \bar{X}+0.5244\sigma]$（其中，$\bar{X}$ 为过去三年的加权平均值，σ 为过去三年的标准差）。取可信区间的最小值 0.5244，如某企业主营业务收入（三年）增长率加权平均值为 55.7%，收入增长率标准差为 8.4%，则 70%置信区间下的可信增长率为 51.3%。

对规模、运营类指标，则以最近一期企业年报中的数据为原始取值。

指标的原始取值确定之后，还必须对指标进行无量纲化处理和转换，消除原始变量量纲的影响，才能得出综合的评价结论。指标的无量纲化也被称作数据的标准化、规格化，它是通过数学变换来消除原始变量（指标）量纲影响的方法。实践中常用的无量纲化处理方法主要有阈值法、综合指数法、数据标准化法、主成份法和线性规划法等。其中，阈值法突出了与标杆企业的比较。所谓阈值法[①]，是指用指标实际值与阈值（如极大值、极小值或满意值、不允许值等）相比，以得到指标评价值的无量纲化方法，其公式为

$$V_{ij}=\frac{X_{ij}}{X_{ij}^{(h)}}$$

$$j=1,2,\cdots,n$$

其中，V_{ij} 为第 i 个因素第 j 个指标的评价值，X_{ij} 为第 i 个因素第 j 个指标的评价值，$X_{ij}^{(h)}$ 为第 i 个因素第 j 个指标的评价标准满意值（即标杆企业样本的实际值）。

2. 定性指标的量化与赋值

定性指标的赋值与标准值如表 6-1 所示。

表 6-1　定性指标的赋值与标准值

层次	代码	指标	操作内容	赋　值
制度	Y11	出资人制度	（1）公司制企业，有明确的出资人，出资人 3 人以上； （2）控股股东遵循"资本逻辑"参与公司治理； （3）控股股东基本实现业务国际化； （4）控股股东的人员组成基本实现国际化； （5）以市场化方式选拔经营者	以项数记，每项记 1 分
	Y12	组织制度	（1）成立股东会； （2）成立董事会； （3）董事会中有独立董事； （4）董事长与总经理不是由一人兼任； （5）成立监事会	以项数记，每项记 1 分
	Y13	监管制度	（1）有完整的经营者业绩考核制度； （2）有完整的财会制度与审计制度； （3）监事会有明确的职责安排； （4）监事会具有独立性； （5）监事会人员组成实现国际化	以项数记，每项记 1 分

---

① 胡永宏. 综合评价方法[M]. 北京：科学出版社，2000：22-25.

续表

层次	代码	指标	操作内容	赋值
制度	Y14	决策制度	（1）总经理的五项职权； （2）董事会的十项职权	行使职权数÷应行使职权数×5分
	Y15	奖惩制度	（1）有奖惩制度，且能严格执行	5分
			（2）有奖惩制度，但难以严格执行	3分
			（3）没有奖惩制度	0分
	Y16	分配制度	（1）企业经营者年薪制； （2）企业经营者持有股权、股票期权； （3）岗位各自为主的工资制； （4）鼓励科研人员技术创新的工资收入分配激励机制； （5）职工持股分配制	以实行项数记，每项记1分
	Y17	人事制度	（1）全面实行劳动人事制度； （2）实行全员竞争上岗制度； （3）不存在"干部和工人"的身份界限； （4）内部管理人员实行公开竞聘； （5）按照足额缴纳"三险一金"	以项数记，每项记1分
管理	Y21	战略管理	（1）竞争战略意识强，有针对国内、国际市场的战略规划； （2）有明确定位及中长期战略规划； （3）采取了与同行业企业不同的战略； （4）有国际战略伙伴联盟； （5）实施战略基本达到了目标战略	以项数记，每项记1分
	Y22	生产管理	（1）通过ISO 9000质量体系认证； （2）通过ISO 14000环境管理系列标准认证； （3）全员劳动生产率高于行业平均水平； （4）安全生产责任明确； （5）生产能力得到有效利用	以项数记，每项记1分
	Y23	营销管理	（1）客户满意并对企业产品具有忠诚度； （2）对市场变化反应灵敏，与市场做出同步调整； （3）具有完善规划、成系统的营销网络，营销国际化； （4）营销队伍具有成功的国际营销运作经验； （5）有专门的广告策划机构，并有成功的国际广告策划经验	以项数记，每项记1分
	Y24	风险管理	（1）有风险控制意识，并有控制风险的制度安排； （2）没有发生高管人员违规经营运作事件； （3）能够及时有效地处理突发危机事件； （4）企业内部有诚信管理规章制度； （5）具有国际化风险防范能力	以项数记，每项记1分
	Y25	信息化水平	（1）拥有跨国、跨区域的信息网络，无重大的信息贻误事故； （2）信息系统对企业决策起决定性作用； （3）科研生产与信息系统紧密集成，建立了定位于全球的管理信息系统； （4）有针对顾客和商业客户、遍布全国的B2B、B2C网上支付系统； （5）产品开始通过网络销售	以项数记，每项记1分

续表

层次	代码	指标	操作内容	赋 值
人力资源	Y31	高层管理团队素质	（1）高层管理团队平均文化程度； （2）高层管理人员中有成功的企业国际运作经历； （3）具有重大战略决策的成功经验； （4）具有开拓精神； （5）为职工所认可，在职工中威望高	以项数记，每项记1分
	Y32	员工综合素质	（1）高学历人才所占比例在本行业居于领先水平； （2）员工普遍具有敬业精神业绩企业荣誉感； （3）技术工人、专业技术人员、管理人员搭配合理； （4）人才梯队搭配合理； （5）专业人员掌握本行业领先技术，部分人员有国际经验	以项数记，每项记1分
	Y33	人才机制	（1）有吸引优秀人才的专门政策（2分）； （2）有较完善的员工培训制度（1分）； （3）有较完善的人才激励机制（2分）	项数得分加总
技术创新	Y41	技术能力	（1）技术开发人员比例（比重25%以上记最高分1分）； （2）企业主导设备在行业中属先进水平； （3）核心技术开发或使用的时间与国际上某些企业基本同步领先； （4）专利拥有比例高于行业平均水平； （5）大部分新产品系自主研发	以项数记，（2）—（5）每项记1分
	Y42	创新能力	（1）产品设计的独特性（在全球市场具有独特性记最高分1分）； （2）建立技术中心； （3）在国外设有研究机构； （4）有较完善的创新机制，成果多，部分成果国际领先； （5）科研开发设施、研究经费和技术人员能够满足需要	以项数记，（2）—（5）每项记1分
环境与影响	Y51	政策支持度	（1）政府政策基本不会给企业带来显性或隐性的负担； （2）税收与投融资政策有利于企业国际化发展； （3）行业海外发展政策（重点扶持得1分、鼓励性行业0.7分、享受较多特殊政策0.5、享受特殊政策0.3）； （4）产业下岗分流与裁员政策对企业不利影响小； （5）产业监管政策有利于企业发展	以项数记，（1）（2）（4）（5）每项记1分
	Y52	环境支持度	（1）市场体系完善； （2）宏观经济环境有利于企业发展； （3）企业所在地区基础设施水平居国际领先； （4）地区环境为企业发展提供政策支持，地方政府工作效率高； （5）企业在国内能够便利获得所需的人力资源、技术资源	以项数记，每项记1分
	Y53	环境适应能力	（1）对自身所处的环境认识与判断准确，有明确的定位； （2）资源外取能力强； （3）与政府部门建立了良好的关系； （4）对市场变化、环境变化的反映与应对能力强； （5）与上、下游企业建立良好、紧密的协作关系	以项数记，每项记1分

（三）评价指标权重的确定

根据指标体系设置和评价需要，评价指标权重的设定可分为要素层和指标层。指标权重的设置可综合运用主成分分析法和德尔菲法。其基本步骤如下。

第一步，采用德尔菲法，由专家按照 7 分制对评价要素和评价指标的重要性打分，根据专家打分的均值确定要素层和指标层的权数。

第二步，根据所评价企业年度数据资料，运用主成分分析法确定定量指标权重。

第三步，对德尔菲法以及主成分分析法的结果进行加权平均，得到各层评价指标的权重。各层评价指标的权重分布如表 6-2 所示。

表 6-2　各层评价指标的权重分布

硬竞争力				软竞争力			
要素层	指标层	指标名称	权重	要素层	指标层	指标名称	权重
规模 (25)	X11	主营业务收入	49	制度 (35)	Y11	出资人制度	20
	X12	总资产	51		Y12	组织制度	15
效益 (25)	X21	利润总额	42		Y13	监管制度	14
	X22	资产报酬率	26		Y14	决策制度	16
	X23	主营业务利润率	32		Y15	奖惩制度	8
运营 (25)	X31	总资产周转率	30		Y16	分配制度	15
	X32	权益比率	34		Y17	人事制度	12
	X33	研发费用比重	8	管理 (28)	Y21	战略管理	32
					Y22	生产管理	21
	X34	劳动生产率	28		Y23	营销管理	18
					Y24	风险管理	16
发展 (25)	X41	利润总额增长率	33		Y25	信息化水平	13
				人力资源 (13)	Y31	高层管理团队素质	51
					Y32	员工综合素质	20
	X42	主营业务收入增长率	25		Y33	人才机制	29
				创新 (16)	Y41	技术能力	44
					Y42	创新能力	56
	X43	净资产增值率	42	环境 (8)	Y51	政策支持度	23
					Y52	环境支持度	32
					Y53	环境适应能力	45

（四）数据的处理

考虑企业"硬竞争力"和"软竞争力"各自的特点，可以矩阵模型对二者的实际状况给以图示。这里仅重点讨论"硬竞争力"的数据处理过程。

1. 数据处理步骤

第一步，按照预定的无量纲化方法，计算 A 行业某一参评企业各个指标的标准值。

第二步，将企业各个指标的标准值乘以该指标的权重后相加，得到每个企业评价要素的标准值。

第三步，计算规模竞争力指数和非规模竞争力指数，以体现企业的"大"和"强"的态势。

第四步，计算企业综合竞争力的标准值。其计算公式为

$$CSE = \alpha_i \sum X_{ij} W_{ij}^x$$

其中，CSE 为企业竞争力的标准值，X_{ij} 为第 i 项要素（规模、效益、运营和发展）第 j 项指标的评价值，W_{ij}^x 为第 i 项要素第 j 项指标的权重，α_i 为各类要素竞争力的权重。

为了反映规模竞争力和非规模竞争力对企业综合竞争力产生的结构性影响，可以如下方式计算企业的综合竞争力。

$$综合竞争力指数 = \sqrt{规模竞争力指数^2 + 规模竞争力指数^2} \Big/ \sqrt{2}$$

第五步，以 $CV_i = \dfrac{\sqrt{\dfrac{1}{n}\sum\limits_{j=1}^{n}(X_{ij} - \overline{X_i})^2}}{\overline{X_i}} \times 100\%$ 计算企业竞争力结构性差异系数。其中，X_{ij} 为第 i 个企业第 j 项指标的评价值，$\overline{X_i}$ 为第 i 个企业各项评价指标评价值的均值。

第六步，对企业竞争力标准值 CSE、规模竞争力指数和非规模竞争力指数进行技术处理，调整为千分制形式，以便于进行分析与比较。

2. 奇异数据处理

在无量纲化处理过程中，某些奇异数据往往会扭曲竞争力评价值的可信度。如利润总额增长率指标，假设评价年份前一年某被评企业处于亏损边缘（假设盈利 10 万元），而评价年份有较大幅度提高（比如盈利 1 亿元），则该被评企业仅凭这一个指标就可能会有非常高的竞争力评价结果，这显然不科学。为减小奇异数据对评价结果客观性的影响，可对相关指标做如下处理。

其一，按有限贡献原则。针对发展类指标，如利润总额增长率、主营业务收入增长率等指标可能存在无量纲化评价值过高的结果，故可采取评价值最高为 2 的处理办法，即如果某类指标的无量纲指标值加权汇总后的数值大于 2，则将其调整为 2，以规避奇异数据的扭曲效果。

其二，按负值归零原则。可以认为企业竞争力的底线为零，即完全不具备竞争力，故针对某些增长率为负的指标值，皆可采取归零的办法进行调整。

其三，按适度取值原则。诸如资产负债率是个"适度指标"。过度依赖负债会加深企业债务负担，而不依赖负债经营也会限制企业的发展，故对此类指标宜按适度取值原则，取值为 40%左右。进而，对权益比率类指标的取值皆采用分段取值方法，具体如下。

$$\begin{cases} x_i = 0.4 & if \ x_i' \in (0\% - 20\%] \\ x_i = 0.8 & if \ x_i' \in (20\% - 40\%] \\ x_i = 1 & if \ x_i' = 40\% \\ x_i = 0.7 & if \ x_i' \in (40\% - 60\%] \\ x_i = 0.4 & if \ x_i' \in (60\% - 80\%] \\ x_i = 0.1 & if \ x_i' \in (80\% - 100\%] \\ x_i = 0 & if \ x_i' > 100\% \end{cases}$$

其中，x_i 为某企业的无量纲权益比率，x_i' 为某企业的权益比率真实值。

三、两种方法的综合使用

在采用国际通行的标杆法的基础上，可将多种方法综合使用。其具体步骤如下。

（1）选定多家企业标杆，合成虚拟的"总体标杆"和"行业标杆"并根据一定标准和实际情况，确定和计算标杆企业样本指标值。

（2）通过统计处理，得到参评企业各个指标与标杆企业样本对比的相对值，即各个指标的评价值并据此绘制雷达图。

（3）根据事先设定的公式，计算各个参评企业竞争力结构性差异系数。

（4）按照事先确定的权重，对指标的相对值进行加权平均，得到参评企业的评价要素得分以及国际竞争力综合得分。

（5）区分规模类评价要素、效益类评价要素、发展类评价要素和运营类评价要素，对企业的规模竞争力、效益竞争力、运营竞争力和发展竞争力等分别进行评价。

（6）分别从两个层次即企业个体和行业类群，两个角度即竞争力总量和竞争力结构（或称竞争力发展模式），对企业的国际竞争力进行评价和分析。

第七章

财政、金融安全管理

第一节 财政、金融的职能及其关系

在一国经济体系中，金融、财政对于资源配置及经济运行都发挥着重要作用，这由经济运行的货币流程可见一斑。相应地，金融安全、财政安全对于国家经济整体安全具有十分重要的影响。特别是在我国社会主义市场经济体制下，财政、金融有着极为复杂的联系，我们需要从整体上关注财政、金融安全。

一、国家经济运行的货币流程

一国经济可以分为"实体经济"与"虚拟经济"两部分。其中，虚拟经济是指证券、期货、期权等虚拟资本的交易活动，是以金融平台为依托所进行的交易活动。实体经济是相对虚拟经济而言的，是指围绕物质资料所进行的投资、生产、交易等活动。一国经济实际上是实体经济与虚拟经济的融合体。

在现实经济生活中，生产部门要通过要素市场和商品市场与消费者（居民部门）发生联系，这是一国最为基本的经济活动且国内商品市场与海外商品市场共同构成"实体经济"。企业通过银行贷款、股票市场、发行企业债券等方式筹集基金。这些市场的资金主要来自于居民持有的资金。部分居民通过对保险或其他投资基金的投资，分散个人风险，实现专家理财，借助股票、保险、基金投资等在金融市场上实现居民资金的保值增值。另外，企业和国内金融市场也与海外商品及资本市场发生联系。在此过程中，外汇市场是必需环节。可以把商业银行、股票市场、债券市场、保险和其他投资基金以及外汇市场统称为金融市场或金融系统。

在一国经济运行中，政府通过对企业和居民征税和发放补贴，实现社会收入的再分配；通过货币发行、税收、财政投资与采购、转移支付等调节经济运行；通过企业部门或政府投资向社会提供公共品；通过在国内外债券市场发行政府债券弥补国家财政赤字。在这里，可以把政府与各个经济部门发生的联系都视为财政系统的运行。

二、财政系统及其功能

财政是以国家为主体的经济行为，是为了实现国家的职能，国家参与社会财富分配和再分配，以及由此而形成的国家与各有关方面之间的分配关系。财政是政府集中部分国民收入用于满足公共需要的收支活动，以达到优化资源配置、公平分配及社会稳定和经济发展的目标。换言之，资源配置、收入分配、稳定和发展经济是财政的基本职能。

财政具有资源配置的职能。前述市场也有失灵的时候，当市场机制作用下的资源配置效果达不到最优时，即需要政府进行干预。财政主要的资源配置机制：一是根据经济发展水平和政府履行职能的需要确定财政收入占 GDP 的比例，实现总体上的资源最优配置；二是优化财政收支结构，合理安排政府投资规模和结构，提高资源配置的结构效率；三是通过政府投资、税收政策、政府采购、财政补贴、转移支付等政策工具调控经济运行与增长。

财政具有收入分配的职能。在市场经济中，由于不同利益主体所提供的生产要素不同，同时受非竞争性因素的干扰，不同利益主体获得的收益即可能有较大差异，甚至与所投入的要素不对称，政府即需要借助相关财政政策来调节不同利益主体之间的收益分配。财政实现收入分配职能的主要机制：一是通过差异化的税收政策使社会成员能够维持起码的生活水平；二是通过转移支付调节地区间的利益分配；三是通过非平均的直接投资使不同地区的居民、企业等享受程度相近的政府公共服务。

财政具有稳定与发展经济的职能。经济增长、充分就业、稳定物价、外汇收支平衡是宏观经济运行的四大目标，其共同的内涵是经济的稳定与发展，发展的目的是满足人民群众不断增长的多样化的物质与文化需求。财政实现稳定和发展经济的职能的主要机制：一是借助相关财政政策和政府投资，实现社会总供给和社会总需求的大体平衡；二是通过相关制度安排和调控措施上的权变决策，实现经济运行与发展过程的"自稳定"；三是通过投资补贴、转移支付等安排增加公共设施等公共品供给，为经济社会发展创造更好的基础条件；四是借助相关财政政策、政府投资、权变决策等促进产业结构转型升级，促进经济稳健增长与可持续发展。

三、金融系统及其功能

金融是货币流通和信用活动以及与之相联系的经济活动。广义的金融泛指一切与货币发行、保管、兑换、结算、融通有关的经济活动；狭义的金融专指信用货币的融通。金融的内容可概括为货币的发行与回笼，存款的吸收与付出，贷款的发放与回收，金银、外汇的买卖，有价证券的发行与转让，保险、信托、国内及国际的货币结算等。

金融的基本功能是配置社会资源。金融从业机构主要有商业银行、信托投资公司、保险公司、证券公司、投资基金、财务公司、金融资产管理公司、金融租赁公司以及证券、金银、外汇交易所等。

各类金融从业机构互为补充。其中，商业银行主要是在中央银行和银行监管部门的监管下创造货币，提供信用、促进消费和投资，为市场交易提供支付和结算服务；通过在金融市场交易金融产品，实现资金从供给者向需求者的转移；通过为工商企业提供信贷及交易服务，实现商业银行自身资产的保值增值。

投资机构主要是通过研判市场商机，向企业提供资本市场信息和商品市场信息，降低企业的信息搜索成本和交易成本；帮助企业寻求多样化的融资手段和途径，通过并购、重组、首次公开募股等帮助企业挖掘投资价值；通过为工商企业提供融资服务，实现投资机构自身资产的保值增值。

保险机构是第三类重要的金融机构，主要功能是针对经济社会中的不确定性，将风险和收益在不同风险偏好的群体之间或在不同时期之间转移和分摊。在保险业中，人寿保险和失业保险还兼有提供社会福利的性质，对维护社会稳定起着重要作用。

第二节　财政安全

一、财政安全的要义

从经济学角度，财政的功能是为政府筹集提供公共品的资金，以及促进社会收入的再分配、维护社会公平；从管理学角度，财政是政府从宏观层面调节经济活动的途径之一。因此，财政安全直接影响着一国上层建筑的生存，关系着一国经济社会的健康运行。

所谓财政安全，即一国财政体系处于稳健增长的收支平衡状态，足以支撑政府履行社会管理和发展职能，不存在引发财政危机的动因及机制，不存在引发财政危机的整体经济问题。换言之，财政安全即一国财政处于稳健增长及可持续支撑经济社会发展的状态。

财政安全与一国经济整体安全有着极为密切的互动关系。所谓互动，就是一国的财政安全状态与经济整体安全状态是互为影响和决定的关系。客观地看，不存在一个国家的财政是不安全的而经济整体是安全的情况；反之，也不存在一个国家经济整体是不安全的而财政是安全的情况。从国内外的实践来看，财政安全和经济整体安全的态势总是一致的，财政不安全和经济整体不安全几乎也是同时发生的，甚至危机亦同。

二、财政安全的理论基础

（一）理论基础：财政收支理论

财政的功能决定了财政的运行需要满足以下基本要求：一是兼顾效率与公平，即通过税收筹集政府可支配的资金并通过转移支付调节地区间的贫穷程度，以实现社会收入相对公平的再分配；二是合理安排政府的各项财政支出，即在提供非生产性公共品（如国防）和执行财政政策的基础上，致力于维持一国财政收支平衡；三是在财政出现收支缺口时，通过举借国债弥补相应的财政赤字。

关于财政赤字有两种理论。传统计划经济的财政理论认为，一国财政应该坚持"量入为出"的原则，即政府应根据实际收入情况决定财政支出的规模，严格控制财政赤字。我国 20 世纪 80 年代初奉行的即是这一原则。而现代市场经济的财政理论认为，适当的财政赤字并不可怕，重要的是财政必须发挥其对经济的调控功能。这一理论主张首先根据国家战略及政府决策需求来确定财政支出，一旦出现财政赤字，再通过发行国债来弥补财政支出的不足。一般情况下，奉行凯恩斯主义和积极的财政政策的国家都"信奉"这一财政思想。

尽管大多数国家都曾出现过不同程度的财政赤字，多数国家政府都通过扩张型财政政策来刺激经济，但从长期看，政府必须努力维持基本的财政收支平衡。因为财政收支平衡是维护国家财政安全的基本前提，只有在各年财政收支基本平衡甚或略有盈余的基础上，才能维持一国财政的长期稳定。如果国家总是依靠举债来实现收支平衡，则必然导致国家债务的过度累积，最终必然对国人的信心和国家在国际上的信用产生负面影响。况且过多的国家债务也会使政府在选择宏观调控手段时的空间缩小，从而必然削弱政府对经济社会运行的掌控能力。

另外，国家债务过多还可能造成国家债务还本付息的恶性累积，很可能造成赤字与债务双高的局面。最严重的后果是政府无力偿债，如果是中央政府，即可能选择延迟偿还或拒绝偿还，这必然造成更为恶劣的后果：政府乃至国家的信用下降，引起社会恐慌，甚至引发国外经济制裁或战争。例如，在 21 世纪初的阿根廷危机中，巨额外债即造成巨大的经济社会动荡，最终由债务危机演变成为经济危机、政治危机、社会危机。长年奉行以赤字财政刺激经济的冰岛、希腊等国纷纷陷入主权债务危机，甚至整个国家到了"破产"的边缘。

基于此，尽管赤字财政是国际上十分普遍的现象，但多数国家政府都把"控制财政赤字在可接受的范围内"作为重要的政府目标。在需要政府积极干预经济时，实行一定规模的赤字财政；在经济形势好转后，即采取措施适时减小财政赤字。如美国克林顿政府中后期曾一度消灭了财政赤字，而小布什时期，美国的财政赤字又逐年增加。

（二）分析财政安全的基本出发点

经验表明，在没有重大天灾人祸的情况下，威胁一国财政安全的直接因素是国家债务累积过高，甚至超过其清偿能力，进而导致政府无法正常履行管理国家的职能。一国的债务清偿能力与其整体经济安全态势和经济实力是高度一致的。因此，分析一国财政安全问题时，必须重点关注一国的国家债务情况，以及导致该国国家债务过度积累的成因所在。鉴于这一点，有必要从财政收入和支出两方面入手，分析引起财政赤字的结构性成因和机制性成因。

　　财政分为中央财政和地方财政，这两级财政在一国经济社会发展中发挥着互为补充的作用。但在实际运作中，这两级财政又代表着不同的利益主体。在其他条件给定的情况下，地方财政收支比例过大，即必然削弱中央的财政能力；反之，中央财政收支比例过大，必然会削弱地方财政提供公共服务、推动当地发展的能力。鉴于本书所讨论的主要是国家经济安全下的国家财政安全，故必须从中央财政的角度来讨论相关问题并将中央财政与地方财政的关系列为影响国家财政安全的重要因素来考虑。

三、财政收入与财政安全

　　财政收入是国家财政的直接来源，只有筹集到足够的资金，政府才能履行其职能，维持政府及国家的正常运行。财政收入反映了一种社会的"委托-代理"关系，即公众通过缴税向政府提供资金，政府通过使用财政收入向公众提供公共产品，个人和企业等微观主体从公共品消费中获得自己想要的服务，故财政收入必须是为了满足政府公共支出的需要，最终受益者必须是整个社会特别是纳税者。在传统市场经济国家，税收是国家财政收入的主要来源。在转轨国家，财政收入多数是通过税收和非税收入共同实现的。

（一）税收对国家财政安全的影响

　　税收是国家主要的财政收入来源，国家可以用立法的形式来保障其无偿性、合法性和稳定性。国家特定年度能够以税收实现的财政收入，首先取决于其整体经济规模（如 GDP），这对维护国家财政安全是最基础的。源于税收的财政收入主要取决于税收结构的合理性。所谓合理，一是指税种、税目、税率、央地分配比例等制度性安排要有利于培育"税基"的扩大；二是指税收的制度安排、征收管理等环节性设计要有利于各种税的实际征收；三是指税收在中央和地方间的分配比例要有利于两者共同对国家财政安全负责，对经济社会发展及公共服务担责。

　　合理的税收政策在保障国家财政收入的同时，还要兼顾社会公平。所称的公平，既是指财富分配上的，又是指道义上的。这对税收政策设计至少有如下要求：一是税种设计涉及经济活动的诸多方面，有足够的覆盖面，不能遗漏某些本该纳税的社会群体；二是尽管目前大多数市场经济国家的税收结构中所得税占很大比重且实行累进税制，但对财富创造者的税收征收不能抑制他们创造财富、追求盈利的积极性，因为掠夺财富创造者也是一种"非公平"；三是对税收优惠采取审慎态度，同时要有助于抑制偷税、漏税、骗税、抗税现象，保障法定税收的实际上收；四是要能够激励地方政府关心国家整体财政收入，相应地要以转移支付方式来调节区域之间财力上的不平衡。

（二）非税收入对国家财政安全的影响

　　在经济体制转轨国家的财政收入中，非税收入占很大的比重。非税收入又有广义和狭义之分。广义的非税收入指所有税收以外的政府收入；狭义的非税收入指"政府为了公共利益而征收的所有非强制性的但需（以政府非普遍服务）偿还的经常性收入"[①]。在法制化国家，这两个概念的范围是基本一致的，因为在有完善的外部审计和社会监督机制的情况下，非税收入的收取基本是专款专用，政府收费很难超过狭义的范围。但在法制还有待完善的国家，非税收入的外延被无限扩大，各级政府或部门往往出于局部利益而任意收费，这势必扰乱一国正常的财政收入秩序且违背社会公正原则，给居民生活带来额外负担，甚至导致社会的不稳定。

除此之外，不少非税收入并非完全流入中央财政。由于非税收入多数不受中央政府直接控制，当然就不可能完全形成中央政府的财政能力。其结果是，如果大量征收非税收入，在加重社会负担的同时，也会削弱中央政府的财政能力，即所谓"富了部门或地方"，却可能伤害了中央的财政安全。

在一些转轨国家，非税收入管理混乱甚为常见，这往往会导致中央政府财政政策的部分失效。假设中央政府希望通过减税（如将税率降低 $a\%$）来刺激私人消费和投资，又假设税率对生产的弹性是 k。在这种假设下，中央政府会认为，经济将增长 $ka\%$。这时，如果某些政府部门或地方政府收取的非税收入增加了 50%，则对微观经济主体来说，实际税率只降低了 $(a/2)\%$，则该国最终的经济增长最多只能达到 $(ka/2)\%$。显然，如果政府的非税收入比重过大，中央政府财政政策的效果即会被大大削弱。相应地，政府期待通过刺激经济形成的更大的税基即不可能形成，国家财政安全的税收根基即可能被动摇。

四、财政支出与财政安全

财政支出的过程也是政府履行其职能的过程。政府通过非生产性投资且进行自身建设，向社会提供公共服务；通过税收优惠、政府采购和政策性投资调节，引导经济运行与发展；通过财政补贴、转移支付等方式，实现财政收入的再分配。当今，各国政府的财政支出规模都在不断增长，对此有以下三种解释。

（一）政府活动扩张论

这一理论又称"瓦格纳法则"，由德国经济学家瓦格纳于 19 世纪 80 年代提出。该理论认为，一国经济工业化发展与本国财政支出之间存在着如图 7-1 所示的函数关系。该图表示，在工业化阶段的任意两点 a、b，有 $G_b/Y_b > G_a/Y_a$，表明随着工业化的发展，人均收入逐步增加后，政府财政支出比例也会上升；财政支出对国民收入的弹性为 $\dfrac{(G_b - G_a)/G_a}{(Y_b - Y_a)/Y_a} > 1$，这说明随着人均收入的提高，财政支出增长的速度更快。

[①] 来自世界银行 1988 年的一份工作报告。

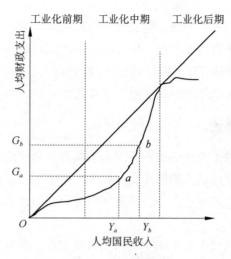

图 7-1 瓦格纳法则

引起财政支出比例上升的基本原因在于工业化压力下的政府活动扩张。因为市场失灵和外部性矛盾的日益突出，相应需要政府的更多介入，政府对经济活动的干预会随着经济的工业化而加深。特别是在市场失灵的领域，政府的介入有利于资源更为合理的配置。城市化导致的外部性和拥挤现象，也需要政府出面调节和干预。人们对日常生活的更高要求如教育、娱乐、保健等，也需要政府在这些方面增加开支。在这种情况下，政府的财政支出有助于激发人们创造财富的积极性，同时为人们创造新增财富改善环境，进而有利于整个社会形成更大的税基，这显然是有助于国家的财政安全的。

（二）发展阶段增长论

这种理论认为，一国的经济发展可分为三个阶段，即工业化前期、中期、后期。该理论认为在经济发展初期，公共服务支出会占较高的比重，因为交通、水利等基础设施具有较大的外部性，不能由私人提供，为了国民经济整体的健康发展，只能由政府加大基础设施投资，为经济"起飞"奠定一定的基础。在工业化中期，基础设施建设基本完成，经济发展主要依赖于私人部门的投资，政府积累支出会暂时放慢。而到了工业化后期，人们会对生活质量提出更高的要求，这就需要更新基础设施，此时财政支出又会回升。

发展阶段增长论认为，公共服务支出增长主要取决于社会成员对公共消费品的需求收入弹性。一般来看，该弹性大于 1。例如，私人汽车、游艇等的普及要求政府提供更多的公共设施和管理。另外，对人类赖以生存的生态环境的关注也会使得政府的公共消费投入增加。

而转移支付的大小主要取决于政府的收入分配目标。如果政府偏重社会公平，则转移支付的绝对额会上升，但占社会总收入的比重会基本保持不变；如果政府侧重于满足人们的最低生活水平要求，则在生活标准不变的情况下，转移支付的比重即会下降。但随着社会的进步，基本生活需求的内容会发生很大的变化。例如，从满足衣、食、住、行的要求提升到增加教育、卫生、娱乐、福利方面的服务，此时转移支付的比重即会有较大的增长。

相应地，在这种理论看来，如果政府的公共服务支出和转移支付支出都能与特定的经济发展阶段相适应，则人们提供劳动、创造财富的积极性及效率就会高些，就可能创造更大的税基，这显然是有助于财政安全的。但如果政府的公共服务支出和转移支付支出不能与特定的经济发展阶段相适应，那人们提供劳动、创造财富的积极性及效率就不可能提高，整个社会的税基就很难扩大，从而财政安全即很难获得保障。

（三）制度性债务积累论

在多数国家，造成财政不安全的根本原因是生成财政赤字的财政收支机制。特别是在转轨国家，发生超过国家财政能力的财政支出往往是由于不存在弥补这部分支出的收入因素，故必然导致财政赤字。如果不改革生成赤字的财政支出体制，即必然持续导致制度性债务积累。

制度性债务积累即国家债务的生成不是由于自然灾害、军事冲突或其他突发事件影响形成的，而是体制因素长期积累的结果。由于这种赤字是内生的，如果经济中不存在消除它的因素，这部分债务就没有偿还的来源，而只能靠发新债来偿还，从而形成轮番"借新债、还旧债"的恶性循环。故从根本上看，这种赤字或债务的累积是威胁一国财政安全最大的内生性因素。

弥补财政赤字主要有两种方式，或是向央行透支，或是多发新的国债。在前一种情况下，央行只能通过发行货币来解决赤字，但这会形成通胀压力或者形成虚置的信贷能力，进而直接形成金融风险。因此，多数国家都明确规定不允许财政向央行透支。理论上，如果财政政策的实施主要靠发行国债来维持，必然会导致部分政策失效。因为财政支出的目的之一是刺激消费与投资，但发行国债将社会资金集中到政府手中，这就部分地削弱了私人消费和投资的能力，从而自然会降低政府财政政策的效果。这可称为国债的"挤出"效应。

虽然发行国债也是调整货币供应量、执行货币政策的工具，但发行过多筹资性质的国债势必影响市场利率，进而加大政府货币政策效果的不确定性。因此，用发行国债的办法来弥补赤字也不是长久之计。财政赤字固然可以用下年的财政盈余来弥补，但从长期来看，对存在体制性缺陷的财政不安全的经济体系来说，以此弥补财政赤字的效果是十分有限的。基于此，解决财政赤字最为有效的办法就是政府节省支出，包括政府运行支出和公共设施建设支出，力争通过今后年份的财政盈余逐步消灭赤字。

第三节　金融安全

一、金融安全的要义

1997 年亚洲发生了金融危机后，金融安全迅速成为全球关注的问题，而 2008 年的美国金融危机更使得世界各国对金融安全绷紧了神经。金融安全即一国金融系统能够借助相关机制和手段，抵御乃至消除来自内部或外部的各种威胁和侵害，进而确保金融系统的正常功能和有序运行。

金融系统是一国经济的血液体系，金融安全对经济整体安全有着至关重要的意义。多数发生过经济危机的国家都与金融危机有着或多或少的联系，或是股市、债市、汇市崩溃，或是银行挤兑。近二十年来国际上两次大的金融危机甚至引发了全球经济动荡，大量金融机构破产，一些国家的经济甚至濒临崩溃的边缘，以至于1998年时的韩国总统认为"必须从经济整体安全角度来认识金融安全"。

在现代经济中，金融渗透于经济的各个方面且由于金融市场的杠杆效应，用少量资本即可控制几十倍、几百倍的资金，故无论一国经济如何强大，在大规模金融危机面前都可能显得十分脆弱。如在1997年的亚洲金融危机中，日本及韩国都遭遇重创，其国内金融体系即不得不做出重大调整。一年后，LTCM（一家私人对冲基金）发生了1.25万亿美元的潜在损失，使得美联储不得不放弃一贯强调并喜欢强加给别人的自由市场原则而亲自出面组织救助，以免引发更大的金融动荡。发端于美国的2008年的金融危机更是金融衍生品市场过度膨胀、杠杆效应滥用与市场监管缺失等种种因素积累到极致的结果。

二、现代金融系统的特点

现代金融系统的特点之一是影响广泛。几乎所有经济主体都通过金融系统发生着各种联系及相互作用，故金融系统能否健康、稳定地运行直接牵动着众人的利益。同时，全球经济一体化和信息技术的迅速发展更是使得各国金融系统的相互影响日益显著。每当美国资本市场"感冒"时，我国香港资本市场即发生波动，这即是各国金融体系相互影响的例证。

现代金融系统的特点之二是市场交易有放大功能且投资组合日趋复杂，这与金融工程技术的广泛应用有很大的关系[1]。以期货交易为例，如果保证金是5%，那么用5美元就可以完成100美元的交易。金融工程的所谓"无风险套利"设计往往同时涉及种类繁多、数额巨大的金融衍生工具。金融机构用少量的资金即可达成大宗交易。如前面提到的LTCM事件中，该基金的资本金只有几十亿美元，但它利用自己的信用在欧洲、美国、日本等股市、汇市和国债市场设计了一系列错综复杂的所谓"无风险套利"交易，最终由于突发性因素（俄罗斯推迟偿还外债）发生了1.25万亿美元的潜在损失。而一旦这些潜在损失对应的交割发生，即没有哪个国家的资本市场能够承受起如此巨大的冲击。

现代金融系统的特点之三是高流动性。在信用货币时代，货币成为一种符号，并不需要实物支持。相应地，金融交易主要采用记账式交易。在现代通信和信息技术的帮助下，巨额资金的国际转移瞬间即可完成。与实体经济不同的是，金融资本不需要经过任何实物形式，是真正意义上的"来去无牵挂"，决定其流动与否、流往何处的唯一动力是资本的"趋利性"。因此，金融市场是流动性最高的市场。

现代金融系统的这些特点决定了现代金融市场的虚拟化。现在的金融市场，无论是交易量还是资金数量，都远远超过了实体经济。在影响市场的诸多因素中，"信心"和"信用"

---

[1] 金融工程即通过数学建模、优化设计、仿真模拟等设计、开发金融产品的系统知识与方法。

对金融市场具有至关重要的作用。金融资产定价主要考虑未来的盈利能力，"信心"则意味着对特定资产未来收益的预期，故"信心"成为决定金融市场价格的直接因素，其他因素都是通过改变市场"信心"来影响投资者的"心理预期"的。炒作高流动性金融市场的最好武器不是资金，而是传达让大多数投资者相信的信息，包括正面信息和负面信息。相应地，健全的外部审计制度和足够的透明度成为股市、汇市、债市健康发展的前提条件。

现代金融系统的虚拟化决定了金融系统的稳定和安全具有自我实现的特点。也就是说，金融安全状况的恶化和改善都是一个"正反馈"的过程，故在资本市场有不良信息或征兆时，投资者总是会争先恐后地撤出市场，这又会加剧市场的恶化。反之，如果资本市场有利好的信息或征兆，投资者则会争先恐后地进入市场，这就会活跃市场化。因此，历史上金融市场的崩溃和繁荣往往是由某个信号触发的。相应地，改善金融安全最直接有效的途径即促成投资者对市场拥有并保持信心。

三、影响金融安全的主要因素

在现代经济中，来自国内外的诸多因素都会影响特定国家的金融安全。

（一）内在因素

在现代经济中，引发一国金融危机的首先是内在因素。这主要指本国经济体系中那些引发金融恶化的因素，包括实体经济和金融体系本身的问题。外在因素主要指本国经济体系以外那些导致金融恶化的因素。对特定经济体而言，如果金融形势恶化，内在因素往往是主要的，这不仅因为内在因素是金融系统长期稳定的基础，还在于当出现外来侵害时，防范体系健全和化解能力强大的金融系统不但能防范金融形势恶化，还能使特定金融体系走出危机。这里用图 7-2 来描述一国金融系统由"安全"到"不安全"甚或发生"危机"的过程机制。

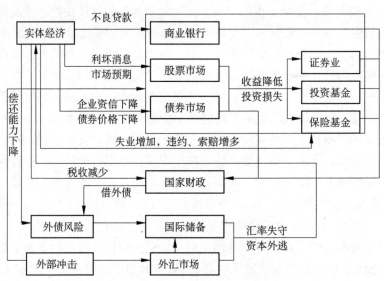

图 7-2　金融安全状态恶化的主要机制

由图 7-2 可以看到，如果一国经济自成体系，则引发金融不安全的因素将主要是实体经济的恶化。诸如工商企业经营业绩劣化会直接增加商业银行的不良贷款，与这些企业相关的股市和债市的价格也会下跌，进而影响以这些市场为主要投资领域的金融机构的安全。同时，国内实体经济形势恶化还会减少政府财政收入，此时政府如果通过举借外债来弥补财政赤字，这又会增加发生债务危机的风险。

（二）外在因素

在现代经济中，外在因素对一国金融安全的影响也是不可轻视的。所谓外在因素，即来自一国外部的冲击对于特定国家金融安全的影响。诸如国际游资通常会选择那些自身存在明显缺陷的经济体进行攻击，特别是攻击那些短期外债过多的经济体系且一般是同时攻击这些国家的股市、债市和汇市，"战胜市场"，实现盈利。这种攻击很容易造成该国资本市场短期内的剧烈波动，从而影响投资者的市场预期和信心。如果该国市场出现恐慌现象，即会出现资本大量外逃，股市、债市、汇市全面下跌的局面。特别是，大多数国家的中央银行都会以稳定本币汇率为目标，如果某个国家的央行为了捍卫本币汇率，用提高利率的方式吸引外资，这又会打击国内资本的投资。1997 年亚洲金融危机时东南亚诸国的情况即基本符合这一逻辑。

另外，与一国经贸及投资关系密切的国家如果发生金融危机或全面的经济危机，也会影响出口国的金融安全，如 2008 年美国金融危机对于我国资本市场的影响。其中的机制很简单。某个国家一旦发生金融危机，实体经济必然跟着萎靡不振，实体经济部门的进口即会增速降低甚至绝对会减少。相应地，向这个国家出口的国家的实体经济就会跟着萎靡不振。随着出口国实体经济部门的经营业绩下滑，出口国的商业银行、投资机构、股市等都会发生业绩下滑。继而，出口国的金融安全态势即会劣化。

四、考察金融安全应关注的主要问题

考察一国的金融安全态势应主要关注以下几方面问题。

（一）实体经济健康与否

金融系统是社会资源流通和配置的中介，它的利润最终来源于实体经济部门的效益。因此，金融安全最终必须以强大的实体经济为保障。换言之，金融安全最终取决于实体经济的健康运行与可持续发展。在理论上最先揭示这一现象的美国哈佛大学教授格鲁德曼，早在 1997 年亚洲金融危机发生之前他即指出"东南亚国家迟早要发生金融危机，因为它们的实体经济缺少创新，经济'虚胖'"，这正说明了实体经济对于金融安全的重要性。

（二）金融系统自身的竞争力

除了一国整体的经济实力，特别是实体经济的健康运行与可持续发展之外，金融系统自身的竞争力也是决定一国金融长期稳定的直接因素。有活力的金融系统至少有以下几方面特征。

（1）必要的盈利能力。在竞争激烈的金融市场，只有那些具备较强盈利能力的金融企业才能在竞争中生存与发展，故盈利指标是反映金融竞争力的首要指标。

（2）内部的竞争环境。健康的竞争环境可以保证市场参与者都是守规经营的市场主体，也有助于实现资源的合理、有效配置。反之，恶性及无序的竞争环境必会导致金融业陷入混乱。

（3）多样化的融资渠道。金融是资金需求者和供给者交易的桥梁和平台。在金融市场上，直接融资和间接融资都是必要的。多样化的融资渠道有助于促进资金及时合理地流向效率最高的行业与企业。同时，融资渠道多样化还有助于防范及规避某一领域的风险对整个金融和经济体系产生过大的影响。

（4）适度的金融创新。金融创新包括金融制度、金融业务和金融工具的创新。在全球竞争中，传统金融领域的盈利空间逐渐缩小，利用金融创新创造新的盈利领域和空间是金融机构生存的基本途径。当然，过度且监管不到位的金融创新也会给金融市场带来新的风险，这就要求金融监管当局相应提高监管能力，加强对金融创新产品的有效监管。如2008年肆虐全球的美国金融危机，一个重要的缘由就是美国金融市场的创新过度而监管不力。在当时的美国金融市场上，大量金融衍生产品通过巨大的杠杆作用，在成倍放大利润的同时，也成倍放大了某些金融产品的风险，加之监管机构的监管效率低下，以至于整个美国金融衍生产品市场上充满了虚假信息，最终即酿成了狂暴的金融危机。

（5）有效的市场监管。金融业是最为张扬人性的行业，因此政府必须对金融市场加强监管。有效的监管有助于规范市场，保障市场健康有序地运行。有效的市场监管主要表现在两个方面：一是监管适度，二是监管到位。适度的监管有利于增强金融系统的活力，到位的市场监管有助于防范和规避市场的无序竞争。

（三）金融系统自身的安全保障能力

金融系统自身的安全保障能力主要是由以下几类因素决定的。

（1）经营策略的稳健性。在市场经济中，风险无处不在。经营风险是金融机构首先需要考虑的问题。这不仅是因为"风险收益率"是评价金融机构经营业绩的指标之一，还因为金融系统具有广泛的渗透性，一家金融机构的经营风险往往会扩散到整个金融系统，甚至扩散到一国整个经济领域，故稳健经营是对金融企业的首要要求。

（2）风险隔离机制的有效性。一旦一国金融系统的某个部分发生较大问题，则该国金融系统的其他部分能否迅速做出反应，将前者的负面影响抑制在尽可能小的范围内，依赖于金融系统是否建立了有效的风险隔离机制。建立了有效的风险隔离机制，一国金融系统即能有效防范局部风险引发的连锁反应。在市场化国家，最为重要的"金融风险隔离机制"是"存款保险"和"金融机构的破产或重组"。所谓存款保险，即对储户利益采用"存款保险保护"，以避免市场恐慌引发银行挤兑。所谓金融机构的破产或重组，即对某些金融机构进行破产清算，对某些金融机构实施重组。

（3）金融机构内部管理机制的完善程度。这主要涉及金融机构内部的财务制度、内控制度及对相关人员的权利限制。从一国的整个金融体系来说，要衡量金融机构内部管理体制的完善程度，首先应看金融违规的数量和规模。另外，整个系统的审计和信息披露也应是重点关注的内容。

（四）金融系统消除各种侵害的能力

完善的金融安全保障体系还在于发生金融危机时，整个金融系统能够及时进行调整和补救，以期尽快消除危机造成的不良影响，恢复金融的正常秩序。这主要涉及以下内容。

（1）金融机构的资产实力。在消除金融危机负面影响的过程中，金融机构的资产实力是至关重要的。资产实力不仅决定着各项"消险措施"能否真正得到实施，能否真正行之有效，而且对市场信心和居民、企业的心理有着决定性影响。

（2）富有经验且高效的金融监管。不少国家及地区的实践表明，在防范和化解金融风险的过程中，金融监管当局的监管及防范措施对危机事态的演化方向及规模有着重要的影响。显然，如果政府监管及防范有效，就可能将较大的风险抑制在萌芽状态；反之，如果政府监管及防范低效或无效，则可能使较小的风险演变成较大的风险，甚至引发恶性风险事件。

（3）社会心理承受能力。在市场经济中，"信心"和"信用"在维护金融稳定方面起着十分重要的作用。如果整个社会的心理防线被风险或危机所突破，则一国的金融系统即可能进入恶性循环，投资者会竞相退出，大规模的金融危机在所难免。如果整个社会有着坚定的信心和良好的信用基础，则即便遇到很大的风险，也可能迅速走出风险或危机的阴影。

（4）高级专门人才的拥有程度。一国金融安全保障能力的强弱，除制度性因素外，还取决于该国高级金融人才的多寡程度和对先进金融技术的掌握程度。先进的金融技术是要靠人来掌握的。基于此，高级金融专门人才即成为维护一国金融安全的核心要素之一。尤其是在信息技术高速发展的今天，金融安全往往受到"高技术犯罪"的侵袭，故拥有掌握先进信息技术的高级专门人才对金融系统来说也是十分重要的。

五、金融安全状态转化的表现形式

同其他经济领域一样，金融系统从"安全"到"不安全"甚或"危机"也是由量变到质变的过程，终极结果是金融危机。金融安全状态的转化或是"渐进式"的，或是"跳跃式"的，具体是哪种形式，主要取决于特定国家的经济体制。

（一）市场性风险和制度性风险

在市场化程度较高的国家，金融安全状态转化的典型表现形式是"金融机构发生支付危机—客户挤提存款、抢购外汇—部分金融机构倒闭—大规模兼并重组—金融资本重新集中"。其后果多数是本币贬值、资产贬值，由此引发的风险及后果的主要承担者是相关经营不善者。由于金融系统的影响极为广泛，金融监管当局一般不会让大型金融机构破产，而会采取重组和改造措施（如2008年美国金融危机中破产的金融机构从表面看是破产了，实际上是被其他机构兼并重组了）。这其中的风险被称为"市场性风险"。

相反，在市场化制度不尽完善或经济体制转轨国家，金融安全状态转化的典型表现形式是"金融机构发生支付危机—央行增加货币供给—形成通胀压力—全社会实际购买能力下降—居民生活水平劣化"。在这种情况下，风险及其后果的最终承担者是广大的老百姓（如俄罗斯经济体制转轨中"休克疗法"时期发生的金融危机，卫国战争时期的功臣也不得不上街擦皮鞋赚取生活费用）。这其中的风险被称为"制度性风险"。

（二）渐进式转化与跳跃式转化

在金融系统从"安全"到"不安全"甚或"危机"的转化过程中，"市场性风险"转化为危机的速度更快一些，因为个别或部分金融机构抵御风险的能力都是有限的。在这一背景下，金融危机的转化过程往往是"跳跃式"的。当然，在某些情况下，如果市场调整较为合理、迅速，则"市场性风险"的影响程度可以被控制在有限范围内，而且调整、补救的速度很快，损失主要由"有限范围"内的相关企业承担。

但在"制度性风险"的条件下，金融安全状态的转化是一个渐进、累积的过程。因为在市场化制度不尽完善或经济体制转轨国家，金融系统的市场化程度相对低一些，金融业务的品种相对单一，商业银行是金融系统的主体，故金融系统的风险抵御能力相对较强，金融危机的爆发不如市场性风险条件下频繁，但所造成的损失要由全社会承担。同时，各种不良因素在渐进、累积的过程中很难得到及时纠正，甚至始终得不到纠正。各种风险累积到整个金融系统无法承受的程度，就会引发严重的金融危机和社会后果。

客观地看，市场性风险较多的国家虽然频繁遭遇大大小小的金融危机，但在金融危机酝酿乃至发生的过程中，其所影响的范围和程度比制度性风险较多的国家的金融危机要小得多。因此，转轨国家金融监管当局必须在防范金融危机发生的同时，加强对金融机构、资本市场的常规监管，避免制度性风险的累积和发作，严防金融危机的突然发生。

第四节　财政、金融安全的保障体系

一、高度关注金融与财政的相互影响

（一）金融政策与财政政策的相互影响

政府通常会同时使用财政政策和金融政策来调节经济运行且这两类政策本身就是相互影响、互为补充的。因为这两类政策都试图通过改变微观主体的经济行为来改变一国整体的经济走势。但如前文所言，两者也会存在冲突，相互冲突的财政政策与货币政策会导致两者的效果相互抵消，这就不免造成社会资源的浪费。现实中，这两类政策也都有失灵的时候，故有必要加强两者的相互协调。

值得关注的是，某些财政政策工具同时也是金融市场工具。如前文提到的国债，它原本属于财政筹资的手段，但国债一、二级市场已成为金融市场重要的组成部分。国债的规模和利率对其他金融市场产品的价格也会产生直接影响。同时，国债也是央行控制货币供应量的重要货币政策工具。相应地，国债已不再单纯是政府弥补财政赤字的应急手段。如在美国，即使在出现盈余的情况下，政府仍然会发行国债。因此，现实中必须注意对这两类政策工具的互用。

从现实来讲，在制定和实施金融、财政政策的过程中，还应注意两类政策及其体系的功能互补。例如，银行账户可以作为确保企业和个人所得税上收的监督渠道和征收途径。合理运用金融系统的这一个功能，就可能降低政府税收征管的运作成本。

（二）金融体系与财政体系互为安全或不安全因素

财政体系与金融体系的密切联系决定了二者之间任何一方的不安全都可能成为对方不安全的直接诱因。例如，转轨国家往往会借助"信贷资金财政化"来弥补政府财力的不足。但一旦"信贷资金财政化"超过某个规模，就可能直接造成金融系统的不安全。又如，如果财政部门的资金过度紧张，非税征收就会加剧，而过度非税收费会造成企业成本的普遍上升。如果过度用信贷资金来弥补财政资金的不足，所引发的银行呆、坏账的积累就可能影响金融安全。

在市场经济国家，市场间的影响和调整较为迅速，因为资本总是趋利而流的。某个市场的任何微小变动都可能引起其他市场的资金供给及价格等的变化。因此，对一方而言是安全的变量即可能转化为导致另一方也安全的变量，反之亦然。故在考察一国金融安全态势时，有必要将对一国财政安全态势的总体评价作为一个变量，反之亦然。

需要特别强调的是，在我国，应将金融安全与财政安全作为一个整体来关注。西方发达国家的银行基本是民营资本，而我国的金融体系与财政体系有着十分密切的联系且我国的财政体系和金融体系都很庞杂[①]。在中央层面，国家通过财政部发行 16 000 亿元特别国债投入中国投资有限责任公司，国家全资的中央汇金投资有限责任公司是五大国有控股银行的控股股东，也是多家保险公司和证券公司的股东。同时，财政部还要为商业银行发行金融债背书。在地方层面，地方财政也是地方银行的股东；地方政府融资平台更是将政府财政与商业银行及股份制投资公司紧紧地捆绑到了一起。与此同时，一些金融牌照比较多的国家级商业银行也参与到地方政府融资平台之中。故我国十分有必要将金融安全与财政安全视为一个整体来构建相应的"财政、金融安全保障体系"。

（三）其他领域对财政与金融安全产生的影响

除金融与财政两个体系相互影响外，其他经济系统的安全问题与状态也会对财政与金

---

① 截至 2019 年 6 月末，我国有银行业金融机构法人 4652 家，其中国有大型商业银行 6 家、股份制商业银行 12 家、村镇银行 1622 家、农村商业银行 1423 家、农村信用社 782 家、企业集团财务公司 254 家、城市商业银行 134 家、金融租赁公司 70 家、信托公司 68 家、农村资金互助社 45 家、外资法人银行 41 家、农村合作银行 30 家、汽车金融公司 25 家、消费金融公司 24 家，还有外国及港澳台银行分行 116 家；我国有保险机构 236 家，其中保险集团（控股）公司 12 家、出口信用保险公司 1 家、财险公司 87 家、寿险公司 81 家、养老保险公司 8 家、健康险公司 7 家、再保险公司 11 家、资产管理公司 26 家、其他公司 3 家（农村保险互助社）。

融系统的安全产生影响。例如，完备的市场信息是金融市场健康发展的前提之一。市场信息的可靠性、及时性与准确性都会对金融和财政系统的决策及运行产生影响，也会对特殊情况下政府采取的应对措施的实施效果产生影响。在信息不完备的情况下，金融市场的运行多是低效率的，政府财政政策设计即很难具有恰当的针对性。

此外，某些经济领域对财政及金融安全的影响也是非常显著的。例如，石油价格波动对实体经济的盈利水平有着直接的影响，范围广泛和程度较高的石油危机同样会引发金融与财政的不安全。但在多数情况下，这些因素不一定引发金融危机或财政危机。但考虑到石油问题也会对金融安全、财政安全产生间接作用，甚至石油期货本身就金融化了，故完善的金融安全、财政安全监测预警系统也应把石油市场变化及其影响纳为考虑因素。

二、充分发挥政策性金融的调节作用

（一）金融中央企业

由银保监会、证监会监管的企业，属于金融中央企业，即金融央企，如五大国有控股商业银行（中国工商银行、中国农业银行、中国银行、中国建设银行、交通银行）和三大政策性金融机构（中国进出口银行、中国农业发展银行、国家开发银行），还有一些投资、资管及保险机构，如中国投资有限责任公司、中国长城资产管理股份有限公司、中国人民保险集团股份有限公司等（见表7-1）。

表7-1　金融中央企业名录

序号	企业名称	序号	企业名称
1	中国投资有限责任公司	13	中国信达资产管理股份有限公司
2	国家开发银行	14	中国出口信用保险公司
3	中国农业发展银行	15	中国人寿保险（集团）公司
4	中国进出口银行	16	中国太平保险（集团）股份有限公司
5	中国工商银行	17	中国再保险（集团）股份有限公司
6	中国农业银行	18	中国人民保险集团股份有限公司
7	中国银行	19	中国银河金融控股有限责任公司
8	中国建设银行	20	中国银河投资管理有限公司
9	交通银行	21	中国中信集团有限公司
10	中国华融资产管理股份有限公司	22	中国光大（集团）总公司
11	中国长城资产管理股份有限公司	23	中国建银投资有限责任公司
12	中国东方资产管理股份有限公司	24	中央国债登记结算有限责任公司

金融央企既是企业，也是中央政府调控经济、推动国家发展战略得以实施的"手臂"。尤其是在金融危机和经济萧条期间，金融央企更应规范执行政府的调控政策，为经济稳定

和复苏做出贡献。鉴于"影子银行"①已成为影响经济正常运行和国家金融安全的重要因素，国家控股银行应努力使"影子银行"②的资金回归表内业务，使更多的银行业务进入监管部门的视野。不少金融央企有规模不小的境外金融资产，保护这部分资产的安全更是金融央企义不容辞的责任。洗钱对国家金融安全有着很大的负面影响，金融央企应致力于杜绝各种洗钱行为。资管和保险机构更多地应以合规经营来维护金融稳定，促进经济活跃。

（二）政策性金融央企

国家开发银行、中国进出口银行、中国农业发展银行等属于政策性金融央企。依据 2015 年 4 月国务院对三家政策性金融央企的"批复"，国家开发银行要坚持政策性金融机构的定位，进一步完善开发性金融运作模式，适应市场化、国际化新形势；充分服务国家战略，依托信用支持、市场运作、保本微利的优势，积极发挥在稳增长、调结构等方面的重要作用，加大对重点领域和薄弱环节的支持力度。中国进出口银行要强化政策性职能定位，坚持以政策性业务为主体；要贯彻执行国家产业政策、外经贸政策、金融政策和外交政策，在扩大机电产品、成套设备和高新产品出口，推动企业对外承包工程和境外投资，促进对外关系发展和国际经贸合作等方面发挥助推作用。中国农业发展银行要坚持以政策性业务为主体，按照国家法律、法规和政府方针政策，以国家信用为基础筹集资金，承担农业政策性金融业务，代理财政支农资金的拨付，为农业和农村经济发展服务。由此不难看出，政策性金融央企既有着央企普遍的"基础性职能"和"保障性职能"，还是政府宏观经济调控的"传感器""赋能器"。

政策性金融央企的共同点包括四个：一是服务国家战略，把落实"国家意志、政府意图"放在第一位；二是在国务院规定的业务范围内，为相关经济活动提供政策性、开发性金融支持；三是遵循"市场化运作、保本性微利"的经营原则；四是在国家重点领域发挥骨干作用，在薄弱环节发挥引领作用，在金融危机或经济萧条时期发挥"逆周期调节"作用。政策性金融央企真正做到、做好以上这几点，无疑有助于国家整体的金融安全和财政安全。

（三）政策性金融对财政金融安全的调节作用

政策性金融是中国特色社会主义市场经济体制特有的重要金融体系，充分发挥政策性金融央企在维护国家财政金融安全中的调节性作用应是我国重要的金融制度安排。

就维护金融安全而言，要借助政策性金融减轻一般性金融央企"偏社会发展目标"的贷款压力。为此，政策性金融央企应将更多的服务提供给有助于促进老少边穷地区经济发展和社会稳定的项目，以及缓解区域发展不平衡的项目。由此可使一般性金融央企从这些风险较大的信贷服务中"解脱"出来，促进一般性金融央企减少不良贷款规模。在经济萧条或金融

---

① 按照金融稳定理事会的定义，影子银行是指游离于银行监管体系之外、可能引发系统性风险和监管套利等问题的信用中介体系（包括各类相关机构和业务活动）。

② 一般认为，影子银行是指游离于银行监管体系之外，可能引发系统性风险和监管套利等问题的信用中介体系(包括各类相关机构和业务活动)。影子银行主要有三种存在形式，即银行理财产品、非银行金融机构贷款产品和民间借贷。

危机时期，政策性金融央企应加大对带动力强的行业的信贷支持，以期对整体经济起到"逆周期调节"作用，抑制经济的大幅度下滑，支撑经济较为平稳地运行和可预期增长。

就维护财政安全而言，要借助政策性金融减轻各级财政的长期投入压力和战略实施投入压力。我国将于 2035 年基本实现社会主义现代化，于 2050 年建成富强、民主、文明、和谐、绿色的社会主义现代化国家。为此，国家必然布局建设、改造更多公共设施，相应地需要各级财政加大相关方面的公共投入。但各级政府财政多年来收不抵支，地方财政更是靠土地财政支撑，这就需要政策性金融央企通过政策性金融方式支持各地的公共设施建设与改造。这样做可以减轻各级政府财政的支出压力，特别是减轻中央财政的转移支付压力。除此之外，金融支持必定有财务成本，这也有助于各级政府强化责任意识，多快好省地建设、改造公共设施。特别是，为建设社会主义现代化强国，我国必须实施诸多战略，如科教兴国战略、创新驱动发展战略、乡村振兴战略、区域协调发展战略、可持续发展战略等。落实这些战略若仅靠政府财政投入，显然力不能及。如果政策性金融能够给予支持，提供"抓重点、补短板、强弱项"的政策性金融服务，重点支持大科学项目、新技术应用大工程项目、科技创新大系统项目、大三农项目及大海洋项目等，则必然既有助于实现相应的战略目标，又有利于减轻各级政府的财政投入压力。

第五节　财政、金融安全的监测预警

一、财政安全态势的监测预警

财政安全的影响因素比较清晰，国内外研究者已对反映国家财政安全态势的指标体系达成共识（见表 7-2）。其中一些指标从形成赤字的收入与支出的流量方面考查财政安全的内在成因，另一些指标则从债务和政府的偿债能力等存量方面考查财政安全的相关问题，同时考虑财政与货币政策或财政与其他市场之间的关系。

表 7-2　财政安全态势监测预警的指标体系

一级指标	二级指标
宏观经济总体指标	经济增长率、失业率、通货膨胀率
财政安全总体指标	宏观税率、债务依存度、债务负担率、财政赤字占当年全国财政收入的比重、中央财政收入占全国财政收入的比重、财政支出对财政收入的弹性
外债管理指标	短期外债率、外债偿债率、外债率、负债率
财政与其他市场或经济政策的关系	商业银行呆、坏账占 GDP 的比重、银行资金利润率、货币流动性比（M_1/M_2）、货币乘数、国际储备（国家外汇储备）、税收弹性

（一）宏观经济总体指标

（1）经济增长率。该指标反映经济总体的增长速度，反映一国经济的总体态势。

（2）失业率。该指标指失业者占全部劳动力的比重，反映一国的就业情况。

（3）通货膨胀率。该指标通常用物价指数（consumer price index，CPI）来表示，反映一国物价走势。

（二）财政安全总体指标

（1）宏观税率，即国家财政收入占 GDP 的比重。在市场经济国家，财政收入基本等于总体税收收入，故称前述"比重"为宏观税率。宏观税率因一国所处经济发展阶段和社会福利政策不同而有较大差异。各国的宏观税率大致是：福利国家一般为 40%～60%，英、法、美、德等发达国家约为 30%～40%，发展中国家一般为 20%～30%。宏观税率直接反映一国中央财政对经济的影响力。

（2）债务依存度，即国家债务收入占当年财政支出的比重。它反映一国财政支出中有多少是依靠发债来支撑的，直接说明财政赤字在政府总支出中的比重。较高的债务依存度是引发财政安全问题的原因之一。目前，国际公认的债务依存度警戒线是 25%。

（3）债务负担率，即累积债务余额占当年 GDP 的比重。该指标从存量角度反映一国的财政安全状况，是债务长期积累的结果，它直接影响政府的融资能力和履行政府职能的"可选择空间"。客观地看，一国的财政危机常常源于国家债务负担过重。《欧洲联盟条约》确认相应的安全线即债务负担率不应超过 60%。

（4）财政赤字占当年 GDP 的比重。该指标主要用于衡量一国财政赤字的相对大小，《欧洲联盟条约》确认该指标不应超过 3%。

（5）中央财政收入占全国财政收入的比重。这一指标反映中央政府财力大小和中央政府承担财政风险的能力。国际上公认该比重以 60%为限。

（6）财政支出对财政收入的弹性，即财政支出增长率与财政收入增长率之比。若该指标长期大于 1，政府就会面临长期财政赤字，面临较大的负债风险，故这个指标对财政风险预警具有重要作用。观察这个指标时，还应该把它与经济周期联系起来思考，因为财政支出增长和财政收入增长的关系在经济增长的不同阶段有着不同的特点。

（三）外债管理指标

外债规模及结构关系到一国的主权信用，偿还外债要动用国家外汇储备。因此，一个国家的外债偿还能力差及外汇储备低往往成为国际投机资本攻击其金融市场的诱发原因。外债管理不当往往有可能直接引发一国的金融危机，故对外债监测有以下一些特殊指标。

（1）短期外债率，指一国一年之内需要偿还的外债占全部外债的比重。该指标考查的主要是一国的外债期限结构。在短期债务率较高的年份，应高度关注当期债务偿还能力与流动性，以确保到期能按时偿还债务。目前国际公认的短期外债率的安全线是 20%。

（2）外债偿债率，即一国的外债还本付息额占当年商品及劳务出口外汇收入的比重。它主要说明一国外汇收入对所需偿付外债的支持能力。如果该比重过低，则只有靠借新债偿还旧债。目前国际公认的外债偿债率的安全警戒线是 20%。

（3）外债率，即一国全部外债余额占外汇收入的比重。它与外债偿债率分别从流量和存量上反映一国对外的偿债能力。目前国际公认的外债率的安全警戒线是100%。

（4）负债率，即一国外债余额占GDP的比重。它主要用于衡量一国所承受的外债相对其经济实力的大小。目前国际公认的负债率的安全警戒线是25%。

需要说明的是，以上指标都只是考虑国家对显性债务的偿还能力，实际还会有些隐性债务。例如，由国家或政府担保的企业向国外借债、一些政府部门在国外发行的建设债券，如果当事人没有清偿能力，这些债务最终都会演变成国家负债。因此，在具体考查国家财政安全状况时，还需要考虑这些隐性负债，包括规模和当事人的清偿能力。

（四）财政与其他市场或经济政策的关系

建立完善的财政安全监测预警指标体系，还必须考虑财政与其他市场或经济政策的关系，相应地需要考虑以下指标。

（1）商业银行呆、坏账占GDP的比重。这一指标本来属于金融安全领域的指标，但在财政系统与金融系统独立性不强、二者交叉程度较高的国家别是转轨国家，相当一部分银行呆、坏账是由"财政支出信贷化"引起的，银行呆、坏账的结果也必须由财政来承担，故在财政安全监测预警指标体系中就必须考虑这类指标。类似的指标还有"呆、坏账占信贷资金的比重"。

（2）银行资金利润率。与（1）一样，适用于财政系统、金融系统独立性差的国家。

（3）货币流动性比（M_1/M_2[①]）。该指标主要反映货币的流动性和交易的活跃程度。一般而言，货币流动性较低的国家，多适宜实行扩张的财政政策，以刺激消费和投资。

（4）货币乘数，也称为货币扩张系数或货币扩张乘数。它是指在基础货币的基础上通过商业银行创造存款货币的功能产生的派生存款的信用扩张倍数，是货币供给扩张的倍数。

（5）国际储备（国家外汇储备）。该指标主要反映一国对于进口（支付）和外债的清偿能力，特别是外债清偿能力。

（6）税收弹性，即一国税收增长率与GDP增长率之比。多数情况下，一国财政支出的增长往往快于GDP的增长。合理、有效的税收弹性是保证国家财力增长、抗风险能力增强的重要因素。税收弹性过低，很可能增加国家的财政赤字和债务风险。通常，税收弹性应保持大于1的水平，最低不能小于0.8。

需要说明的是，具体研究某国的财政安全状况时，还需要更多更具体的指标，以丰富监测预警内容，如财政支出结构、财政支出绩效等方面的指标。

（五）建立财政安全监测预警系统的基本思路

截至目前，学界提出的建立财政安全监测预警系统的思路主要有以下两类。

（1）一种思路是建立财政安全的计量经济模型，即找出决定财政收入总量、财政收入

[①] 中国现行货币统计制度将货币供应量划分为三个层次：①狭义货币供应量（M_1），是指M_0加上单位在银行的活期存款。②广义货币供应量（M_2），是指M_1加上单位在银行的定期存款和城乡居民个人在银行的各项储蓄存款以及证券客户保证金。M_2与M_1的差额，即单位的定期存款和个人的储蓄存款之和，通常称作准货币。③最广义的货币供应量（M_3），M_2+具有高流动性的证券和其他资产。相互关系可表示为：M_0=流通中现金；M_1=M_0+单位活期存款；M_2=M_1+单位定期存款+个人的储蓄存款+证券公司的客户保证金；M_3=M_2+具有高流动性的证券和其他资产。

增长率、财政支出总量、财政支出增长率、预算外收入总量及其增长率、预算外支出总量及其增长率等经济指标，进而用计量经济模型描述这些变量的函数关系，采用国家财政历史及实时数据，即可以较为准确地预测各年的财政状况，进而预测一国是否会发生财政危机，以及何时发生财政危机。

该思路的假设前提是一国的财政体制和收支结构不会发生较大的变化。然而现实情况往往是在诸多国家特别是转轨国家，财政体制会频繁变化。在传统市场经济国家，经济发展的不同阶段也会有不同的财政支出要求或收入决定因素。换言之，决定一国财政收支规模及结构的因素会不断变化，各因素的影响程度也会发生变化。特别是，财政系统与金融系统联系紧密，很难用简单的数学模型来表示各种财政变量之间的关系。故从 20 世纪 70 年代起，计量经济模型已很少被用于财政安全态势预测。正是基于这一点，本书不对计量经济模型做过多描述。

（2）另外一种思路与金融安全监测预警有些类似，即倾向于通过建立一套合理的指标体系来对一国的财政安全态势进行监测预警。换言之，一国的财政安全状态可以用一组指标与警戒线的逼近程度来衡量。目前，关于财政安全态势的预警指标和警戒阈值，国际上已形成一套较为成熟的看法（如前文所述）。只要将一国财政状况相关指标的实际数值与国际公认的阈值（门槛值、临界值、安全线）进行比较，即可大致判断一国在某个时段的财政安全态势。

同时，要评价一国的财政安全态势，还应关注造成一国财政不安全的内在机制，而不应单纯用相关指标来评价一国的财政安全状态。换言之，即使前述指标貌似都很"健康"，也不代表一国的财政状况一定是安全的。只有一国的财政系统与国民经济形成了良性的互动关系，不存在制度性债务积累等重大负面问题，才可以说该国的财政系统从长期来看是健康而稳定的。

二、金融安全态势的监测预警

1998 年东南亚金融危机发生后，不少国家开始建立本国的金融安全态势监测预警系统，其中探讨较多的主要是"信号分析法"和"概率分析法"。

（一）信号分析法

该方法是从金融安全状态转化机制入手，分析影响金融安全的各种因素，进而分析究竟是哪些因素导致一国金融的不安全甚至危机，从而为制定相应的应对预案提供依据。

在这类方法中，典型的是建立计量经济模型，即将金融安全状态的转化解释为一组（影响因素）变量变化的结果，认为可以找到不同的安全状态（因变量）与这些变量（自变量）之间的量化关系。典型的模型有 Frankel 等人的 probit 模型或 logit 模型，以及 Sachs、Tornell 和 Velasco 等人的横截面回归模型。但在实践中，金融系统本身的复杂关系以及整个经济系统的变化使得传统计量经济模型在预测和解释金融安全状态转化方面的作用十分有限。就以往实际预测效果而言，这些模型对 1998 年发生的东南亚金融危机没有做出任何预警。21

世纪以来几次区域性金融危机发生之前，也无学者或机构基于传统计量经济模型发出有效的预警。目前，理论界已达成一种共识，即用传统计量模型预测金融危机的思路是无效的。

（二）概率分析法

该方法并不考虑引发金融安全状态转化的具体因素和机制，而只是根据历史上各种安全状态下某些经济指标的表现和变化来设计一套指标并通过一定的方法构造出度量总体风险程度的综合指标或者利用模糊类比方法，通过与历史数据相比较，对现实经济及金融运行情况进行监测和预警。典型的是我国香港中文大学刘遵义教授的模糊类比法（或称概率分析法）。刘教授用模糊类比法成功地预测了东南亚金融危机的发生。概率分析法中指标体系的构建有多种方法，常见的是分别针对"外向性金融"和"内向性金融"两部分构建指标。

1. 外向性金融预警指标

该指标主要考查分析：①经常项目对外依存度，如外贸进出口总额/GDP。②资本项目对外依存度。③外债总量风险程度，如负债率、债务率（外债余额与当年外汇收入之比）、偿债率、债储率（外债余额与外汇储备之比）。④外债结构风险程度，如短期外债率（短期外债/外汇储备）、短期外债比（短期外债/外债总额）。⑤外资结构风险程度，如外国非直接投资/外国直接投资。⑥外汇储备保障程度，如外汇储备余额/月进口额。⑦国际收支经常项目赤字率，如经常项目赤字/GDP。⑧官方汇率与黑市汇率之比，特指实行固定汇率或有管制的浮动汇率制。⑨国内外利率比，主要考查"国内贷款利率/美国贷款利率"。

2. 内向性金融预警指标

该指标主要考查分析：①财政赤字比、国债比。②国内信贷增量比、金融机构各项贷款余额/上年 GDP、广义货币供应量 M_2 增长率。③贷款结构风险、贷款流向房地产及证券的比重、国债结构风险程度、短期国债/国债总余额。④金融资产流动性比率，还包括短期资产与短期负债的匹配程度[（短期负债−短期资产）/短期资产×100%]。⑤金融衍生产品的收益比率，如金融衍生产品交易所得利润/总利润。⑥币值稳定率，以通货膨胀率度量。⑦汇率稳定度、股价稳定率。⑧金融机构资本充足率、不良资产比率。⑨其他，包括金融腐败指数、黑色金融规模扩张速度、社会信用意识等。

相应地，一种典型的金融安全指标体系如表 7-3 所示。

表 7-3　金融安全态势监测预警指标体系

类　别	安全状态指标
货币	国内信用水平、货币需求总量、外汇储备变动、实际汇率、国内利率水平、国内价格指数变化、M_2、贸易账户与货币账户变动
银行	商业银行资本充足率、核心资本充足率、不良货款比率、风险资产比率、流动资产占总资产的比率、二级资本与加权风险资产之比、资产质量、管理能力、盈利能力、流动性指标、政府注资、国债总量监管资本与风险加权资产之比、一级资本与风险加权资产之比、不良贷款与全部货款之比、部门贷款与全部贷款之比、大额风险贷款与资本金之比、净收入与平均总资产之比、流动资产与总资产之比、资产久期、外汇开放存量与资本金之比、地区贷款占全部贷款之比、金融衍生资产存量占资本金之比、最高与最低拆借利差、人力支出与非利息支出之比

类　别	安全状态指标
外债	外债总额与 GDP 之比、短期外债与外汇储备之比、GDP 实际增长率、政府外债与财政收入之比、物价指数的变动、外国（如美国）大额存款利率、经常性账户余额与短期外债总和、汇率偏离趋势程度、汇率波动率、本金偿还情况、利息支付情况
系统	非银行金融机构资产与金融体系总资产之比、非银行金融机构资产与 GDP 之比、非金融公司部门总负债与所有者权益之比、非金融公司部门息前和税前收益与所有者权益或利息和本金支出之比、非金融公司部门外汇风险暴露净额与所有者权益之比、证券市场平均价差、证券市场平均日换手率、房地产价格、住房房地产贷款与全部贷款之比、商业房地产贷款总额与全部贷款之比

在这种方法中，通常是根据一国相关指标的历史观察值或国际公认阈值来拟定一系列金融安全状态指标临界值。对处于某个临界范围内的指标赋予相应的警戒值并根据各个指标对一国金融安全的影响程度来确定权重，将所有指标的警戒值加权平均，即可以构造反映整体金融安全态势的综合指标。同样，也可以做出综合指标的临界值。根据计算出的综合指标，即可判断出一国金融系统处于怎样的安全状态并可借助一定方法计算出发生危机的概率，一种计算公式为

$$P_j = f\left\{\left(\sum (A_i \times B_i)\right\}$$

其中，P_j 表示第 j 月发生危机的概率，A_i 表示第 i 项指标的警戒值，B_i 表示该指标的权重。

需要说明的是，建立金融安全态势的概率分析预警系统的关键是选择合适的指标。这些指标必须能对各种可能造成金融不安全甚至危机的因素做出迅速、准确的反应。借助前述量化指标，可将某个国家这些指标当前的表现与经济国情比较相似且发生过金融危机的国家之前的情况进行比较，从而得出前者会不会发生金融危机的预判。如刘遵义教授就是在比较了东南亚国家与墨西哥发生危机时的 10 项指标（实际汇率、实际 GDP 增长率、相对通货膨胀率、国际国内利率差、国际国内利率差变化、实际利率、国内储蓄率、国际贸易差额、经常项目差额，以及外国组合投资与外商直接投资之比）之后，成功地预测了东南亚国家 1998 年发生的金融危机。这里的经济国情，一是指国家经济体制，二是指经济发展阶段，三是指外资外贸政策。

（三）一种改进的构想与实践

客观地看，概率分析法还比较可用，可以明确指出在特定情况下发生金融危机的概率有多大，可以及时发出预警信号。但其缺陷是不能直接给出引致某些指标恶化的原因，难以据此提出较为可用的对策。而且，该方法比较的标准是历史数据，对于新问题、新现象缺乏敏感性。

特别是，金融市场日趋复杂，影响金融安全的因素间的关系也日趋复杂，有些关系很难被量化。但概率分析法依赖量化指标，这就不可能包含足够的市场信息及因素间关系信息。诸如社会文化、居民及投资者心理承受能力等因素更不能被量化。因此，有必要在金融安全监测预警指标体系中引入一些定性描述信息，进而对概率分析法做出一些改进。

这里提出一种新的金融安全监测预警系统的设计思路，即通过计算机技术、神经元网络和模糊类比技术的使用，建立融合量化指标和定性指标的金融安全预警系统。

第一步，建立有关的指标体系。相应地，需要收集各国历次金融安全事件前后整个经济体系的实际表现，包括金融系统的表现（这应该是重点），以及其他经济领域的相应变化。诸如 GDP 增长、进出口情况，甚至社会治安等。针对这些表现，可以建立一套达到一定敏感度的指标，包括量化指标和定性特征描述。相应的指标体系应涵盖对金融安全有重要影响的所有因素，如政治人文环境（政局的稳定性、政府对市场的干预、社会文化）、宏观经济结构（经济结构、金融体系的发育程度、资本市场的开放程度、外汇储备、外汇管制方式、政府能力、银企关系）、宏观经济状况（GDP 增长、国内储蓄投资率、产品结构及科技含量、净出口、实际通货膨胀率）、金融体系竞争力和安全性（金融资产/本利润率、直接融资与间接融资量之比、资本市场规模、金融创新数量及创新工具的交易量、中间业务比率、实际汇率、国际国内利率差的实际水平和理论水平的偏离）、金融系统的抗风险能力（金融体系流动性，负债率，呆、坏账比率，信息的准确，迅速传导能力），以及金融监管当局的应变能力等。

第二步，建立国际上已发生的金融危机的事件案例库。一是可将发生金融危机的状态演进分为安全、基本安全、潜在不安全、显在不安全和危机五种情况。二是梳理每个案例中五种情况下，"第一步"所构建的指标的"表现情况"。这就为后续将我国某个时段的金融安全状态与这些事件进行比较奠定了案例基础。

第三步，确定有关指标国家间的"可比权重"。可比权重即有关国家的指标对于研究对象的"可参照性"，这通常与国家间"经济国情"的相似程度有关。例如，对于反映金融资本营利性的指标——资本利润率，欧美、日本、东南亚国家和地区与拉美国家和地区的警戒值不尽相同。相应地，研究我国的金融安全，借用其他国家相关指标时，就需要对不同国家的相应指标赋予不同的权重。假设根据银行结构或者银企关系的相似度，则对日本就应赋予最高的权重如 0.5，对东南亚和拉美国家分别赋值 0.2，对欧美则应赋值 0.1。为确定可比权重，可以采用德尔菲（delphi）法等。

第四步，梳理我国某个时段的金融安全状态的"指标表现"，将这个时段我国金融领域的现实与前述案例库中的案例进行定性及定量指标比较，由此即可研判这个时段我国的金融安全态势。如果选取的定性及定量指标较为合理和完备，收集的国内外的金融安全事件案例足够多，就可以获得较为理想的监测预警效果。在"比较"的过程中，如能借助计算机技术，比较将会更有效率。

有幸的是，基于这一思路，我国曾研制过商业银行早期风险识别预警系统。

第八章

国际经济关系安全管理

第一节　经济全球化与国家经济安全

经济全球化为发达国家和发展中国家提供了不同的发展空间，相应的国际分工也使得发展中国家在维护自身国家经济安全方面面临新的难题。

一、全球化为发达国家和发展中国家提供了有差异的发展空间

（一）经济全球化：贸易、投资及外汇交易全球化

20 世纪中后期以来，经济全球化进程日益加快，各国经济越来越相互渗透并相互依存，任何国家都难以闭关自守地发展经济。这主要体现在以下几个方面。一是世界贸易加速发展。在相当程度上，经济全球化是从第一次产业革命开始的，但直到 1945 年，经济全球化的范围仍相当有限。甚至直到 20 世纪 90 年代初苏联解体、东欧国家剧变发生后，传统计划经济国家才普遍转向市场经济体制，全球统一大市场才逐步趋于形成。进入 21 世纪以来，特别是随着我国成为 WTO 成员国，国家间贸易进一步加速发展。到了 2008 年，全球贸易总额才第一次超过了 15 万亿美元。二是跨国直接投资急剧增加。据联合国贸易和发展会议发表的《2008 年世界投资报告》的数据，2007 年跨国直接投资比 2006 年增加 30%，达到创历史纪录的 18 330 亿美元。全球 7.9 万家跨国公司的 79 万家子公司或分支机构已渗透到大多数国家的各个产业或部门，跨国公司已成为经济全球化的助推器。三是金融市场全球化。早在 2007 年，全球外汇市场交易额即达到 1000 万亿美元，相当于当年世界贸易总额的近百倍。在 2008 年的在全球外汇市场上，日交易额即从我国加入 WTO 时的 100 亿美元剧增至 3.2 万亿美元。

（二）经济全球化并不自然而然地促进发展中国家的经济发展

前述变化和发展促使经济全球化进程加快，包含发达国家和发展中国家在内的世界各

国皆因此获得了前所未有的发展机遇及空间。一些发展中国家通过不懈努力，实现了持续、快速的经济发展，为世界经济发展注入了新的活力，其中一些国家（如中国、巴西、印度等）甚至成为新兴工业化国家。经济全球化进程加快及范围扩大也为国际合作开辟了更为广阔的空间。新兴工业化国家也开启了与发达国家的科技合作，一些新兴工业化国家甚至开启了对发达国家市场的"反向投资"。但值得关注的是，在经济全球化进程中，世界范围内的贫富差距仍在持续扩大，也有一些发展中国家并没有赢得与其他发展中国家相同的发展空间和发展效果。换言之，经济全球化没有且也不可能自然而然地促进所有发展中国家的经济发展。特别是，发达国家凭借强大的资本实力在全球化进程中占据着主导地位并通过对外投资和跨国经营等途径猎取了更多发展机会和发展利益。同时，发达国家凭借强大的工业体系，使其企业在全球产业体系、产业链、供应链中处于强势地位，进而使自己相对于发展中国家企业能够获得额外的利润，这在某些情况下甚至会影响到发展中国家经济的健康运行与自主发展。

（三）发展中国家参与经济全球化进程面对着诸多风险

发展中国家参与经济全球化进程，最为显著的标志性成为 WTO 成员国。相应地，即必须遵循 WTO 的基本原则，如市场开放原则、非歧视原则、公平贸易原则、权利和义务平衡的原则。面对这些原则，发展中国家企业往往"自愧能力不足"，往往不得不在强者（发达国家）企业面前屈从于它们进一步的要求。

市场开放原则即 WTO 成员国必须更多地开放国内市场，进一步降低关税，减少或取消现有非关税贸易壁垒，实行贸易自由化。面对这一原则，发展中国家及其企业必须承受发达国家企业在发展中国家市场占有一席之地的事实，甚至不得不承受本国某些领域市场被发达国家企业大部分控制的前景。

非歧视原则指 WTO 成员国之间及在进口货物和国产货物之间不得采取任何"歧视措施"，成员国 A 向成员国 B 的产品提供的待遇不得低于它向其他国家产品所提供的待遇，所有成员国一律平等并同等享受任何旨在减少贸易壁垒的活动所带来的利益。在这一原则之下，发展中国家不得不忍受发达国家向其大量销售某些产品。如果这些产品恰是发展中国家正在培育的产业也能生产的，在这种情况下，发展中国家的萌芽或幼稚产业即有可能被发达国家企业挤出市场。

公平贸易原则即 WTO 禁止成员国及其企业采用倾销或补贴等不公平贸易手段扰乱正常贸易并允许采取反倾销和反补贴的贸易补救措施，保证国际贸易在公平的基础上进行。在这一原则之下，发展中国家政府即必须经常审视自己对企业产品出口给予补贴或税收优惠是否会被发达国家企业起诉或被发达国家政府是否会采取报复性措施。特别是，发展中国家企业因为人工成本低或本国原材料价格低，其销往发达国家市场的产品的价格很可能低于对方同类产品的价格，而这往往会被对方认为是"倾销"。

权利和义务平衡的原则即 WTO 成员国要履行 WTO 的义务，履行承诺的减让义务，确保贸易政策、法规的统一性和透明度；同时，WTO 成员国也享受 WTO 赋予的权利，参与制定多边贸易规则。在某些贸易伙伴不履行 WTO 义务，对其他国家造成损害时，可提出磋商或诉诸 WTO 贸易争端解决机制或在其他贸易领域获得相应补偿。面对这一原则，一些发展中国家政府往往不得不陷入频繁的应诉。

但需要说明的是，WTO 制定这些原则是为了所有成员国的利益，包括作为 WTO 成员国的发展中国家的利益。发展中国家在积极应对前述风险的同时，更应把重点放在提升本国政府的市场监管能力上，放在敦促和帮助企业提升以创新为基础的产业国际竞争力上。

（四）发展中国家必须积极应对经济全球化的挑战

发展中国家进入全球经济体系的前提是必须遵循 WTO 规则，由此必须接受贸易自由化、生产全球化和金融网络化的挑战。这三大挑战客观上会对发展中国家的利益构成某些威胁。

首先，自由贸易固然能使贸易各方都获得某些好处，但发展中国家市场对外国商品开放，本国一些幼稚但事关国计民生的产业即可能受到外来商品的冲击。在这种情况下，就有可能使一国在某些产品的供给上过分依赖国外生产商。某些产业甚至会被竞争力强的他国企业所打倒，从而使落后国家失去经济上的独立性。

其次，生产全球化意味着对外资开放国内投资领域。但如果外资自由进入一国的核心经济部门，如金融、公用设施等领域，就极可能使该国的货币政策、财政政策等难以发挥应有的作用。如果允许外资自由进入，还有可能使发达国家一些不利于可持续发展的产业转移到发展中国家，如严重污染环境的产业、严重消耗不可再生资源的产业、对劳动者身心健康产生重大损害的产业。因此，目前不少发展中国家都对外资进入实行了适当控制的"产业准入政策"。

最后，经济全球化还可能给发展中国家带来一定程度的金融风险。在经济全球化迅速发展的背景下，一些国家中某些危机的发生在相当程度上是整个国际经济体系固有的缺陷在"危机国家"的必然反映，也是"危机国家"竞争力低下的痼疾在全球化趋势下的必然结果。但绝不可轻视经济全球化过程可能给发展中国家带来的一定程度的金融风险，特别是"国际游资"给发展中国家带来的金融风险。

国际游资具有投资和投机的两重性，对于资金缺乏而回报率高的地区，游资的介入可以起到增加投资、促进地区经济发展的作用。但游资的大规模频繁流动，特别是在大的投机商操纵的情况下，游资又会给其涉足的国家带来经济动荡和金融风险，甚至引发金融危机。例如，20 世纪 80 年代拉美的债务危机、1994 年年底的墨西哥金融危机，以及 1997 年爆发的东南亚金融危机都留下了国际游资的明显痕迹。

游资又称"热钱"，指在国际市场上游动的短期资本，包括各种短期资金，可进行抵押、贴现的商业和银行票据，以及可随时兑换成现金的债券、股票等。一旦在一国出现投资信心问题，这类资金必然会迅速转移。如在墨西哥危机中，墨西哥政府决定比索贬值原本是为了遏制资本外流，但投资者在受到汇率、证券价格下降双重损失和信心打击的情况下，纷纷抽走资金，终于酿成了金融危机。在东南亚金融危机中，则有美国人乔治·索罗斯所控制的量子基金在泰国外汇市场上抛售泰铢，致使汇率大幅波动。而量子基金在这次事件中却至少赚取了 20 亿美元的利润，以至于马来西亚总理马哈蒂尔指责索罗斯是这次危机的"黑手"。

二、新的国际分工对发展中国家经济安全的挑战

（一）新的国际分工及其趋势

二战后国际上发生了以电子计算机、原子能、宇航工业、生物工程、环境技术等为标志的第三次技术革命。在这次技术革命中，由于科学技术的不断突破，出现了不少新的产品、材料和能源，涌现出原子能、电子、宇航、生物工程、激光和光纤等新兴产业，相应推动了化学、飞机、汽车等原有产业部门的升级与发展。这一方面加速了发达国家产业结构的升级换代，同时导致它们将一些传统制造业向发展中国家转移，使它们的跨国公司在更大范围内跨国经营。相应地，发展中国家的产业结构发生了较大的变化，进而使生产的国际分工进一步强化。

尤其是 20 世纪 70 年代后，信息技术及信息产业的迅速发展激发了全球新一轮经济增长，也给国际分工带来了新的机遇。其中最为重要的是知识成为决定新的国际分工及一国在新的国际分工中的地位的主要依据，即一国在国际分工中的地位越来越取决于该国在知识生产、应用、传播方面的比较优势。谁拥有较多的知识，谁就能拥有经济增长的主动权，谁就能在国际分工中处于支配地位。相应地，在不少高端产业形成了"头脑国家、躯干国家、手脚国家"的国际分工格局，国际分工体系由工业经济时代的"以机器和资本为中心的分工体系"转为知识经济时代的"以知识和技术为中心的分工体系"且成为不可逆转的趋势。其中，发达国家是"头脑国家"，发展中国家更多的是"手脚国家"，新兴国家更多的是"躯干国家"。

（二）发展中国家在新的分工部位所引发的经济安全问题

在新的国际分工体系中，发达国家作为"头脑国家"，可以通过创造知识而获得"灵感的收入"；但新兴国家和发展中国家作为"躯干国家"和"手脚国家"，只能更多地通过艰苦的体力劳动获得"流汗的收入"。相应地，产业链利润分配必然由"头脑国家"即发达国家来主导。

在以知识为中心的国际分工体系中，财富的积累方式也发生了深刻的变化。一国物质财富积累的重要性大大下降，而知识财富积累的重要性逐步上升。这一方面是由于当代知识以"几何级数"的方式增长，越先进的国家，其知识增长的速度越快；越落后的国家，其知识增长的速度越慢；同时随着知识的持续发现和积累，国家间的"头脑""躯干""手脚"之间的分工将更为显著和普遍。另一方面，跨国公司在进行技术转让与投资时，总是将软件部分和核心技术部分留在母国，而只将与最新知识关系不大的硬件部分转移到其他国家的企业，这就进一步强化了"头脑国家""躯干国家""手脚国家"在同一产业链中的"阶梯"。基于此，以知识为中心的国际分工的发展结果必然是发达国家积累越来越多的财富并为发达国家从落后国家"掠夺"更多的财富提供了新的途径。在这种情况下，新的国际分工很可能影响发展中国家和新兴国家的经济利益。

（三）少数发达国家通过各种方式对发展中国家进行技术锁定

美国等少数发达国家通过各种方式对发展中国家进行技术锁定。诸如为了限制本国的

高科技外泄，美国政府设立了四道相当严格的防线。第一道防线是安全许可证制度。在美国，要接触涉密技术和信息，必须持有不同级别的国家安全许可证。为了拿到高级安全许可证，非政府部门的雇主必须向美国国防部下属的国防安全服务中心提交"申请"，而且申请人必须是美国公民。第二道防线是其无处不在的监控机制。美国联邦调查局和国家安全部都把来自"敏感国家"的技术移民视为重点监控对象，通过海外和国内情报网不断对这些移民进行监测和调查。第三道防线是企业监测机制。美国的高科技公司对外籍员工要求严格，外籍员工如果在企业敏感部门工作，其邮件都要经过特殊软件过滤。第四道防线是严格的商品出口许可证制度。在卫星通信、超级计算机、航空、航天等尖端技术领域，美国公司如欲对华出口，是相当困难的。

基础研究成果专利化也是美国等少数发达国家对新兴国家进行技术锁定的常用方式。诸如美国出台的《拜杜法案》将各项基础研究成果通过专利的形式保护起来，其他国家在采用这些研究成果的时候，美国可以通过专利的武器来予以限制。

第二节 国际经济关系中常见的经济安全问题

在一体化的全球经济中，国家间的竞争如果跨越了某些方面的"阈值"，就会影响某些国家的经济安全。诸如国家间在经济利益上的矛盾会引发直接的对抗；国家间的贸易摩擦往往会引发相互间的制裁；一国的经济危机也会向另一些国家扩散；强国往往企图控制弱国的"命脉经济部门"；极少数经济强国的经济霸权主义往往威胁其他国家的重要利益。

一、利益矛盾会引发国家间争端甚至对抗

在全球经济一体化背景下，国家间既有共同的利益，又有利益上的分歧，甚至有根本利益上的矛盾。一国为了维护本国的经济利益，就可能采取对他国经济不利的政策和策略，甚至不遗余力地打击他国，以保护自己国家的经济利益，由此即可能发生直接的争端甚至对抗。

（一）南海诸岛之争

一些东南亚国家与我国在南海诸岛归属问题上的争端，正是这方面的典例。南海诸岛包括东沙、西沙、中沙、南沙四大群岛，有岛、洲、礁、沙、滩二百七十多个，分布于南海中心海域。这些岛屿地理位置重要，扼太平洋和印度洋咽喉，而且蕴藏着丰富的海洋水产、矿产资源和石油、天然气资源。南海诸岛是我国的领土，但某些国家为了自身利益，偷觊南海海洋石油资源，千方百计插足南海事务，甚至派遣武装人员进驻某些海域或岛屿，这就侵害了我国的国家利益。

南海问题是目前最有可能引发国家间直接对抗的隐患之一。近年来，周边国家谋求南海诸岛控制权的野心并未放松，某些国家企图使南海问题国际化的活动也愈演愈烈。我国

维护南海海洋权益的形势相当严峻。其中除了历史遗留问题外，南海资源丰富是另一个重要原因。

南海诸岛自古是我国的领土。对南海问题，我国政府从维护地区稳定出发，历来奉行"主权归我、搁置争议、共同开发"的政策，主张通过双边途径以和平协商方式解决问题。但20世纪70年代后，周边国家对南海诸岛提出了主权要求并抢占了部分南沙岛礁。一些国家先后单方面宣布海洋专属经济区和大陆架，肆意分割属我国管辖的海域。一些国家甚至多次"重申"对南沙拥有"主权"并加紧开采南海油气资源。南沙海域的大量鱼类也遭一些国家偷捕。一些国家加强了对南沙海区的军事控制。东盟国家甚至在南海问题上集体对抗我国，成立了所谓"南海国家集团"组织。同时，东盟各国在国际上组织"南海权益问题学术研讨会"，意在突破《联合国海洋法公约》的限制，寻求占有南海的国际支持与法理基础。

（二）美国在世界上的极端之为

最典型的是20世纪90年代以来，美国为了维护自身的石油利益，多次对伊拉克和利比亚发动军事打击并最终推翻了萨达姆政权和卡扎菲政权。在这一系列战争中，美国极力维护了自己的石油利益，同时也削弱了其他国家的力量。但这些战争危及伊拉克和利比亚的石油利益，甚至是整体经济安全且使伊拉克、利比亚陷入内乱。由此可见，国家间经济利益矛盾所引发的对抗后果往往会超出经济领域。

与之同时，美国为维护其在亚太地区的战略利益，加强对我的战略遏制，也声称自己在南海有重大战略利益，要在南海争端中发挥"应有"的作用，而且明显偏袒与我国有争端的国家。故其也着力于"南海问题的国际化"，力求使南海问题处于"争而不议、久拖不决"的状态，从而坐收渔利。这就导致南海问题成为中美博弈新的焦点。与之同时，日本等国也追随美国，以"确保海上航行自由""反对使用武力"为借口，不同程度地涉足南海事务。应该看到，随着世界各沿海国家对海上资源争夺的加剧，南海周边各国围绕海洋权益的博弈必日趋激烈。一些国家为扩大其在南海的利益，必将继续加强针对南海的各类活动，包括通过内部联合、借助大国等方式与我国抗衡。我国必须对此保持高度警惕。

二、贸易摩擦往往引发国家间相互制裁

经济全球化下国家间的贸易关系是否协调对一国的经济安全有着举足轻重的影响。如果国家间的贸易关系出现了某种摩擦，双方国家就可能为了本国的利益而损害他国的利益。目前国家间发生贸易摩擦的主要方式是：①寻找机会，向对方提出利己的贸易条件。②设置敌意的非关税贸易壁垒，如设置让另一方很难逾越的技术壁垒、环境壁垒、质量壁垒、知识产权壁垒和反倾销壁垒等。其结果总是落后国家遭受损失，而强国则保护甚至提升了自己的利益。

（一）盟国之间的摩擦与制裁

历史地看，贸易摩擦即使在战略同盟国家之间也是难以避免的。例如，美国一直是与

世界各国发生贸易摩擦最多的国家，即便与欧洲各国、日本等盟国之间也存在着至今仍没有解决的矛盾。以日、美贸易为例，日本的汽车、家电曾经风靡美国市场并为日本形成了巨额的贸易顺差，这甚至成为美国国内难以接受的政治问题。为了保护美国的经济及政治利益，平息国内纷争，美国政府即对日本施压，终于迫使日本政府对于美国产品在日销售提供了优惠条件。但长期地看，日、美之间的贸易摩擦是不可能从根本上解决的。

（二）美国对华贸易挑衅

早在 20 世纪 90 年代，中美之间的贸易摩擦就接连不断且基本是美国对华贸易挑衅。整个 90 年代，美国国会每年都要讨论"对中国的最惠国待遇问题"，不断提出一些问题刁难我国，使中美贸易关系总是充满纠葛。我国加入 WTO 后，中美之间的贸易摩擦非但没有停止，反而愈演愈烈。表 8-1 列出了 2008—2009 年美国对华贸易挑衅的典型事件。此外，美国多次在汇率问题上为难我国，要求人民币升值，以解决中美之间的贸易逆差问题。2010 年 3 月 15 日，美国逾百名议员呼吁时任总统奥巴马"把中国列为汇率操纵国并对中国输美商品征收反补贴税"。2018 年起，时任总统特朗普多轮次对我国销往美国的商品加税，多轮次对我国高新技术企业进行制裁并要求我国进行所谓的"结构性改革"[1]。

表 8-1　2008—2009 年美国对华贸易挑衅事件

时　间	产　品	详　情
2008 年 9 月 11 日	轮胎	时任总统奥巴马宣布，对从我国进口的所有小轿车和轻型卡车轮胎实施为期三年的惩罚性关税，税率第一年为 35%，第二年为 30%，第三年为 25%
2008 年 10 月 30 日	无缝钢管	美国国际贸易委员会同意对从我国进口的无缝钢管发起反倾销和反补贴调查，后决定征收 100% 的关税
2008 年 11 月 3 日	金属丝托盘	美国商务部对我国输美金属丝托盘实施惩罚性关税
2008 年 11 月 4 日	原材料	美国就我国原材料出口问题请求世贸组织设立专家组
2008 年 11 月 5 日	油井管	美国商务部公布对华输美油井管倾销案调查裁决，决定对从我国进口油井管征收高达 99.14% 的反倾销税
2008 年 11 月 6 日	铜版纸	美国国际贸易委员会对从我国和印度尼西亚进口的铜版纸和从我国进口的焦磷酸钾、磷酸二氢钾和磷酸氢二钾征收"双反"关税
2008 年 11 月 23 日	四氢糠醇	美国继续对我国输美的四氢糠醇征收 136.86% 的反倾销税，实施期限为 5 年
2008 年 12 月 29 日	钢格栅板	美国商务部裁定对从我国进口的钢格栅板征收反倾销税，关税最高为 145%
2009 年 1 月 6 日	钢丝层板	美国商务部裁定对从我国进口的价值超过 3 亿美元的钢丝层板征收 43%～289% 的反倾销关税
2009 年 9 月 17 日	轮胎	2008 年 6 月 29 日，美国国际贸易委员会提出对乘用车、轻型货车用我国制轮胎征收 3 年特别关税。2009 年 9 月 17 日，时任总统奥巴马做出"特保裁决"

---

① 2018 年起的美国对华贸易挑衅，将在后面章节详细描述。

时　间	产　品	详　情
2009 年 11 月 6 日	铜版纸	美国国际贸易委员会初步裁定，对从我国进口的铜版纸征收"双反"关税
2009 年 12 月 30 日	石油钢管	美国国际贸易委员会以 6 票赞成、0 票反对的投票结果通过美国商务部 2009 年 11 月 24 日制定的关税政策，最终批准对我国产石油钢管征收 10%～16%的关税

（三）近邻韩国与我国的贸易摩擦

典型的是，2000 年夏季，韩国政府基于国内压力，为了压制我国向韩国的大蒜出口，做出了对我国大蒜进口征收 315%关税的决定。基于此前两年我国从韩国进口移动电话与聚乙烯迅速上升的事实，我国政府迅速做出反应，随即宣布暂停进口韩国的移动电话与聚乙烯。此间，在韩国股市上，从事手机制造的三星、LG 信息通信和德尔森（Telson）的股票纷纷下跌。我国股市也迅速做出反应，当时我国最大的手机制造商东方通信的股价逆市走强（涨 0.64%），另一家手机制造商南京熊猫的股价也上涨 0.70%。由此可见，国家间的贸易摩擦至少会使一方的利益受损。

总体上看，在国家间贸易摩擦中，结果一般是综合国力较强的一方通过各种途径对另一方施压，而由此得到一些从正常市场竞争中不能得到的利益。如果一方的施压强到一定程度，就势必损害弱的一方的国家经济利益。

三、经济危机扩散影响相关经济体的稳健增长

在经济全球化背景下，国家间在经济上相互依存，这也为一国的经济危机向其他国家传播、扩散建造了通道且对外依存度越高的国家，越容易遭受其他国家经济危机的"感染"，甚至导致一国"感冒"、多国"咳嗽"，即少数国家的经济危机使全球更多国家跟着遭殃。

（一）1997 年东南亚金融危机的传播

1997－1998 年东南亚诸国发生金融危机，其后传播到更多亚洲国家。亚洲发生金融危机后，全球经济即受到影响，一些国家甚至陷入经济低迷状态，遥远的巴西、南非、美国也未能幸免。我国的对外贸易也因此而受到较大冲击，1998 年外贸同比增长明显低于 1997 年。

东南亚金融风暴横扫本地区的同时，也冲向世界其他国家和地区，引致全球经济特别是金融波澜起伏。特别是 1997 年 10 月下旬，全球股票、债券、黄金市场剧烈波动。10 月 27 日，在全球股市中枢的华尔街证券市场，交易所的开盘铃声敲响后，道琼斯 30 种工业股票指数下挫 554.26 点，创有史以来最大单日跌幅纪录。防范崩盘的电子程序自动限制交易系统 10 年内首次两度启动，当天交易被迫提前 30 分钟结束。此次大跌所造成的损失为 6000 多亿美元。受纽约股市影响，世界其他地区的股市（德国、法国、澳大利亚、墨西哥、巴西等）也大幅下挫。

股票价格大跌使股票持有者损失惨重，赔得最多的当然是那些亿万富翁们。微软公司董事长比尔·盖茨正沉浸在乔迁之喜中，股灾却给他泼了满盆冷水，"失血"17.6亿美元；百货业巨子沃尔玛家族损失16.4亿美元；投资家巴菲特损失7.67亿美元；耐克公司总裁奈特损失2.69亿美元；英特尔公司主席摩尔损失2.62亿美元。

这次金融危机甚至波及海湾国家。一是导致海湾国家石油价格下降。1997年原油还是每桶18.7美元的年均价，1998年1—6月即降至每桶12.2美元。原本东南亚国家的原油进口占世界石油进口总量的25%，但此间东南亚国家对海湾国家的石油采购大大减少。二是受东南亚金融危机的影响，海湾国家的商品出口如铝锭、钢材、石化产品和化肥等的价格纷纷下跌，出口收入明显减少。三是由于石油和其他出口商品收入大跌，1998年这些国家的政府财政预算赤字大大高于此前的估计，经常账目赤字也有较大增长。

在亚洲金融危机发生的第二年，国际市场需求疲软使美国制造业也受到影响，企业盈利水平持续下降。同期受亚洲需求萎缩影响，意大利的商品出口也发生萎缩，同时其国内消费需求增长明显放慢。由于亚洲危机国家的进口急剧下降，也引起工业化国家的经常项目收支由1997年640亿美元的顺差转变为1998年约90亿美元的逆差。与之同时，1998年俄罗斯发生了财政及金融危机，导致苏联地区国家的GDP下降了3.4%。

东南亚金融危机之后，国际上又发生了巴西金融危机。由于拉美国家与巴西的贸易联系极为紧密，巴西金融危机对拉美国家经济造成了极大的影响。巴西进口下降导致阿根廷的GDP下降了0.3%～0.5%。巴拉圭和乌拉圭48%的出口流向巴西，故巴西危机对其造成的影响十分严重。1999年欧洲国家对巴西和拉美地区的货款分别为610亿美元和2050亿美元，占其银行资本的比例分别为7.3%和24.7%。美国对拉美国家的货款余额为810亿美元，占其银行资本金的23.2%，其中对巴西的贷款余额为170亿美元，占银行资本金的比例为4.8%。但巴西爆发金融危机后，各国商业银行即不愿再为拉美国家提供贷款且借贷成本上升。

受东南亚、俄罗斯和巴西金融危机的影响，世界贸易增长率急剧下降，1997年还在9%以上，1998年即降为4.8%。净流入发展中国家的长期资本由1997年的3380亿美元减少到1998年的2750亿美元。这几次金融危机还导致发展中国家的总需求大幅度下降，1998年发展中国家的总需求下降了3%～4%，GDP仅增长1.9%，GDP增幅比1997年下降2.9个百分点。

（二）2008年美国金融危机的传播

东南亚、俄罗斯和巴西发生金融危机之后，2008年以雷曼兄弟公司破产为标志，美国爆发华尔街"金融海啸"并引发全球金融危机。雷曼兄弟公司是美国第四大投资银行，至2008年已有158年历史。2008年9月15日，该公司由于股价下跌近95%，严重资不抵债，加之美国政府拒绝救援，不得不宣布破产。随后，华尔街主要投资银行在两周内或被收购、或转型为银行控股集团。美国花旗集团曾经是全球市值最大的银行，在这次金融危机中损失惨重，股价累计跌去93%。其后，花旗集团与美国政府就债转股达成协议，被"临时性国有化"。

美国的这次金融危机还使"麦道夫骗局"浮出水面。在金融危机爆发前 20 年里，纳斯达克股票市场公司前董事会主席伯纳德·麦道夫以高额回报引诱投资者，同时用后来投资者的资金偿付前期投资者，吸纳客户投资超过 500 亿美元，制造了历史上最大的"庞氏骗局"。从 2008 年 12 月开始，投资者要求其返还资金，骗局终于走到尽头。最终纽约南区联邦法院做出裁决，麦道夫因证券欺诈等被判 150 年监禁。

此次金融危机导致了美国股市的剧烈震荡。2009 年 3 月 9 日，美国道琼斯工业平均指数跌到 6547 点，创此前十多年来的最低纪录。如果从 2007 年历史最高点 14 000 点计算，市值蒸发了约 53%。此后，美国的这场金融风暴迅速席卷全球。英国成为这场风暴的首个"受害者"，英国民众人均每月要从储蓄中拿出 41 英镑弥补平时的"支付能力不足"。中国、欧盟等也皆受美国金融动荡的影响而导致股市下跌。不难看到，已无任何国家可以成为美国金融危机的"绝缘体"。

四、强国往往企图控制弱国的经济命脉部门

经济全球化背景下，国家间的经济交往是常规的活动。企业在全球范围内配置资源，而很少考虑国家的影响，甚至跨国公司有规避本国政府规制的倾向。但深层地看，国家利益作为企业共同利益在宏观层面的反映，企业所得资源及其实力在全球的配置必然为一国维护自己的国家经济利益提供了新的途径和手段。无论是出于经济目的，还是出于政治或军事目的，一些强国力图控制某些弱国的"经济命脉部门"即成为经济全球化背景下十分突出的问题。

（一）何为经济命脉部门

一国的经济命脉部门主要包括电力、通信、石油、钢铁、军工以及目前在全球兴起且在未来有重大影响的高新技术产业领域。这些经济命脉部门中，一些部门具有丰厚的利润，一些部门对整体经济具有很大的影响力，一些部门要为维护国家综合安全、推动经济发展提供关键技术、设备和装备。这些经济部门之所以被称为"经济命脉部门"，就在于其之强弱、归属决定着一国的命运。

经济全球化背景下，资本可以自由流动。如果弱国缺少必要的"产业准入政策"，没有对来自强国的资本流入进行必要的产业限制和产权限制，一些强国就可能在一定程度上控制弱国的某些经济命脉部门。而一旦弱国不能控制自己的经济命脉部门，该国在政治、经济、军事等领域即可能被迫依附于"施控国家"，即成为强国的附属国。

（二）全球化背景下强国控制弱国经济命脉的企图更加强烈

一国的经济命脉部门被某个强国所控制并不是经济全球化的"专利产品"，而是"古而有之"。但在经济全球化背景下，强国控制弱国经济命脉部门的企图更加强烈，也更加容易实现。目前，一些发达国家凭借其强大的企业实力、技术实力、资本实力等，千方百计地企图控制一些落后国家的粮食、电力、通信、能源、装备等产业即是典型的例证。

我国粮食部门遇到的问题更是典例。例如，20 世纪 90 年代初之前，我国的大豆一直是自给自足。但随着市场的开放，情况发生了巨大的变化。全国 97 家大型油脂企业中，64 家被外资控制，比例高达 66%。随之而来的是，1996 年，我国即变成了大豆净进口国；到了 2007 年，我国大豆净进口量为 3036 万吨，是 1996 年的 10 倍，是 2000 年的 3 倍。到了 2008 年，我国大豆进口量大幅增至 3300 万吨，进口依存度高达 71%。这无疑是需要高度关注的问题。

五、霸权主义是威胁其他国家经济利益的极端力量

经济全球化背景下，少数发达国家的经济霸权主义是危害弱国经济利益的极端力量。

（一）经济霸权主义的表现形式及其实现机制

少数发达国家往往将自己的利益凌驾于弱国的利益之上，甚至危害弱国的根本利益及重要利益。它们的经济霸权主义主要表现在借助经济的、政治的甚至军事的政策或手段挟迫弱国：①要求弱国接受苛刻的贸易条件和（或）投资条件。②要求弱国出让本土自然资源开发权。③要求弱国部分放弃公共空间（如太空、公海）的资源开发权。④要求弱国接受损害本国经济利益的双边或多边条约。⑤要求弱国接受强国强加给弱国的"经济制裁"。

国家间经济关系终究是国家力量较量的结果。少数发达国家的经济霸权主义本质上是靠它们更强的经济、技术、军事实力实现的。如 20 世纪 90 年代中期，美国政府即在其国家经济安全战略中提出要"借助"军事手段来维护自己的国家经济利益。由于发达国家与发展中国家之间存在较大的"经济及技术势差"，发展中国家为了获得发达国家的某些技术，以加快发展本国经济，甚至不得不忍气吞声，被迫接受发达国家强加给自己的本不愿接受的协议。可见，客观存在的技术上及经济上的"势差"也为发达国家谋求经济霸权提供了现实空间。

特别是，少数发达国家的经济霸权主义往往是借国际组织之手或通过干扰国际组织事务，甚至是通过"将经济问题政治化"而实施的。一个典例是，2000 年 7 月，美国公然反对世界银行给予我国扶贫贷款，这是美国与我国在世界银行爆发的最为严重的冲突①。美国坚持反对世行贷款给我国青海省西部扶贫项目，世界银行总裁沃尔芬森主持 24 位执行董事会议最终协调无效。为维护国家尊严，我国愤然撤回了贷款申请，决定动用国内资源来实施这个扶贫计划。

（二）经济霸权主义也会发生在发达国家之间

值得关注的是，经济霸权主义并非仅发生在发达国家对发展中国家之间，有时也发生在较强的发达国家和较弱的发达国家之间，甚至发生在某件事上处于强势与弱势的发达国家之间。前者如俄罗斯改革之初，一些西方国家强调，俄罗斯要想得到西方国家的援助，

---

① 参见 2000 年 7 月 9 日香港大公报有关消息。世行中国执行董事朱宪会后发表声明，强烈谴责美国等国拿出我国"无法接受"的条件，硬将世行事务"政治化"；认为世行的功能已因此而受到危害，呼吁世行尽早就此问题展开全面讨论。

即必须接受它们提供的改革方案。换言之，西方发达国家向俄罗斯提供改革急需的美元援助，本质上是想通过此举达到之前冷战时期通过军事对抗没有达到的目的。从国家综合安全角度看，西方的这种援助是它们的国家安全战略在国际经济关系中的成功运用。后者如美国曾经强迫日元升值。1985 年 9 月，美国、日本、前联邦德国、法国、英国五个发达国家的财长及央行行长在纽约广场饭店开会。五国政府决定联合干预外汇市场，使美元实现有序贬值，此即后来所说的"广场协议"。"广场协议"后，日元兑美元汇率受到西方钳制，两年半中迅速升值了近 1 倍。对于经济强烈依赖出口欧美市场的日本来说，日元升值（注：这不利于出口）导致日本经济面临大幅下滑的风险。日本央行不得不紧急减息，从 1985 年的 5% 降至 1987 年 3 月的 2.5%，以刺激内需。

此间，日本曾尝试过在日元升值的同时加息，但由于日本承诺的升值幅度过大，导致经济下滑。同时，当时的高利率环境决定了即使日本央行加息，其空间也非常有限。日本被迫减息，加之正处于金融管制放松的环境，最终导致日本国内信贷大幅膨胀，很多资金流入房地产市场和股票市场。"广场协议"后，日本主要城市的房地产价格飞快上涨，东京、大阪、名古屋、京都、横滨和神户等城市的土地价格以两位数的速度飞升。同期，企业大量负债以追求扩张速度，股市更是快速上涨。

由此，经济泡沫进一步放大。当日本政府意识到资产泡沫膨胀时，问题已相当严重。此后的 20 世纪 80 年代末到 90 年代初，日本央行开始了痛苦的"挤泡沫"过程。从 1989 年 5 月末开始，短短一年多时间，日本央行即将基准利率从 2.5% 上调至 6.0%。但这为时已晚，巨大的资产泡沫破灭，令日本政府的所有努力都徒劳无功。

第三节　全球化催生的新问题对发展中国家的损害

经济全球化以来，全球化本身也催生了一些新的问题，这些问题的出现在一定程度上从某些方面损害了原本落后的发展中国家的经济利益，相应地提升并强化了发达国家的经济利益。

一、国家间利益矛盾在全球市场一体化中的传导

（一）全球市场一体化下国家利益维护手段的变化

全球经济一体化主要体现在要素市场、商品市场、投资及贸易规则的全球化上。市场的全球一体化具有极强的两面性：一方面，全球化可能给整个世界带来更大的福利；但另一方面，这种福利在各国间的分配是极不公平的。由于发展中国家在能力和基础上处于劣势，故在全球化背景下，发展中国家皆处于更不平等、经济安全压力增大的境地。国家间更为密切的市场联系为发达国家维护自身利益提供了更大的空间、更多可选择的手段，但对于发展中国家则未必如此。

在全球化的市场中，最常见的维护本国经济安全的手段就是通过市场对竞争国家及其企业施压。基于国家间的利益矛盾，一国可以在更多的市场领域通过更多的市场"管道"来对另一国实施"制裁"。商品市场中的贸易矛盾也可通过要素市场（资本市场、技术市场）"管道"来对另一方施压。政治领域或军事领域的矛盾也可以通过市场"管道"来向另一方施压，迫使另一方接受政治或军事上的要求。

特别是，在全球市场一体化背景下，个别发达国家的经济霸权主义在全球化市场中得到了更大的"膨胀空间"。霸权主义者可以通过市场力量对"不听话者"实施"经济制裁"。尤其是，一些发达强国如果控制了弱国的"经济命脉部门"和"高利行业"，一旦国家间发生较大的利益矛盾，强国就可以"不战而屈人之兵"，使弱国就范。这一切或许是在"国际投资及贸易的一般准则"下"公平"进行的，事实上却具有一定的侵略性。从根本上看，"经济制裁"作为维护强国国家安全的手段，往往成为它们维护自己国家综合安全的传统手段的强有力的"替代品"。

（二）全球市场一体化对发展中国家经济安全的影响

全球市场一体化已成为影响一国经济安全的重要机制，其中，一国经济的"对外依存"是这种机制中难以回避的因素。全球化进程加大了国家间在经济上的相互依赖，任何国家的发展首先要对外开放，由此，"对外依存"即不可避免。但"对外依存"作为国家间的"经济联系机制"，既有利于一国的经济发展，又可能传播对一国经济安全不利的国际关系因素，进而加大国家间在政治关系上的相互依赖。这种"相互依存"在某种程度上对发展中国家的经济安全有一定的损害。

一是"相互依存"对发展中国家的负面影响远大于对发达国家的影响。发展中国家的综合实力远弱于发达国家，抵抗各类风险的能力也远差于发达国家，一旦国际上发生了不利于国家经济安全的问题，发展中国家将首当其冲，遭受其害且对外经济及技术依存度越高的发展中国家，其遭受的危害将越大。

二是发展中国家在"相互依存"中处于竞争劣势地位。由于与发达国家的能力势差、基础势差，以及企业全球经营的经验势差，尽管发展中国家在某些商品交易上可能存在个案的比较优势，但总体上相对于发达国家，无疑处于竞争劣势地位。在全球化中，发达国家更容易占领发展中国家的市场，反之则不成立，在发达国家过高的"非关税壁垒"之下更是如此。"非关税壁垒"的"有利性"及"非利性"在发达国家和发展中国家之间有着极大的差异。发达国家可以依赖发展中国家的市场获取更多的利润，而发展中国家则没有这种"福分"。

三是"相互依存"不可避免地影响发展中国家的某些自主权。现阶段，多数发展中国家没有完成工业化任务。为了实现工业化、追赶国际发展潮流、建立相对完善的经济体系、弥补国家竞争力上的缺陷，发展中国家不得不从发达国家大量引进资金和先进、适用的技术。在这一过程中，"相互依存"往往表现为发展中国家对发达国家资金和技术上的单方面依赖，这种"依存"往往以发展中国家"让渡"某些自主权为代价。特别是，近年来发达国家大大加快了发展知识经济的步伐，发展中国家与发达国家之间的技术差距越拉越大。一旦这类差距大到某种程度，某些发展中国家就很难摆脱发达国家"技术殖民地""资本殖民地"的境地。

二、信息系统国际化、网络化对发展中国家的不利影响

当今世界已成为信息社会，信息技术的开发、信息的获取、信息的利用已成为经济社会生活的重要内容。相应地，信息传递的国际化、网络化给发展中国家维护自己的经济安全带来了新的难题。

（一）信息系统国际化、网络化加剧了信息流动的不平等

在获取全球经济技术信息方面，发达国家和发展中国家处于"不对称"的状态。发达国家政府和企业凭借其先进的信息技术手段，能够比发展中国家政府或企业更快地获得更多信息。面临国际上的重大经济及技术事件，发达国家政府和企业"知己知彼"，能够及时做出更为利己的决策，采取更为有效的对策；而发展中国家政府和企业则很难"知彼"，只能被动地应对前者的竞争。这种国家间信息的不对称必然导致国际经济关系中新的不公平，使发展中国家处于新的劣势地位。

（二）信息系统落后导致发展中国家容易做出非理性预期

在全球化市场中，"心理预期"对于一国的宏观经济运行及微观经济运行都有着越来越大的影响。如果一国政府、企业、居民的心理预期过于悲观，则可能导致股市下跌、汇市动荡、投资萧条、内需不足的局面；反之，则可能发生股市爆升、汇市动荡、投资过热、内需过涨的局面。不论哪一种情况出现，只要预期不客观，都将不利于一国经济的健康运行、稳健增长、持续发展。可见，一国政府、企业、居民较为客观的"心理预期"对于维护一国经济安全是至关重要的。但在信息系统国际化、网络化的条件下，发达国家政府、企业、居民凭借其先进的信息手段等可以进行更为客观的"心理预期"，而发展中国家因为信息系统落后，却难以做到这一点，这对发展中国家维护自己的经济安全无疑是个挑战。

（三）发达国家的非理性预期可能误导发展中国家

即便是发达国家，也很难时时、事事、处处都做出较为恰当的心理预期。这样，一旦发达国家一些过于乐观或过于悲观的"预期信息"通过国际化、网络化的信息系统迅速传播到发展中国家，即可能误导发展中国家政府、企业、居民的心理预期，进而误导发展中国家政府、企业、居民的经济决策和行为，这同样不利于发展中国家经济的健康运行、稳健增长和持续发展。而改变这一局面的唯一方式是发展中国家加快建设自己的信息系统，从而在充分采集信息、理性分析数据的基础上做出较为客观的判断。但多数发展中国家要做到这一点，实践中要走的路还很长。

三、由生态环境问题引发的新的国家间利益矛盾

生态环境问题是全球性问题，它的恶化、扩散和破坏力的增长，给不少国家维护自身经济安全造成了新的困难，这就导致国际经济关系中形成了基于环境问题的"互找麻烦"。特别是近些年来全球气候变化问题突出，国家间源于"碳排放"问题发生的摩擦日增不减。

（一）生态环境问题催生了新的国家利益

环境污染问题是流动的、扩散的。一个国家的环境污染有可能跨国扩散，甚至对全球产生重要影响。环境污染的"流动性"特点会产生两种情况。一种情况是直接导致国家间的利益矛盾，污染"流入国"将会要求"流出国"强化治理，而"流出国"基于自身利益、自身能力、自身困难，往往未必愿意付出足够的治理代价和努力。特别是，一些国家的"污染外流"有可能大大降低本国受害、受损的程度，这就可能导致它们放任污染外流。另一种情况是，为了治理某个国家流出的环境污染，特别是跨流域治理，往往需要"流出国""流入国"共担治理费用，这就催生了新的国家利益关系，"流入国"往往希望"流出国"单方面承担治理费用，而"流出国"则可能做出利己的决策和对策。如双方不能相互妥协，国家间的利益矛盾就可能升级。

（二）发展中国家面临更大的环境压力和治理难度

一国经济的工业化往往是以牺牲其他国家特别是邻国的生态环境利益为代价的。历史上，发达国家在工业化发展的初、中期都曾不同程度地"制造"过环境污染，对邻国的伤害是不言而喻的。目前，无论是发达国家还是发展中国家都试图从技术手段和产业结构上摆脱工业化进程中的环境污染问题。差异仅仅在于多数发展中国家的这类努力和趋势弱一些，多数发达国家的这类努力和趋势强一些。正是由于这一差异，发展中国家即受到来自发达国家的种种责难。客观地看，发展中国家本身工业化的基础差，欠缺环境污染控制和治理，缺少先进技术。面对"害人不利己"的污染问题，发展中国家何尝不想控制和治理？但发达国家一方面严厉指责发展中国家制造和传播污染，另一方面又不愿意提供发达国家本可提供的成熟技术支持。

（三）全球气候变化及其治理引发新的国家间贸易争端

国际贸易的活跃优化了全球资源配置，提高了人类的生活质量，同时也"催化"了全球气候变化。为了有效抑制全球气候变化，实现国际贸易的可持续发展，需要采取适当的贸易限制措施。但如果限制措施的要求太高，就会造成贸易摩擦，阻碍国际贸易发展，进而对全球经济发展产生不利影响，反倒不利于可持续发展。现阶段不少国家提出发展低碳经济，这固然有利于全球经济社会的可持续发展，但又会加大各国政府和企业对于低碳环保新技术和新能源开发的投入，改变传统贸易产品的成本结构，甚至增加产品制造成本，进而影响国际商品市场的供求关系。较为突出的例证是，欧盟制定的高强度环保措施不仅增加了成员国企业的生产成本，而且影响了贸易伙伴对欧盟的出口，抑制了相关国家与欧

盟经贸关系的拓展。

（四）环境问题已成为发达国家制约发展中国家发展的新手段

一国要治理自生的环境污染，必然面临巨大的"治理成本"；要抵御他国输出的污染，必然要形成巨大的"控制成本"。现阶段，发展中国家普遍缺少治理和控制污染的资金和技术能力，其承受"治理成本""控制成本"的能力大大低于发达国家。这种情况造成了以下后果：一是在全球化的市场上，发达国家可以借助环境保护主义在全球的兴起，在商品市场上加大对发展中国家的抑制力度。特别是，发达国家设置的"绿色壁垒"已成为发展中国家对外贸易中难以逾越的障碍。二是发展中国家必须承受发达国家施加的"排放配额"的压力。诸如关于碳排放，美国等发达国家坚持按"经济总量"分配排放配额，而不少发展中国家提议按"人均排放量"和"累积排放量"来决定"排放上限"。显然，发达国家的主张无疑对发展中国家是不利且不公平的，发展中国家的工业化进程必将大大放慢。不难看到，"排放配额"已成为发达国家制约发展中国家经济发展的新说辞和新手段。

四、国家间信用关系中不利发展中国家的问题

（一）国家信用和国家间信用关系

国家信用主要指一国的财政信用、银行信用、投资及贸易信用。国家间信用关系通常指国家之间在国家债务、金融、投资及贸易、国家间其他交往等领域的信用关系。全球化背景下，国家间信用关系对于维护一国的经济安全日趋重要。典型的是，一国的财政信用不仅取决于它的财政能力、国家负债，还取决于它的国际地位；一国的银行信用不仅取决于其银行本身的资产状况、经营实力，也取决其银行的国际交易能力；一国的投资及贸易信用不仅取决于其商品的国际竞争力、对外贸易及投资的规模、经常项目的支付能力，还取决于其外贸机构的国际经营能力。从根本上看，国家之间的信用关系不仅是实力的关系，还是国家间交易的关系，甚至是相对国际地位的关系。由此，国家间信用关系对于维护一国经济安全的重要性不言而喻。

（二）发展中国家面临的国家信用及衍生问题

在国家间交往中，一国的国家信用更多地是由该国的财政信用、银行信用、商品信用等支撑的。由于发展中国家的财政能力普遍弱小、国际地位低下，不少国家甚至有巨额的国际债务，故其被国际社会认可的财政信用普遍低于发达国家。而财政信用低的结果则是不少发展中国家政府为了获得经济发展所需的国际资金，就需要付出更多的努力，甚至承受更大的融资成本。一些发展中国家为了争取国际资金支持，甚至不得不阶段性地"让渡"某些经济主权。发展中国家银行普遍实力弱、资产质量差，商业银行现代化水平低。由此，发达国家机构对发展中国家银行认可的信用等级普遍偏低，甚至将一些它们不甚了解的发展中国家银行视为"负面关注银行"，这往往导致发展中国家银行的境外业务受阻。与之同时，发达国家在商品竞争力上的优势、在国际市场上的强势竞争地位也抑制了发展中国家商品参

与国际竞争的空间和机遇。特别是，发达国家不断加高的非关税壁垒如"环境壁垒"，常常给发展中国家的对外贸易造成新的困难。这些问题对发展中国家的发展无疑是极为不利的。

第四节 国际经济关系安全态势的监测预警：以 TBT 损害为例

加入 WTO 后，我国对外贸易的空间扩大。但出口大幅增加的同时，主要贸易伙伴实施的技术性贸易壁垒（technical barriers to trade，TBT）给我国造成的损失也逐年递增。从现有可得数据看，2016 年我国有 34.1% 的出口企业受到国外 TBT 不同程度的影响，企业因国外 TBT 而新增的成本为 326 亿美元，全年出口贸易直接损失额达 520 亿美元。TBT 已成为制约我国出口贸易的重要障碍，成为不可轻视的影响国家经济安全的因素。故在加强对来自国外的反倾销、反补贴诉讼的预警的同时，应将对主要贸易伙伴实施的 TBT 给我国造成的损失的监测预警作为国际经济关系安全态势监测预警的重要内容。

一、我国产业遭受技术性贸易壁垒的影响

（一）对我国实施 TBT 频率较高的国家

加入 WTO 后，我国对外贸易增长迅速，2016 年出口总额达到 20 981.6 亿美元，占对外贸易总额的 56.87%，排全球第一位，贸易伙伴遍及全球两百多个国家和地区。其中，主要贸易伙伴有美国、欧盟、日本、韩国、德国、越南、印度、荷兰、英国、马来西亚、俄罗斯、澳大利亚、泰国等国家和地区。

伴随着出口高速增长，我国大部分产品也遭受了主要贸易伙伴国家实施的 TBT 的限制。在众多贸易伙伴中，贸易额最高、与我国经济关系最密切的国家和地区也是对我国实施 TBT 最广泛的国家和地区，这其中最具代表性的是欧盟、美国、加拿大、日本。据统计，2016 年欧盟、美国、加拿大、日本实施的 TBT 给我国出口造成的损失占所有国家和地区所实施的 TBT 给我国造成的总损失的 73.9%，其中欧盟占 33.4%、美国占 31.0%、加拿大占 4.8%、日本占 4.7%。除欧盟、美国、加拿大、日本外，对我国实施 TBT 并造成较大影响的其他国家和地区有韩国、俄罗斯等，它们实施的 TBT 已经直接影响了我国对外贸易，如果任其发展而不采取相应对策，不仅会持续影响我国的对外贸易发展，还会影响我国国民经济的整体健康发展。

（二）我国遭受 TBT 损害的产业分布

据 2002 年我国商务部的一项调查（现阶段总的态势无大的变化）显示，按照海关税则，我国出口产品分为二十一类。根据各类产品遭受 TBT 损失的数额以及出口企业受损比例分析，大致情况是：遭受 TBT 损失最严重的是第一类（活动物、动物产品）、第二类（植物产品）和第二十类（杂项产品）产品，其次是第十六类（机电产品）、第十二类（鞋、帽、伞、

杖、鞭，羽毛及其制品）和第四类（食品、饮料、烟酒）产品，这些产品类型不仅遭受损失的数额比较高，而且出口企业受 TBT 限制的比例也在 80% 以上。

根据产品的特征、性质和用途，按照行业遭受损失的严重程度，可将这二十一类产品划分为六个产业：农产品和食品产业、轻工产业、机电产业、纺织服装产业、五矿化工产业和医疗保健产业。相应地，各产业遭受损失的比例为：农产品和食品产业首当其冲，损失额占总损失的 54%；轻工产业由于属于劳动密集型产业，技术含量低，位居第二，占比为 24%；机电产业与轻工产业"异曲同工"，排在第三位，损失额占总损失的 10%；纺织服装产业、五矿化工产业、医疗保健产业损失数额分别占总损失的 6%、4% 和 2%。

为了方便后续的分析，按照投入产出表的产业分类方法对以上产业进行分类，可将遭受损失的产业分为如下几种类型：①农业，包括活动物、动物产品、植物产品，2002 年遭受 TBT 损失数额高达 85.3 亿美元，排在各行业之首；②轻工业，包括毛皮及其制品和杂项（玩具、家具、照明产品等），即第八类和第二十类产品，损失数额为 28.9 亿美元，占总损失的 17.39%；③纺织服装产业，包括纺织原料及制品、鞋帽、羽绒等第二十一类产品，损失 21.1 亿美元，以 12.7% 的比例排在第三位；④机电产业，包括机械、电气设备、光学、医疗仪器、钟表等产品，损失数额为 14.5 亿美元；⑤食品加工产业，损失 9.4 亿美元；⑥五矿化工产业和医疗保健产业，包括塑料、橡胶及其制品，化学工业及其相关产品及药品。

值得关注的是，我国遭受 TBT 损失严重的这几个产业恰好是对美国、欧盟、日本等几个贸易伙伴出口较多的主要产业。其中，我国对日本出口的农产品及食品占该产业产品总出口的 32.5%，对美国和欧盟的出口也达到了 10%。轻工产品也是我国对外出口尤其是对美国、欧盟、日本出口的主要产品之一。2002 年，对这三个国家和地区的出口额分别为 142.9 亿美元、73.7 亿美元和 42.4 亿美元。我国在纺织服装产业、机电产业对这三个国家和地区的出口额占该产业总出口的比例均超过 10%，其中我国在纺织品和服装产业对日本出口所占比例高达 19% 以上。由此可见，我国遭受的 TBT 损害，无论从产业方面看，还是实施国家和地区方面看，都是比较集中的。

（三）我国产业遭受 TBT 损害的特点

第一，我国遭受的 TBT 损害具有广泛性。这表现在我国几乎所有的出口产业，尤其是重要的出口产业都遭受了 TBT 的影响。农产品和食品产业、机电产业、轻工产业、纺织服装产业、五矿化工产业和医疗保健产业，这几类产业代表国民经济的三大产业无一幸免，相应的损失还会对其他产业产生关联影响。

第二，对我国实施 TBT 的国家较为集中，主要集中在欧盟、美国、日本等经济发达国家和地区。多年来，美国是我国最大的贸易伙伴和最大的出口市场，2016 年我国对其出口额达到 3852.7 亿美元。欧盟、日本在我国出口贸易中所占的比重也很大，2016 年我国对这两个国家和地区的出口额均超过了 1000 亿美元，占我国总出口的 42.6%。但这三个国家和地区对我国实施 TBT 所导致的损失占到了总损失的 69.1%，大大超过了我国对其出口额占全部出口的比例。

第三，针对性和歧视性强。TBT 通常采用行政手段，这不仅较为快捷，实施国也可以针对不同国家做出调整，因而具有较强的针对性。如 1990 年 11 月，日本发现我国出口肉鸡中含有禁用的对人体有害的抗菌剂，厚生省由此要求对我国产肉鸡进行全面通关检查，日本进口商马上中止了与中方的合作。另外，由于经济技术水平差异，对发达国家制定的某些技术标准和技术法规，我国很难达到要求，因此而受到的贸易歧视是显而易见的。而且在某些产业、某些产品上，某些国家和地区制定高于本土技术要求的对外贸易政策，有歧视和违背 WTO 规则之嫌。

第四，我国遭受的 TBT 损害具有较强的扩散性。TBT 的实施具有很强的扩散性，在产业内部，某个国家对他国实施某种 TBT，即会引起其他国家的效仿。2002 年 2 月初，沙特阿拉伯宣布禁止进口我国蜂蜜；2 月 20 日，加拿大开始对我国蜂蜜加强抗生素检验；5 月，美国食品药品监督管理局宣布将我国蜂蜜氯霉素残留检验限为 0.3 ppb 并有可能提高到 0.1 ppb。而在产业间，一旦某种产品被实施 TBT，则很容易波及其他相关产业。典型的是，欧盟 2002 年通过的《废旧电器回收指令》即将原有的几种家电产品扩展到信息技术和电信设备、用户音响、声乐设备、照明系统产品、电子电动工具、玩具、医疗设备系统、监视器和控制设备、自动售货机，几乎包括所有家电、电器和信息技术及电信产品。

客观地看，TBT 属于经济全球化和各地区经济发展不平衡的矛盾的产物，在法理上具有一定的合理性，更无法忽略它在过去已经产生的影响和在未来将要产生的影响。对于我国而言，目前只能寻找规避较为苛刻的 TBT 的方法，在积极提升企业技术能力的同时致力于降低 TBT 带来的损害及其对其他方面的影响。

二、典型产业遭受 TBT 损害的关联影响分析

（一）典型产业投入产出结构及数据整合

理论上，可采用投入产出分析方法对典型产业受到的关联影响进行分析。这里以 1997 年价值型投入产出表为基础，采用《中国统计年鉴（2002 年）》中"2000 年投入产出基本流量表"中的数据进行分析①。价值型投入产出表的基本结构如表 8-2 所示。

表 8-2　n 部门价值型投入产出表的基本结构　　　　　单位：亿元

投入		产出									总产出
		中间使用					最终使用				
		部门 1	部门 2	……	部门 n	合计	消费	资本形成	出口	合计	
中间投入	部门 1										
	部门 2		x_{ij}			x_i	C_i	I_i	E_i	Y_i	X_i
	……										
	部门 n										
	合计										

---

① 需要说明的是，这部分研究是 2003 年开展并完成的。

续表

投入		产　出								总产出
		中间使用				最终使用				
		部门1	部门2	…… 部门 n	合计	消费	资本形成	出口	合计	
最初投入	折旧		D_j							
	劳动报酬		V_j							
	税利		M_j							
	合计		N_j							
总投入			X_j							

与投入产出表相对应，n 部门价值型投入产出行模型如下。

$$\begin{cases} a_{11}x_1 + a_{12}x_2 + \cdots + a_{1n}x_n + y_1 = x_1 \\ a_{21}x_1 + a_{22}x_2 + \cdots + a_{2n}x_n + y_2 = x_2 \\ \cdots \\ a_{i1}x_1 + a_{i2}x_2 + \cdots + a_{in}x_n + y_i = x_i \\ a_{n1}x_1 + a_{n2}x_2 + \cdots + a_{nn}x_n + y_n = x_n \end{cases}$$

或者

$$\sum_{j=1}^{n} a_{ij}X_j + y_i = X_i \qquad （式8-1）$$

其中，x_{ij} 表示部门间的产品流量，从纵列看，它表示生产第 j 部门总产品 x_j 的过程中对第 i 部门产品的消耗量；从横行看，解释为第 i 部门总产品 x_i 中用作劳动对象消耗的数额。$a_{ij} = x_{ij} / X_j$ 为价值型投入产出直接消耗系数，表示第 j 部门单位总产出直接消耗第 i 部门产品或服务的产值；y_i 表示本期产品中提供的最终使用额。

从投入产出的角度讲，这里所选择的农业、轻工业、纺织服装产业、机电产业、五矿化工产业、基础产业和第三产业等典型产业之间具有很强的技术经济联系，一种产业既为其他产业提供生产资料和服务，同时也需要其他产业为其提供相应服务。正是由于产业间的这种关联，一种产业的需求或供给的变化才会通过一系列联动而对其他产业产生波及效应。

以农业为例，农产品的使用大体分为两部分：一部分供国内生活消费和生产消耗，另一部分出口进入国际市场。正常情况下，农业部门本身的生产及其与其他部门之间的供给和需求关系是稳定的，但如果国际市场中某国对我国某种农产品实施 TBT 限制，则会有大量农产品被排斥在国际市场之外，国内一时又很难容纳如此多的农产品，这就很可能造成当年这种农产品在国内大量积压、价格下降。同时，以农业为服务对象、提供生产资料的部门，由于农产品供应的过剩，对生产资料的需求会大幅度减少，相应地会造成这些部门所生产的产品供过于求，使其蒙受经济损失。相反，由于农产品在国内大量积压，以农产品为主要生产原料的企业的生产成本就会下降，短期内会从中受益。

由此可见，一种农产品遭受 TBT 限制，除了其本身受到影响外，相关的产业都会依与其关联性的大小受到不同程度的影响，有的遭受损失，有的暂时从中获益，但总体上对产业发展是不利的。推而论之，如果遭受 TBT 限制的产业数量达到一定程度，加之因产业关联性而造成的影响乘数非常显著，最终会影响一国经济整体的正常发展。为此，采用量化方法对 TBT 所造成的产业损害进行测度具有重要的现实意义。

这里所选择的农业、轻工业、纺织服装产业、机电产业、五矿化工产业、基础产业和第三产业均是概括性的分类，每种产业都包含多个更为细化的门类。为了获得典型产业的投入产出数据，必须对"2000 年投入产出基本流量表"所划分的各产业类型的数据进行整合。数据整合的步骤如下。

首先，明确农业、轻工业、纺织服装产业、机电产业、五矿化工产业、基础产业和第三产业所包含的"2000 年投入产出基本流量表"中的产业门类，对相同门类的产业进行归类，具体归类情况如表 8-3 所示。

表 8-3 典型产业中包含的投入产出表中各产业门类的情况

典型产业	"2000 年投入产出基本流量表"中的各产业
农业	农业
轻工业	食品加工业、其他制造业
纺织服装产业	纺织、缝纫及皮革产品制造业
机电产业	机械设备制造业、金属产品制造业
五矿化工产业	化学工业、建筑材料及其他非金属矿物制品业
基础产业	建筑业，采掘业，炼焦、煤气及石油加工业，电力及蒸汽、热水生产和提供业
第三产业	运输邮电业、商业饮食业、公用事业及居民服务业、金融保险业，其他服务业

其次，对归类产业所形成的"新价值型投入产出表"数据进行合并，先将行数据合并（同类数据相加），再将列数据进行合并，形成一张七部门的新价值型投入产出表，如表 8-4 所示。

表 8-4 数据合并后的七部门价值型投入产出表　　　　　单位：万元人民币

产业类型	农业	轻工业	纺织服装	机电产业	五矿化工	基础产业	第三产业
农业	40 355 500	64 054 634	14 297 790	144 493	8 210 992	1 286 382	11 488 926
轻工业	15 108 300	39 050 073	3 893 303	4396	2 283 717	148 632	17 738 654
纺织服装产业	1 616 842	6 584 606	72 946 931	15 387 643	17 411 751	6 503 639	26 504 590
机电产业	4 965 386	8 449 384	2 785 907	281 161 960	13 883 000	74 893 669	55 663 623
五矿化工产业	25 257 064	12 949 370	14 991 549	47 884 736	92 640 170	47 862 177	22 071 131
基础产业	7 778 077	8 080 401	2 331 417	46 505 703	44 526 112	116 152 013	43 098 464
第三产业	16 441 096	20 524 681	14 699 818	51 282 517	28 908 434	62 447 885	118 801 530
固定资产折旧	5 968 377	11 048 080	8 593 985	24 211 229	13 638 792	28 484 172	54 110 457

续表

产业类型	农业	轻工业	纺织服装	机电产业	五矿化工	基础产业	第三产业
劳动者报酬	134 431 208	29 893 038	20 351 218	58 435 649	29 887 821	70 060 727	156 136 263
生产税净额	4 150 516	14 996 817	8 570 928	23 266 270	15 925 666	26 132 578	41 081 508
营业盈余	8 410 304	20 134 915	7 429 253	25 279 135	11 306 730	36 879 628	34 653 502
总合计	264 482 670	235 765 998	170 892 098	573 563 733	278 623 185	470 851 498	581 348 650

最后，即可根据这个投入产出表计算出各产业的直接消耗系数，如表 8-5 所示。

表 8-5 投入产出直接消耗系数

产业类型	农业	轻工业	服装纺织	机电产业	五矿化工	基础产业	第三产业
农业	0.152 582 8	0.271 687 33	0.083 665 601	0.000 251 921	0.029 469 881	0.002 732 03	0.019 762 54
轻工业	0.057 124	0.165 630 64	0.022 782 23	0.000 007 664	0.008 196 436	0.000 315 67	0.030 512 94
纺织服装产业	0.006 113 2	0.027 928 57	0.426 859 591	0.026 828 131	0.062 492 111	0.013 812 51	0.045 591 56
机电产业	0.018 774	0.035 838 01	0.016 302 141	0.490 201 775	0.049 827 153	0.159 060 06	0.095 749 12
五矿化工产业	0.095 496 1	0.054 924 67	0.087 725 232	0.083 486 339	0.332 492 682	0.101 650 26	0.037 965 39
基础产业	0.029 408 6	0.034 272 97	0.013 642 626	0.081 082 015	0.159 807 634	0.246 685 02	0.074 135 31
第三产业	0.062 163 2	0.087 055 31	0.086 018 126	0.089 410 32	0.103 754 589	0.132 627 56	0.204 355 05

（二）典型产业直接影响量化分析

1. 各产业直接经济损失

根据海关统计，2002 年我国各产业因 TBT 造成的直接经济损失达 170 亿美元，对农业（食品、土畜等）出口造成的损失最为严重，为 92 亿美元，约占总损失的 54%；其余依次为轻工业（损失 38.3 亿美元）、纺织服装产业（损失 21.1 亿美元）、机电产业（损失 16 亿美元）、五矿化工产业（损失 7 亿美元）。具体如表 8-6 所示。

表 8-6 2002 年我国各产业遭受 TBT 的损失统计　　　　　　　单位：亿美元

受损产业	农业	轻工业	纺织服装产业	机电产业	五矿化工产业
损失金额	92	38.3	21.1	16	7
出口总额	201.05	1011.53	529.55	1269.76	153.25
占总出口比例/%	45.76	3.76	3.98	1.26	4.57

由表 8-6 显示，典型产业不同程度均遭受国外 TBT 的损害。其中，初级产品和低附加值产品的损失情况最为严重。农业遭受的损失在绝对数上是最大的，损失金额分别是轻工业的 2.4 倍、纺织服装产业的 4.3 倍、机电产业的 5.1 倍和五矿化工产业的 13 倍且农业损失金额占本产业出口总额的比例也是最大的，对于我国这样一个农业人口占一半以上的发展中国家来说，农产品出口遭受如此重大的损失，对农业本身和相关产业的打击极其沉重，相应地会引发一系列社会问题。

2. 典型产业外贸损失对就业的影响

运用投入产出表可以测算产业部门对劳动力的需求程度，反映这一重要结果的指标就是直接劳动报酬系数 a_{vj}，其计算公式为

$$a_{vj} = \frac{v_j}{X_j} \qquad （式 8-2）$$

其中，a_{vj} 表示第 j 部门单位产值的劳动报酬，它说明了第 j 部门对劳动力的依赖程度，反映了第 j 部门对劳动的需求；其数值越大，说明第 j 部门对劳动力的依赖程度越强或劳动密集度越高。各典型产业的直接劳动报酬系数如表 8-7 所示。

表 8-7 典型产业直接劳动报酬系数

类型	农业	轻工业	纺织服装产业	机电产业	五矿化工产业	基础产业	第三产业
a_{vj}	0.508 279 835	0.126 791 13	0.119 088 116	0.101 881 701	0.107 269 684	0.148 795 8	0.268 575 94

表 8-7 表明，典型产业中农业对劳动力的依赖程度最高，其 a_{vj} 值高达 0.508，远远大于其他产业对劳动力的需求程度。由此可见，即使在遭受相同程度损害的情况下，与其他典型产业相比，国外 TBT 对我国农业的就业冲击最大。此外，典型产业中对劳动力依赖程度较大的其他产业依次是第三产业、基础产业和轻工业，这些产业总产出的变化也会对我国的就业产生比较大的影响。另外，由于这两个产业与其他产业之间有很强的关联性，其他产业的出口减少也会影响其总产出，从而减少其他产业的就业机会。

3. 典型产业直接联锁效应分析

产业连锁是指国民经济各部门在社会再生产过程中形成的直接和间接的相互依存的联系，有向后联锁和向前联锁两种形式。某产业部门 j 的中间投入占其总投入的比例用公式表示为

$$K_{Bj} = U_j / X_j = \sum_i x_{ij} / X_j = \sum_i a_{ij} \qquad （式 8-3）$$

这称为直接向后联锁。其中，x_{ij} 表示生产商品 j 需要消耗商品 i 的数量，U_j 表示中间投入，X_j 表示产业的总投入，a_{ij} 表示直接投入系数。向后联锁表示 j 产业的最终需求增加一个单位时，对为其提供投入的产业的直接效应。

某产业部门 i 的中间需求（或使用）占其总需求或总使用（中间使用加最终使用）的比例用公式表示为

$$K_{Fi} = W_i / Z_i = \sum_j x_{ij} / Z_i = \sum_j h_{ij} \qquad (式 8\text{-}4)$$

这称为直接向前联锁。其中，W_i 表示 i 产业的中间需求，Z_i 表示 i 产业的总需求，$h_{ij} = x_{ij} / Z_i$ 表示直接分配系数。向前联锁表示 i 产业的最终需求增加一个单位时，对使用其产出的部门的直接效应。

一般来说，当某产业部门的 K_{Bj} 和 K_{Fi} 都很高时，表示该产业对其他产业相互关联的程度很高，只要保持该产业的较高增长率，则表示它对其他产业必然产生较好的联锁效果。反之，如果某产业部门的 K_{Bj} 和 K_{Fi} 都很低时，则表示它对其他产业没有多大的关联。

根据以上内容，将表 8-5 中的直接消耗系数带入前文中的算式，即可得到典型产业的直接后向联锁值 K_{Bj} 和直接前向联锁值 K_{Fi}。

表 8-8 典型产业的 K_{Bj} 和 K_{Fi}

类型	农业	轻工业	纺织服装产业	机电产业	五矿化工产业	基础产业	第三产业
K_{Bj}	0.421 661 899	0.677 337 49	0.736 995 546	0.771 268 165	0.746 040 485	0.656 883 11	0.508 071 91
K_{Fi}	0.560 152 08	0.384 077 62	0.510 117 605	0.865 752 219	0.793 740 681	0.639 034 227	0.765 384 172

由表 8-8 可以发现，每个产业都不是孤立和封闭的，均对其他产业有不同程度的前向和后向联锁效应。机电产业和五矿化工产业与其他产业的前向联锁和后向联锁效应最为显著，K_{Bj} 和 K_{Fi} 值均高于 0.74，表明该产业对其他产业的依赖程度强。同时，该产业的发展对其他产业的带动效应也非常明显。纺织服装产业、基础产业和第三产业对其相关产业也表现出很强的联锁效应，K_{Bj} 和 K_{Fi} 值均高于 0.5。农业的前向联锁效应强于后向联锁效应，轻工业的后向联锁效应强于前向联锁效应。

直接向后联锁和直接向前联锁只反映了产业部门间相互联系的一部分，只反映了直接效应。对向后联锁而言，它表示由 i 产业部门生产的中间投入对 j 产业部门的总产出的贡献；对向前联锁而言，它表示 i 产业部门的产出对产业部门 j 的产出的贡献。但还存在着间接效应。例如 j 产业部门产出的增加不仅要求为 j 部门提供中间投入的 i 产业部门的产出增加，而且还要求增加为 i 产业部门提供中间投入的产业部门的产出。因此，为了更全面的分析典型产业因遭受国外 TBT 损害而对国民经济各产业造成的损害，还必须对其关联影响进行测度和分析。

（三）典型产业关联影响模型及损害测度

1. 关联影响模型

典型产业的投入产出关系可用矩阵表示，其行模型为

$$AX + Y = X \qquad (式 8\text{-}5)$$

其中，A 为直接消耗系数矩阵，Y 为包含"出口"在内的"最终使用"，X 为总产出（或总投入）。

根据投入产出行模型，式 8-5 可变形为

$$Y = (I - A)X \qquad \text{（式 8-6）}$$

该式表示第 j 部门增加一个单位最终使用，对第 i 产品部门的完全需要量，包括直接消耗和间接消耗量。同时，式 8-6 表明，中间投入产品的变化会影响最终使用产品的数量，若已知中间投入产品的变化数量，可以得到最终使用产品的变化数量。

同样，式 8-6 可变形为

$$X = (I - A)^{-1}Y \qquad \text{（式 8-7）}$$

式 8-7 表明，"最终使用"数量变化会影响"总产出"，若已知"最终使用"产品的数量，可以推算出"中间使用"产品的数量。从投入产出表角度，"出口"是"最终使用"一部分，在其他部分不变的情况下，某一产业出口数量变化会通过影响"最终使用"变化而影响各产业的投入和产出。因此，在假定其他变量不变的情况下，若"出口量"发生变化，通过式 8-7 即可以推算出总产出的变化量。

同理，可以推算出

$$\Delta X = (I - A)^{-1}\Delta Y \qquad \text{（式 8-8）}$$

其推理过程为

$$A(X + \Delta X) + Y + \Delta Y = X + \Delta X$$

经过变形后，得

$$A\Delta X + Y + \Delta Y = (I - A)X + \Delta X \qquad \text{（式 8-9）}$$

因为

$$Y = (I - A)X$$

带入式 8-9 后，得 $\qquad \Delta X = (I - A)^{-1}\Delta Y \qquad$ （式 8-10）

这里的"变化量 ΔX"是某产业"最终使用"变化后，通过与各产业间的技术经济联系而引起的本产业总产出的变化量，是"直接变化量"和"间接变化量"的总和。式 8-10 表明，由"最终使用"产品的变化量可以推算某产业总产出（或总投入）的变化量。换言之，在其他因素不变的情况下，若知道某一产业因遭受 TBT 限制而造成的出口变化量，根据式 8-10 即可以推算该产业和其他产业为此而遭受的总产出的变化量，从而可以测算国民经济各部门受损害的程度。

2. 总体遭受损害测度

由前文式 8-10 即 $\Delta X = (I - A)^{-1}\Delta Y$ 可以测算典型产业因遭受国外 TBT 限制而遭受的总损失，即"社会总产出"减少的数量，包括直接损失和间接损失。这里需要说明的是，对于发生 TBT 损失的当年来说，"社会总产出"已是既定的量，所测算的"社会总产出的减少"仅是一个对当年所发生损失的"当量"的评价，已不可能改变本年度总产出的"事实数据"，但这一损失对下一年度产业发展有着重要的影响。

通常，企业一旦在本年度接不到国外订单，就意味着下一年度难以再进入国际市场，下一年只能转向国内市场，或者被迫倒闭。故这里所测算的"社会总产出"的减少不仅揭示了发生 TBT 当年的损失情况，同时对下一年度特定产业可能发生的损失也具有警示意义。表 8-9 列出了我国 2002 年各产业因遭受 TBT 限制而造成的经济损失。为了与我国投入产出表统计口径相一致，各损失量换算成人民币计量。

表 8-9　2002 年我国各产业遭受 TBT 的损失情况

受损产业	农业	轻工业	纺织服装产业	机电产业	五矿化工产业
以美元计（亿美元）	92	38.3	21.1	16	7
以人民币计（万元人民币）	7 614 840	3 170 091	1 746 447	1 324 320	579 390

注：美元对人民币汇率以 2002 年末加权平均价计：1 美元兑 8.277 0 元人民币

需要说明的是，表 8-9 中数据是因其他国家对我国产品实施 TBT 限制而造成的损失，其中包含被对方商检或海关退回的产品，因对方海关拖延而损坏（如保鲜蔬菜或水果等）和被强制销毁的产品，以及因对方相关 TBT 废掉的合同。这皆可以理解为"出口产品"的减少，也就是"最终使用产品"的变化量 ΔY。

在分析技术上，为了满足投入产出表中 $n×n$ 矩阵的要求，在 ΔY 向量中加入"基础产业"和"第三产业"。由于这两个产业的产品主要用于国内生产消耗和居民消费，故不会受 TBT 影响，其变化值为 0。即 ΔY =(7 614 840,3 170 091,1 746 447,1 324 320,579 390,0,0)T

根据表 8-5 典型产业投入产出表的直接消耗系数，可以得到直接消耗矩阵 A。

$$A=\begin{pmatrix}
0.152\,582\,8,0.271\,687\,33,0.083\,665\,601,0.000\,251\,921,0.029\,469\,881,0.002\,732\,03,0.019\,762\,54\\
0.057\,124\,0,0.165\,630\,64,0.022\,782\,230,0.000\,007\,664,0.008\,196\,436,0.000\,315\,67,0.030\,512\,94\\
0.006\,113\,2,0.027\,928\,57,0.426\,859\,591,0.026\,828\,131,0.062\,492\,111,0.013\,812\,51,0.045\,591\,56\\
0.018\,774\,0,0.035\,838\,01,0.016\,302\,141,0.490\,201\,775,0.049\,827\,153,0.159\,060\,06,0.095\,749\,12\\
0.095\,496\,1,0.054\,924\,67,0.087\,725\,232,0.083\,486\,339,0.332\,492\,682,0.101\,650\,26,0.037\,965\,39\\
0.029\,408\,6,0.034\,272\,97,0.013\,642\,626,0.081\,082\,015,0.159\,807\,634,0.246\,685\,02,0.074\,135\,31\\
0.062\,163\,2,0.087\,055\,31,0.086\,018\,126,0.089\,410\,320,0.103\,754\,589,0.132\,627\,56,0.204\,355\,05
\end{pmatrix}$$

I 为 $7×7$ 的单位矩阵。

$$I=\begin{pmatrix}
1,0,0,0,0,0,0\\
0,1,0,0,0,0,0\\
0,0,1,0,0,0,0\\
0,0,0,1,0,0,0\\
0,0,0,0,1,0,0\\
0,0,0,0,0,1,0\\
0,0,0,0,0,0,1
\end{pmatrix}$$

运用 Excel 软件求矩阵的逆，得

$$(I-A)^{-1}=\begin{pmatrix}
1.235\,484\,389,0.432\,664\,6,0.232\,955\,692,0.066\,169\,005,0.123\,175\,301,0.057\,900\,36,0.088\,557\,17\\
0.121\,547\,404,1.273\,460\,8,0.114\,709\,333,0.114\,307\,118,0.133\,929\,900,0.085\,552\,84,0.136\,986\,17\\
0.032\,112\,866,0.087\,206\,11,1.780\,836\,083,0.057\,604\,056,0.116\,275\,92,0.045\,717\,04,0.049\,205\,07\\
0.157\,822\,265,0.241\,063\,17,0.223\,724\,453,2.195\,420\,737,0.392\,352\,439,0.585\,641\,92,0.364\,229\,2\\
0.242\,802\,888,0.251\,621\,43,0.350\,107\,904,0.377\,898\,153,1.680\,757\,57,0.345\,961\,38,0.189\,367\,32\\
0.141\,165\,547,0.182\,590\,16,0.176\,756\,471,0.362\,726\,703,0.448\,688\,01,1.508\,386\,92,0.226\,497\,9\\
0.186\,227\,066,0.272\,905\,08,0.323\,539\,878,0.380\,356\,599,0.374\,907\,402,0.381\,\,188\,6,1.387\,448\,43
\end{pmatrix}$$

将以上数据带入关联影响模型，可得

$\Delta X=(I-A)^{-1}\Delta Y=$（11 345 442.35,5 391 861.274,3 530 242.45,5 491 471.046,

4 732 285.067,2 702 807.847,3 569 199.958）T

测算结果表明，2002 年我国典型产业由于遭受国外 TBT 限制导致总产出减少的量（以人民币计）分别为农业 11 345 442.35 万元、轻工业 5 391 861.274 万元、纺织服装产业 3 530 242.45 万元、机电产业 5 491 471.046 万元、五矿化工产业 4 732 285.067 万元、基础产业 2 702 807.847 万元、第三产业 3 569 199.958 万元，各产业总损失高达 36 763 309.992 万元人民币；按当年人民币兑美元汇率，折合 444.16 亿美元（直接损失为 170 亿美元），所有产业的关联总损失是直接损失的 2.6 倍。

三、典型产业遭受损害的模拟与分析

由前文分析可以看出，国外 TBT 对我国产业出口的直接及关联影响非常明显。同时，从政策演变趋势看，发达国家对我国出口产品实施的 TBT 日趋严格。随着前述产业未来损失的增加，对其他产业的影响以及对社会总产出的总体影响也会增大。这里不妨设想多种可能的情境，做一些模拟分析。假设其他产业出口量不变，以 2002 年损失金额为基数，分别就某一产业损失增加 10%后对其他产业和社会总产出的影响进行测度和分析，然后在此基础上再对各产业总损失均增加 10%后对社会总产出的影响进行测度和分析。

（一）农业因 TBT 损失增加 10%后对其他产业的影响

以 2002 年因国外 TBT 我国出口损失为基数，农业遭受国外 TBT 损失金额增加 10%后为 8 376 324 万元人民币。对其他产业的影响仍然套用模型 $\Delta X = (I-A)^{-1}\Delta Y$ 进行测度。其中，$(I-A)^{-1}$ 不变，ΔY 变为：

$$\Delta Y = (8\ 376\ 324,3\ 170\ 091,1\ 746\ 447,1\ 324\ 320,579\ 390,0,0)T$$

$$\Delta X = (I-A)^{-1}\Delta Y = (12\ 286\ 243.95,5\ 484\ 417.678,3\ 799\ 230.217,5\ 611\ 650.175,4\ 917\ 175.581,$$
$$2\ 810\ 303.152,3\ 711\ 008.888)T$$

测算表明，农业出口遭受 TBT 出口损失金额增加 10%后，各产业总产出减少的量（以人民币计）分别为：农业总产出减少 12 286 243.95 万元，总损失比原来增加 8.29%；轻工业总产出减少 5 484 417.678 万元，总损失比原来增加 1.7%；纺织服装产业总产出减少 3 799 230.217 万元，总损失比原来增加 7.6%；机电产业总产出减少 5 611 650.175 万元，总损失比原来增加 2.2%；五矿化工产业总产出减少 4 917 175.581 万元，总损失比原来增加 3.9%；基础产业总产出减少 2 810 303.152 万元，总损失比原来增加 4.1%；第三产业总产出减少 3 711 008.888 万元，总损失比原来增加 3.8%。

总之，假设农业出口损失增加 10%，各产业总产出的损失总和将上升为 38 620 029.64 万元人民币，比原来增加 5.1%，各产业的关联总损失是直接损失的 2.75 倍。

（二）轻工业因 TBT 损失增加 10%后对其他产业的影响

仍以 2002 年因国外 TBT 我国出口损失为基数，轻工业遭受国外 TBT 出口损失金额增加 10%后为 3 487 100.1 万元人民币。方法同前，测算结果是，轻工业对其他产业总产出的影响（以人民币计）变为：农业总产出减少 11 482 600.97 万元，总损失比原来增加 1.2%；轻工业总产出减少 5 795 559.937 万元，总损失比原来增加 7.5%；纺织服装产业总产出减少 3 802 421.915 万元，总损失比原来增加 7.7%；机电产业总产出减少 5 567 890.264 万元，总损失比原来增加 1.4%；五矿化工产业总产出减少 4 812 051.349 万元，总损失比原来增加 1.7%；基础产业总产出减少 2 760 690.588 万元，总损失比原来增加 2.2%；第三产业总产出减少 3 655 713.352 万元，总损失比原来增加 2.5%。

总之，轻工业因 TBT 的影响出口减少 10% 后，各产业总产出损失的总和将上升为 37 876 928.37 万元人民币，比原来增加 3.1%，各产业的关联总损失是直接损失的 2.7 倍。

（三）纺织服装产业因 TBT 损失增加 10% 后对其他产业的影响

仍以 2002 年因国外 TBT 我国出口损失为基数，纺织服装产业遭受国外 TBT 出口损失金额增加 10% 后为 1 921 091.7 万元人民币。方法同前，测算结果是，纺织服装产业对其他产业总产出的影响（以人民币计）变为：农业总产出减少 11 386 126.83 万元，总损失比原来增加 0.4%；轻工业总产出减少 5 411 894.652 万元，总损失比原来增加 0.4%；纺织服装产业总产出减少 4 085 790.367 万元，总损失比原来增加 15.8%；机电产业总产出减少 5 530 543.336 万元，总损失比原来增加 0.8%；五矿化工产业总产出减少 4 793 429.557 万元，总损失比原来增加 1.3%；基础产业总产出减少 2 733 677.428 万元，总损失比原来增加 1.2%；第三产业总产出减少 3 625 704.483 万元，总损失比原来增加 1.6%。

总之，纺织服装产业因国外 TBT 影响出口减少 10% 后，各产业总产出损失总和将上升为 37 567 166.65 万元人民币，比原来增加 2.2%，各产业的关联总损失是直接损失的 2.7 倍。

（四）机电产业因 TBT 损失增加 10% 后对其他产业的影响

仍以 2002 年因国外 TBT 我国出口损失为基数，机电产业遭受国外 TBT 出口损失金额增加 10% 后为 1 456 752 万元人民币。方法同前，测算结果是，机电产业对其他产业的总产出的影响（以人民币计）变为：农业总产出减少 11 354 205.24 万元，总损失比原来增加 0.07%；轻工业总产出减少 5 406 999.195 万元，总损失比原来增加 0.3%；纺织服装产业总产出减少 3 782 405.404 万元，总损失比原来增加 7.2%；机电产业总产出减少 5 782 215.005 万元，总损失比原来增加 5.3%；五矿化工产业总产出减少 4 782 330.875 万元，总损失比原来增加 1.1%；基础产业总产出减少 2 750 844.469 万元，总损失比原来增加 1.8%；第三产业总产出减少 3 619 571.343 万元，总损失比原来增加 1.4%。

总之，机电产业出口损失增加 10% 以后，各产业总产出损失总和将上升为 37 478 571.54 万元人民币，比原来增加 1.9%，各产业的关联总损失是直接损失的 2.66 倍。

（五）五矿化工产业因 TBT 损失增加 10% 后对其他产业的影响

仍以 2002 年因国外 TBT 我国出口损失为基数，五矿化工产业遭受国外 TBT 出口损失的金额增加 10% 后为 637 329 万元人民币。方法同前，测算结果是，五矿化工产业对其他产业总产出的影响（以人民币计）变为：农业总产出减少 11 352 579 万元，总损失比原来增加 0.06%；轻工业总产出减少 5 399 621.039 万元，总损失比原来增加 0.15%；纺织服装产业总产出减少 3 781 513.694 万元，总损失比原来增加 7.1%；机电产业总产出减少 5 514 203.554 万元，总损失比原来增加 0.42%；五矿化工产业总产出减少 4 829 666.48 万元，总损失比原来增加 2.1%；基础产业总产出减少 2 728 804.381 万元，总损失比原来增加 0.97%；第三产业总产出减少 3 590 921.718 万元，总损失比原来增加 0.61%。

总之，五矿化工产业出口损失增加 10%后，各产业总产出损失总和将上升为 37 197 309.87 万元人民币，比原来增加 1.2%，各产业的关联总损失是直接损失的 2.64 倍。

（六）各典型产业出口损失均增加 10%后对社会总产出的影响

仍以 2002 年因国外 TBT 我国出口损失为基数，如果我国所有典型产业皆因遭受国外 TBT 出口损失金额增加 10%，则总的数据如表 8-10 所示。

表 8-10 我国各典型产业遭受国外 TBT 损失增加 10%后的情况

损失	受损产业				
	农业	轻工业	纺织服装产业	机电产业	五矿化工产业
以人民币计（万元）	8 376 324	3 487 100.1	1 921 091.7	1 456 752	637 329

总体来看，典型产业出口损失均增加 10%后，各产业总产出损失总和将上升为 40 708 628.76 万元人民币，比原来增加 10%，各产业的关联总损失是直接损失的 2.89 倍。由此可见，国外 TBT 对我国各典型产业的影响足应引起业界和政府相关部门的高度重视。

第九章

公共突发事件下的国家经济安全管理

第一节 现代社会的公共突发事件

一、公共突发事件

随着人类与自然界矛盾的加剧以及经济社会变革中人类行为方式的多样化，公共突发事件越来越成为政府、居民和国际社会关注的重要问题。所谓公共突发事件（emergency incident），即在时间压力和不确定性很强的情况下，由人为或自然因素突然引发的，事先不能或无法准确预测和控制的，发生后会对社会系统和自然系统的全局或局部均衡造成灾害性冲击和影响，造成不同程度的社会混乱、政治波动、经济损失、金融动荡、环境破坏、人员伤亡等，要求系统内各类组织必须在极短时间内做出关键性决策和迅速反应的公共事件。

公共突发事件会引起社会连锁反应和严重后果，甚至可能危及社会稳定和国家安全，造成常规处置方法和手段失效，需要社会众多部门和力量紧急协同应对。

（一）公共突发事件的分级分类

2007 年 8 月 30 日第十届全国人大常委会第二十九次会议通过的《中华人民共和国突发事件应对法》第一章（总则）第三条指出，"突发事件是指突然发生，造成或者可能造成严重社会危害，需要采取应急处置措施予以应对的自然灾害、事故灾难、公共卫生事件和社会安全事件"。按照危害程度和影响范围，该法将突发事件分为特别重大、重大、较大和一般四个级别。其中，特别重大（Ⅰ级）突发事件由国务院负责组织处置；重大（Ⅱ级）突发事件由省级政府负责组织处置；较大（Ⅲ级）突发事件由市级政府负责组织处置；一般（Ⅳ级）突发事件由县级政府负责组织处置。其中，重大和特别重大突发事件是本书关注的对象。

根据《中华人民共和国突发事件应对法》，各类突发事件的具体情景是：①自然灾害，主要包括水旱灾害、气象灾害、地震灾害、地质灾害、海洋灾害、生物灾害和森林草原火灾等。②事故灾难，主要包括工矿商贸等企业的各类安全事故、交通运输事故、公共设施和设备事故，环境污染和生态破坏事件等。③公共卫生事件，主要包括传染病疫情、群体性不明原因疾病、食品安全和职业危害、动物疫情，以及其他严重影响公众健康和生命安全的事件。④社会安全事件，主要包括恐怖袭击事件、经济安全事件和涉外突发事件等。

（二）公共突发事件的一般特征

一是引爆时点的突发性。突发事件爆发之前，人类对它是否会发生，会在什么时间、地点以何种方式爆发等都难以准确把握。这主要来源于三方面因素：①一些突发事件由难以控制的客观因素引发；②一些突发事件爆发于人们的知觉盲区；③一些突发事件爆发于细微之处。

二是危害程度的破坏性。多数突发事件以人员伤亡、财产损失为标志，包括直接损害和间接损害，甚至还会对人们心理造成破坏性冲击，进而渗透到社会生活的各个层面。

三是影响形成的持续性。突发事件一旦爆发，总会持续一段时间，表现为潜伏期、爆发期、高潮期、缓解期、消退期，甚至存在一个（类）突发事件引发另一个（类）突发事件的情形。

四是影响机制的复杂性。突发事件往往是各种矛盾累积的结果，多数呈现出一果多因、相互关联、环环相扣的复杂状态。其中，一些是由自然性因素引发的，一些是由社会性因素引发的；一些是可防控的，一些是不可防控的。如处置不当，往往会扩大影响范围，加重损失程度。

（三）重大公共突发事件的主要特征

《中华人民共和国突发事件应对法》界定的重大和特别重大突发事件除有"突发事件的一般特征"外，还有以下特征。

一是应对的紧迫性。重大突发事件往往来势凶猛、破坏性很强、成因及演化机制更为复杂。应对这类事件有所谓的"黄金期"，如果不能在"黄金期"内有效应对，其破坏性就可能被无限制地扩大，诸如美国在新冠疫情中的情境和表现。

二是影响的广泛性。重大突发事件的影响力和破坏性会跨越"首发地"的边界，冲击周边区域，甚至会影响与"波及区"有一定经济、社会关联的更大范围。诸如2019年武汉暴发新冠疫情之后全国2/3的人待在家里，难以从事正常的生活与生产活动。

三是危害的连锁性。重大突发事件发生后，往往会"跨界"引发其他类型的突发事件。如2020年5月美国发生了警察非正常执法致黑人男子死亡的突发事件。这一事件先是引发了美国国内非白人族裔的抗议活动，几十个城市发生骚乱，进而在西方主要国家首都几乎都发生了抗议活动。

二、必须防范的公共突发事件

（一）世界范围内公共突发事件呈上升趋势

1. 公共突发事件是现代社会的常态现象

近年来，公共突发事件呈现以下几个特征。一是世界上公共突发事件日益频繁和多样化。除火灾、地震、海啸、空难、骚乱等传统突发事件外，恐怖袭击、疫病传播、生态灾难等新的公共突发事件形式不断出现。二是影响广泛、蔓延迅速。全球化背景下，国家之间的联系十分密切，公共突发事件波及的范围空前广泛且不可掌控，从而导致突发事件的种类、数量和规模都有上升的趋势。三是持续性明显增强。单一突发事件很容易演变成复合型突发事件，甚至产生跨地域、跨类型的连锁反应。四是都市生态变得脆弱。城市是现代文明的象征和重要载体，但高密度的人群、繁密的交通网络、关联度极高的基础设施等也使城市潜在的风险增加。一旦某些风险因素引发了突发事件，则城市及其周边遭受的危害增大。

据 OECD 的相关研究，1950—2000 年，无论是发生的数量，还是造成的死亡人数和经济损失，世界范围内的突发事件都呈上升的趋势。其中，第一类是自然灾害，包括水旱灾害、气象灾害、地震灾害、地质灾害、海洋灾害、生物灾害和森林草原火灾 7 个小类。第二类是事故灾难，包括安全事故、环境污染和生态破坏事故 2 个小类。第三类是公共卫生事件，包括重大特大传染病疫情、重大特大动植物疫情、食品安全与职业危害事件 3 个小类。第四类是社会安全事件，包括重大群体性事件、重大刑事案件、涉外突发公共事件 3 个小类。第五类是恐怖袭击、危害国家安全事件乃至外敌入侵。

2. 新型病毒、自然灾害、恐怖袭击成为最应关注的三大类公共突发事件

由于环境污染、人类不文明饮食习惯以及人类对动物界的过度伤害导致进入 21 世纪以来，人类未知或知之不多的新型病毒引发了几次大范围的公共卫生突发事件。典型的是，2003 年非典肺炎在我国广东发生，迅速扩散至东南亚等地；近年来，埃博拉疫情反复在非洲国家暴发并传播，2019 年 7 月，世界卫生组织宣布，刚果（金）埃博拉疫情为突发公共卫生事件；2019 年末以来，新冠疫情在中国、美国、意大利、日本、韩国等多国暴发，其诱发源头至今仍未找到。近年来，自然灾害造成的突发事件日趋频繁。气候变暖的趋势加剧，全球正在经历更加频发的洪涝、干旱、高温热浪、森林火灾、低温雨雪冰冻、农林病虫害等灾害事件。另外，恐怖袭击成为世界性难题。2018 年美国发布的国防安全报告将"非国家主体"策动的恐怖主义视为美国遭遇的三大挑战之一。

（二）我国公共安全态势总体上十分严峻

我国正处于经济社会发展模式转型、经济体制改革深化和社会治理转型的"历史关键期"，各种矛盾甚为突出，同时一些经济社会及自然领域的公共安全态势十分严峻。

1. 重大自然灾害频发且分布广、损失大

我国是世界上自然灾害最为严重的国家之一，重大突发灾害频发。70%以上的人口、80%以上的工农业和城市受到各种自然灾害的威胁；全国 22 个省会城市和 2/3 的百万级以上人口城市均位于地震的高危险区；2/3 的国土面积不同程度地遭受洪水威胁，特别是长江、黄河、淮河等七大江河流域的中下游地区集中了全国 1/2 的人口、3/4 的工农业产值，发生洪涝灾害的后果更为严重；崩塌、滑坡、泥石流等地质灾害在全国各地均有发生。

2. 生产安全事故总量居高不下，类型繁多

1990—2002 年，我国生产安全事故总量年均增长高达 6.28%，最高时年增长达 22%。

2015—2019 年，每年因各类事故造成 13 多万人死亡，70 多万人受伤，平均每天各类事故夺走 300 人的生命，直接和间接经济损失约 2500 亿元。在安全生产领域，煤矿安全问题尤为突出，全国各地煤矿平均每人每年产煤三百多吨，效率仅为美国的 2.2%、南非的 8.1%，而百万吨煤炭生产中工人死亡率是美国的 100 倍、南非的 30 倍。这表明我国的煤炭采掘技术和安全技术还存在较大的提升空间。

3. 公共卫生、社会安全、分裂主义形势严峻

一是公共卫生安全形势依然严峻。多种传染病尚未得到有效遏制，全球新发现的三十余种传染病中有半数曾经在我国发生。另外，化学品泄漏和食品安全隐患也不断对我国造成负面影响。外来生物入侵也严重影响了人民的生命安全和国家的经济发展。二是从社会安全方面看，近年来，一些地方爆炸、投毒、杀人、绑架等恶性暴力犯罪的发案率不减，犯罪形式向职业化和智能化演变。特别是转型期社会问题引发的群体性事件及群众上访时有发生，甚至呈现跨区域串联的特点。其中一些引发了局部地区的社会不稳定。三是分裂主义背景下的恐怖势力仍然较为猖獗。

（三）我国发生公共突发事件概率较大的领域

近年来，我国发生公共突发事件概率较大的领域主要有以下几个。

1. 自然灾害领域

我国是世界上发生自然灾害最多、受灾最严重的国家之一。我国江河多而交织分布，地形、地貌、地质复杂，降雨时空分布不均，多年来矿产资源的无序开发对生态环境造成了恶性破坏，这是自然灾害呈上升趋势的主因。据有关部门最近几年的统计，全国人为因素诱发的地质灾害占总数的 50% 以上。随着更多国土资源开发建设项目的布局和实施，人类对自然界的干扰越来越强烈，诱发自然灾害的概率也就越来越大。

2. 社会安全领域

我国正处于重要的社会转型期，社会阶层结构、利益分配结构、信息传递结构等都发生了重大转变，由此引发的社会矛盾和传统社会管控机制部分地失去了经济社会基础，二者即成为社会安全领域发生诸多突发事件的重要动因。同时，国内外产业结构正在剧烈调整，社会就业压力日益增大，极个别社会成员的"个人挫折感"和"绝望情绪"剧增，再加上社会保障体系建设滞后且不完善、社会沟通和宣泄渠道不畅、利益表达机制和协调机制不健全，以及部分基层政府机构的不负责任，都可能导致某些社会问题激化，进而导致局部地区的社会不稳定。

3. 公共卫生领域

改革开放以来工业化加快且深化，20 世纪 90 年代中期进入工业化中期后，能源重化工产业比重增大，矿产资源开发加快，导致环境恶化、职业伤害、化学物品泄漏、病谱改变等问题加重。同时，我国国土面积广大、人口众多，持续加快的城市化进程促使城市人口急剧增加，居民居住得更加集中，而公共卫生体系、食品卫生安全保障体系的建设没有跟上脚步，诸多传染病仍未得到有效控制，城镇食品卫生安全事故不减。特别是，我国加

入 WTO 后，外来生物侵害的途径增多且更加复杂。以上这些都是公共卫生领域突发事件增多的重要成因。

4. 信息安全领域

在互联网时代，信息安全主要指信息源提供信息、传递载体（如网络基础设施）传递信息的及时性和可靠性，信息存储载体（如计算机系统）存储信息的完整性和可靠性，信息接收主体对信息的合理使用，特别是不发生信息的非正常泄露和非必要传播。现阶段，我国不少重要部门、行业、单位（诸如金融机构、科研机构、大型企业、重点高校）大量使用国外信息化设备，网络和计算机系统常受到国内外黑客的攻击，负面信息无边界传播等，这些皆是信息安全的较大隐患。这就使得信息安全领域极有可能出现某种类型的重大突发事件。

（四）现阶段公共突发事件的主要特点

1. 公共突发事件的种类增多

我国不仅自然灾害频发，随着社会转型，政治、经济、社会等各个领域的突发公共事件也日益增多。一是人类生产生活活动的领域不断扩大，对自然界的掠夺、破坏不断加剧，自然灾害的种类增加。二是随着科学技术的发展和国际交往的扩大化，我国也面临着来自生物因素、有毒化学物质、核辐射、计算机病毒等的潜在威胁。三是全球化、城市化、环境变化、社会行为模式和生活方式的变化及其多样性使得我们所要面对的疾病威胁增多。四是经济快速发展，转型期出现制度盲区，导致一些恶性生产事故和人为灾害时有发生。五是社会转型中出现的一些新问题所引发的社会冲突日益增多。

2. 公共突发事件频次高、规模大，危害性呈增长态势

我国自然灾害的发生频率远远高于世界平均水平；安全生产事故数量居高不下；公共卫生事件时有发生，群体性突发社会事件的次数、线上与线下参与人数呈上升、扩展态势。随着公共突发事件扩散力、传染力的增强，波及范围不断扩大，给社会带来的危害也越来越大。这种危害的增大不仅表现为直接的生命及财产损失，也表现为引发社会恐慌心理，影响人们的正常生产、生活秩序，产生社会的混乱和不稳定。

3. 诱发公共突发事件的社会性因素不断增多

诱发公共突发事件的社会性因素不断增多，群体性社会公共突发事件呈上升、扩大的趋势。我国正处于经济转轨和社会转型的关键时期，诸多深层次矛盾交织和新的问题逐渐显现，诱发公共突发事件的社会性因素不断增多。特别是，近年来劳资关系、劳企关系紧张，纠纷、冲突呈上升趋势；社会秩序遭到破坏，各类犯罪、治安事件日益突出；各类交通、火灾、工伤、建筑事故频发；所揭露的腐败案件不断增加，大案、要案的比例越来越高；社会不稳定因素增多，社会突发事件的影响范围越来越大，涉及人数越来越多，参与主体多元化；多种矛盾和问题相互交织，一些社会突发事件性质复杂、持续时间长。

4. 公共突发事件信息传递快、波及范围大

一是公共突发事件信息的扩散速度加快、波动方式多元化、震动频度增大。随着现

代信息技术的广泛运用和迅速普及、交通设施和工具的现代化，以及信息传播的快捷方便，公共突发事件的扩散性增强，一些公共突发事件特别是群体性社会事件的线上、线下组织程度增强、影响范围扩大、处理难度加大。二是公共突发事件波及的范围越来越广，国际化程度加大。社会的复杂性和关联度日益提高，公共突发事件的内在扩张性大大增强，往往诱发一系列衍生和次生灾害、事故，形成灾害、事故链。随着经济全球化和对外开放的扩大，我国与世界的联系越来越紧密，一些突发公共事件在空间上波及的范围也越来越广。

第二节　公共突发事件对经济安全的影响：以新冠疫情为例

如前文所述，公共突发事件具有引爆时点的突发性、危害程度的破坏性、影响形成的持续性、成因机制的复杂性。重大公共突发事件还具有应对的紧迫性、影响的广泛性、危害的连锁性等特点。这些特点反映在公共突发事件对于经济的影响上，那就是公共突发事件如果达到一定范围、规模、强度，就会影响国家经济安全。这里以 2019 年以来的新冠疫情为例讨论公共突发事件对于国家经济安全的影响。显而易见的是，就此而言，重大公共突发事件对国家经济安全的影响，一是扰动相关区域经济的正常运行；二是引发相关区域经济运行普遍紊乱。

一、重大公共突发事件扰动相关区域经济的正常运行

（一）重大公共突发事件对相关区域经济运行的扰动：以新冠疫情为例

2019 年年末发生的新冠疫情至今困扰着全球，对我国经济正常运行的扰动更是不可轻视。仅从 2020 年前四个月的情况即不难看到新冠疫情对于我国经济运行的损害。

2019 年年末，突如其来的新冠疫情对武汉市的企业运行、居民生活造成了前所未有的冲击，全市企业经营基本停摆。在全国范围内，为防范、抵御新冠病毒的侵害，各级政府不得不采取各种管控措施，企业开工率和居民出行率皆大大下降。疫情初期（2020 年 1—2 月），受新冠疫情影响，全国经济运行基本失常：全国规模以上企业工业增加值同比下降13.5%；全国社会消费品零售总额同比下降 20.5%，其中餐饮收入下降 43.1%，社会消费品网上零售额同比下降 3%；全国城镇调查失业率升至 6.2%，其中，31 个大城市城镇调查失业率达到 5.7%；全国固定资产投资同比下降 24.5%，房地产开发投资下降 16.3%，商品房销售额下降 35.9%。同时，居民生活用品普遍涨价。居民消费价格同比上涨 5.3%，其中，食品烟酒价格同比上涨 15.6%，猪肉价格上涨 125.6%，鲜菜价格上涨 13.8%；扣除食品和能源价格后的核心居民消费价格指数上涨 1.3%。

2021 年 4 月底，据国家统计局发布的消息称，1—4 月，全国规模以上工业增加值相比2020 年同期下降 4.9%，服务业生产指数下降 9.9%，固定资产投资下降 10.3%，社会消费

品零售总额下降 16.2%，进出口下降 4.9%。从就业看，4 月份城镇调查失业率仍达到 6.0%。总体上，全国经济整体上还处在下降的区间，更没有回到往年的正常水平，并且经济的稳定与复苏还面临着诸多挑战①。甚至到了 2020 年中后期，在新冠疫情的干扰下，我国经济运行的恢复和增长仍很艰难。

（二）相关区域抵御重大公共突发事件扰动的能力：经济韧性

就如何评估相关区域（或称特定经济体）抵御公共突发事件扰动的能力，有学者提出了"经济韧性"的概念。经济韧性是指特定经济体遭遇挫折后，表现出顽强持久、不易折断、奋力发展的状态特征。韧性强的经济体对外来的强烈冲击有更大程度的适应性和应对力，更能经得住不利因素的冲击，能在承受压力时寻找新的发展机会，实现新的发展。经济韧性分为静态韧性与动态韧性。前者指经济组织或系统遭受冲击时维持自身功能的能力；后者指经济组织或系统从严重冲击中恢复到理想状态的速度。

基于"经济韧性"的概念，爱德华·希尔提出了"区域经济韧性"的概念。有学者认为，区域经济韧性意指区域经济遭受冲击后仍能维持或返回原有均衡状态；具有韧性的区域经济或者不受冲击影响，或者虽受到负面影响，但可以快速恢复（李强，2020）。Martin 等人则将"区域经济韧性"定义为区域经济面对市场、竞争和环境等冲击时的抵抗能力或恢复其增长路径的能力，包括通过必要的经济结构和社会制度的适应和改变，以维持或恢复其原有增长路径或者转变到新的增长路径。

Martin 还从复杂适应系统理论出发，提出了"适应韧性"的概念，将区域经济韧性进一步定义为"区域经济系统通过对其产业、技术和制度等结构进行适应性重组，减轻冲击造成的影响，维持系统继续发展或利用冲击实现系统更新的能力"；认为区域的经济结构、竞争力和创新能力、劳动力水平等均会影响区域经济应对冲击扰动的表现。

城市是特殊的区域。相应于"区域经济韧性"的概念，也有学者提出了"城市韧性"的概念，认为城市韧性是城市系统的能力及其所有组成部分跨越时空尺度的社会生态和技术网络，面对干扰时能够维持或迅速恢复所需功能和适应变化的能力；包括城市受到外部冲击后，经济保持或恢复到原有发展路径和增长水平或者呈现出新的更好的发展路径和增长水平的能力。

Martin 等人在系统梳理、分析相关文献的基础上，认为可以从四个维度来评估特定经济体的经济韧性，即特定经济体适应系统突变的动态调整能力。一是特定经济体面对系统突变的脆弱性，即特定经济体对不同类型冲击的敏感性。二是特定经济体面对冲击的反应程度，这不仅由特定经济体的内生性因素所决定，而且受冲击规模、性质和持续时间的影响。三是特定经济体遭受冲击后的适应与改变能力，包括政府干预、结构调整及资源整合，目的是维持产出、稳定就业。四是特定经济体从冲击中恢复，重回原先运行路径或开拓新的发展路径的能力。

---

① 统计局. 经济走势整体仍处下降区间，未回到往年正常水平[EB/OL].（2020-05-15）[2022-02-22] http://finance.china.com.cn/news/20200515/5274344.shtml.

二、重大公共突发事件引发相关区域经济运行普遍紊乱：以新冠疫情为例

在这次新冠疫情中，武汉是第一个疫情中心区，其后北京、广州、大连、郑州、宁波、哈尔滨等地先后成为高风险地区，由此，全国各地都成为新冠疫情的相关区域。下面借助以下八个指标来描述新冠疫情下相关区域经济的被影响程度。

（一）中小微企业发展指数（反映中小微企业的市场韧性变化）

中小微企业发展指数是指在一定时间内，企业能够承受多大的外在压力以及承受同样的不可抗力所能坚持生存的时间长短。不同的中小微企业的抗压能力是有显著差别的。在新冠病毒最为猖獗的 2020 年第一季度，迪普思数学经济研究所对全国 1000 户制造业中小微企业进行了抽样调查，综合中小微企业的原材料库存、现金、应收账款、银行授信四个因素的影响，发现同一时间内中小微企业承受不同因素影响后最多能坚持的平均时间是有显著差异的（见表 9-1）。

表 9-1 中小微企业市场韧性情况调查统计情况

情形	拖欠职工工资	无库存现金（含银行存款）	无库存原材料	拖欠应付账款
能坚持的时间	3 个月	2 个月	4 个月	5 个月以上

据迪普思数学经济研究所的调查发现，如果企业无库存现金（含银行存款），最多能坚持 2 个月；如果拖欠职工工资，企业最多能坚持 3 个月；如果企业无库存原材料，最多能坚持 4 个月；如果企业一直拖欠应付账款，能坚持 5 个月以上。如果以上四个影响因素叠加，根据最短边原则，中小微企业最多仅能坚持 2 个月。对于同一因素的影响，不同企业能够坚持的时间也是有差别的。在受到同样力度的事件或不可抗力的影响下，能坚持 1 个月的企业占样本总数的 15%，能坚持 5 个月以上的企业仅占 8%，超过 65%的中小微企业仅能坚持 2～3 个月。

（二）企业家信心指数（反映企业家的市场韧性变化）

企业家信心指数反映企业家对宏观经济环境的感受与信心，可根据企业家对市场环境与宏观政策的认识、看法、判断与预期（通常为对"乐观""一般""不乐观"的选择）来编制。以 100 为临界值，取值范围为 0～200，信心指数高于 100，表明经济处于景气状态，经济向好的方向发展；信心指数低于 100，表明经济处于不景气状态，经济向不利的方向发展。

据 Wind 数据，在新冠病毒最为猖獗的 2020 年第一季度，我国企业家信心指数仅为 90.86（远低于 2019 年四个季度）（见表 9-2）。其中，即期指数为 78.58，预期指数为 99.04。这反映出在新冠疫情之下，企业家普遍感受到宏观经济形势的显著恶化，表现出较为一致的悲观即期判断；预期指数高于即期指数，说明企业家对未来经济恢复性增长呈现乐观预期。

表 9-2　企业家信心指数数据

时　期	企业家信心指数	即期指数	预期指数
2019 年 Q1	127.9	125.7	129.4
2019 年 Q2	124.1	123.5	124.5
2019 年 Q3	124.3	123.8	124.6
2019 年 Q4	123.6	125.9	122.1
2020 年 Q1	90.86	78.58	99.04

注：表中数据由万得资讯（Wind）整理而成。

（三）制造业采购经理人指数（反映制造业的市场韧性变化）

采购经理人指数（purchasing managers' index，PMI）是衡量一个国家制造业的"体检表"，是衡量在生产、新订单、在手订单、出厂价格、产成品库存、从业人员、采购量、进口、新出口订单、主要原材料购进价格、原材料库存、供应商配送时间和生产经营活动预期等制造业生产运行状况的指数。PMI 是通过对企业采购经理的月度调查结果进行统计汇总、编制而成的，涵盖企业采购、生产、流通等环节，包括制造业和非制造业领域，是国际上通用的监测宏观经济走势的先行指数之一，具有较强的预测、预警作用。该指数通常以 50 作为经济强弱的分界点，高于 50 时，反映制造业扩张；低于 50，则反映制造业收缩。2019 年 11 月至 2020 年 5 月我国制造业 PMI 指数数据如表 9-3 所示。

表 9-3　2019 年 11 月至 2020 年 5 月我国制造业 PMI 指数数据

时期	在生产	新订单	在手订单	产成品库存	采购量	进口	出厂价格	主要原材料购进价格	原材料库存	从业人员	供货商配送时间	生产经营活动预期	新出口订单	总指数
2019-11	52.6	51.3	44.9	46.4	51	49.8	47.3	49	47.8	47.3	50.5	54.9	48.8	50.2
2019-12	53.2	51.2	45	45.6	51.3	49.9	49.2	51.8	47.2	47.3	51.1	54.4	50.3	50.2
2020-01	51.3	51.4	46.3	46	51.6	49	49	53.8	47.1	47.5	49.9	57.9	48.7	50
2020-02	27.8	29.3	35.6	46.1	29.3	31.9	44.3	51.4	33.9	31.8	32.1	41.8	28.7	35.7
2020-03	54.1	52	46.3	49.1	52.7	48.4	43.8	45.5	49	50.9	48.2	54.4	46.4	52
2020-04	53.7	50.2	43.6	49.3	52	43.9	42.2	42.5	48.2	50.2	50.1	54	33.5	50.8
2020-05	53.2	50.9	44.1	47.3	50.8	45.3	48.7	51.6	47.3	49.4	50.5	57.9	35.3	50.6

注：表中数据由万得资讯（Wind）整理而成。

在新冠病毒最为猖獗的 2020 年第一季度，我国制造业 PMI 总指数在 2 月降低到 35.7，后于 3 月反弹，连续 3 个月保持在"荣枯线"水平以上。但从各分指数看，在手订单、产成品库存、进口、出厂价格、原材料库存、从业人员、新出口订单等分指数在 5 月仍处在"荣枯线"以下，说明国内外疫情蔓延对我国制造业产品进、出口造成了显著的负面影响。

（四）服务业采购经理人指数（反映服务业的市场韧性变化）

2019 年 11 月至 2020 年 5 月我国服务业 PMI 指数数据如表 9-4 所示。

表 9-4　2019 年 11 月至 2020 年 5 月我国服务业 PMI 指数数据

时　　期	新订单	新出口订单	业务活动预期	投入品价格	销售价格	从业人员	总指数
2019-11	50.5	48.5	60.6	52.6	51.1	47.8	53.5
2019-12	50	47.5	59.1	52.3	49.9	47.9	53
2020-01	50	47.1	58.7	52.8	50.2	47.4	53.1
2020-02	27	—	39.7	48.4	42.7	38.9	30.1
2020-03	49.3	—	56.8	48.9	44.9	46.7	51.8
2020-04	51.9	—	59.2	48.9	44.6	47.1	52.1
2020-05	51.7		63.2	50.6	47.6	46.7	52.3

注：表中数据由万得资讯（Wind）整理而成。

在新冠病毒最为猖獗的 2020 年第一季度，我国服务业 PMI 总指数在 2 月降低到 30.1，后于 3 月迅速反弹，连续 3 个月保持在"荣枯线"水平以上。但从各分指数看，销售价格、从业人员两个分指数仍然处于荣枯线以下，说明服务业供应商通过采取降价或打折促销方式以价带量，价格水平虽然有所降低，但供给规模在逐步恢复；而从业人员受疫情影响，尚没有恢复到全员上岗的就业水平。

（五）消费者信心指数（反映消费者的市场韧性变化）

消费者信心指数是反映消费者信心强弱的指标，是综合反映消费者对经济形势的评价和对经济前景、收入水平、收入预期的主观感受，预测经济走势和消费趋向的先行指标。消费者信心指数由消费者满意指数和消费者预期指数构成，实践中三者由国家统计部门分别调查统计、测算而得。前者指消费者对当前经济生活的评价；后者指消费者对未来经济生活发生变化的预期。该指数通过对城市居民进行问卷调查，由国家统计局经济景气监测中心调查统计，以 1997 年年底为基期，动态反映消费者信心指数的变化。2019 年 11 月至 2020 年 4 月我国消费者信心指数数据如表 9-5 所示。

表 9-5　2019 年 11 月至 2020 年 4 月我国消费者信心指数数据

时　　期	消费者信心指数	消费者满意指数	消费者预期指数
2019-11	124.6	118	128.9
2019-12	126.6	120.7	130.6
2020-01	126.4	120	130.7
2020-02	118.9	115.4	121.2
2020-03	122.2	117.8	125.2
2020-04	116.4	112.3	119.3

注：表中数据由万得资讯（Wind）整理而成。

从 2019 年年底到 2020 年 4 月的数据看，消费者信心指数在 2020 年 2 月下滑后于 3 月迅速反弹，4月又有所回落。消费者满意指数和预期指数也呈现类似变化态势。这说明受新冠疫情冲击的影响，消费者信心指数有一定的起伏波动，不是很稳定。

（六）需求角度数据（反映需求端的市场韧性变化）

2019年11月至2020年4月需求角度数据如表9-6所示。

表9-6　需求角度数据

时　期	固定资产投资完成额当月环比	社会消费品零售总额当月环比	进出口金额当月环比
2019-11	0.42	0.64	−0.10
2019-12	0.42	0.48	2.8
2020-01	−3.67	−12.08	—
2020-02	−19.96	0.04	—
2020-03	6.10	0.38	—
2020-04	6.19	0.32	2.2

注：表中数据由万得资讯（Wind）整理而成。

在新冠病毒最为猖獗的2020年第一季度，从投资、消费、进出口三大需求角度看，固定资产投资完成额当月环比自2020年1—2月显著下降后，3月开始回升。社会消费品零售总额当月环比自2020年1月显著下降，但线上经济快速发展在一定程度上弥补了线下经济的部分损失，数据于2月开始稳步回升。以人民币衡量的进出口金额当月环比于2020年4月逐步恢复到2019年年末水平，这主要源于抗疫物资、粮食、大宗商品等进出口引起的波动。

（七）收入角度数据（反映收入端的市场韧性变化）

2019年11月至2020年4月收入角度数据如表9-7所示。

表9-7　收入角度数据

时　期	公共财政收入当月同比	工业企业利润总额当月同比	城镇居民人均可支配收入实际累计同比
2019-11	4.53	5.4	—
2019-12	3.59	6.3	5.0
2020-01	—	—	—
2020-02	—	—	—
2020-03	−26.11	−34.9	−3.9
2020-04	−14.98	−4.3	—

注：表中数据由万得资讯（Wind）整理而成。

从政府、企业和居民三大主体的收入看，在新冠病毒最为猖獗的2020年第一季度，受到新冠疫情冲击的影响，公共财政收入当月同比和工业企业利润总额当月同比均出现了不同程度的下滑，其中工业企业利润总额当月同比下降最多。政府收入方面，中央财政收入比地方本级财政收入下降得更多，体现出中央财政在抗击疫情方面承担了更多的财政支出责任。城镇居民可支配收入在 2020 年第 1 季度也出现显著下降，相应要求政府缓缴或减免社会保险费用和相关税收，以稳步提升居民可支配收入。

（八）国际投资指数（反映国际投资的市场韧性变化）

国际投资指数是观察、分析和预测 G20 国家（除欧盟外）国际投资状况的风向标，有助于比较、分析世界主要经济体的国际投资绩效和趋势。

2019 年 11 月至 2020 年 4 月我国国际投资指数数据如表 9-8 所示。

表 9-8　我国国际投资指数数据

时　期	国际投资指数
2019-11	50.63
2019-12	51.76
2020-01	52.32
2020-02	52.58
2020-03	51.75
2020-04	49.67

注：表中数据由万得资讯（Wind）整理而成。

从 2019 年 11 月到 2020 年 4 月的数据看，我国国际投资指数在 2020 年 3 月开始停止上升势头，呈下行态势。

第三节　有效构建应对重大公共突发事件的保障体系

维护重大公共突发事件下的国家经济安全，关键是千方百计地抑制重大公共突发事件本身，减少重大公共突发事件对于经济运行与发展的破坏，使经济运行不至于失去本该有的节奏和秩序，经济增长不至于陷于停滞甚或倒退，最终归结为千方百计地强化经济体系的供求韧性。

一、强化经济体系的供给韧性

（一）强化经济体系韧性建设

防范和抵御重大公共突发事件对于经济安全运行和发展的负面影响，最为基本的是要加强现代产业体系建设，如此整个经济体系在强力冲击之下才能够屹立不倒。换言之，完整的现代产业体系是国家在遭受战争、疫情、自然灾害、金融危机、贸易摩擦等重大公共突发事件时能够显著保有市场缓冲能力和调整能力的基础。相应地，一是要积极培育和发展现阶段的短板产业，如基于科学的产业，以期从根本上提升我国的产业结构。二是要加快布局和发展"未来产业",诸如新型电子器件、类脑智能、生物科技、新型功能材料、高端智能装备等产业,以期为未来我国参与全球产业竞争做好"预案"。三是要加快用先进高新技术、数字技术、绿色低碳技术、节能技术等改造提升既有产业的步伐。特别要加快改造提升化学制药、医疗装备、机电装备、合成材料、石油化工等产业。四是要积极推动制造业向中西部转移,避免产业布局的区域性空心化,提升产业链、供应链空间布局的合理化和安全性。五是在产业发展的科技支撑上,要突破"卡脖子"的关键核心技术,为产业结构的实质性提升提供科技保障。

(二)增强经济及市场运行韧性

为有效防范和抵御重大公共突发事件对经济安全运行和发展的影响,在加强现代产业体系建设的基础上,还需要致力于增强重大公共突发事件存续期间的经济运行韧性和市场运行韧性。增强经济运行韧性是就宏观经济而言的,指一定时期内宏观经济四大运行目标的实现不被重大公共突发事件所抑制。即在重大公共突发事件存续期内,国家的经济增长、物价波动、就业率、国际收支规模仍保持在所期望的水平。增强市场运行韧性是就微观经济而言的,指一定时期内市场供求关系、产业链上下游关系、企业间的供应链关系等不被重大公共突发事件严重扰动。换言之,即便某些企业遭受重大公共突发事件的重创,市场层面、产业层面、企业层面的供求关系仍能如常。客观地看,维护重大公共突发事件冲击下的宏观经济运行韧性和市场运行韧性要求一国的经济体系和市场体系在重大公共突发事件冲击下能"自我适应、调整",相应地在技术创新、商业模式创新、市场供给创新、组织应变、市场规制等方面做出调整,能在适应冲击及变化的情况下尽快实现新的供需平衡。

二、加快、加强公共卫生体系建设

人是最重要的生产力。在发生重大公共突发事件的情况下,公共卫生体系的基本职能是确保社会公众的生命安全,确保作为生产力的人力资源的有效供给。因此,为防范和抵御重大公共突发事件对于经济的负面影响,国家必须加强公共卫生体系建设。

(一)积极扩大公共卫生设施投资

改革开放四十多年来,我国经济持续增长,其中投资增长的作用功不可没。甚至在相当长的时间内,投资对于经济增长的贡献最大。但以往的公共卫生设施投资与经济增长极不适应。1978—2018年的40年中,我国的GDP增长了240倍,但全国的医院数量仅增加了2.55倍,即从9293个增加到33 009个,二者增幅落差明显。2018年全国公共卫生领域的财政支出为1.6万亿元,仅占GDP的1.7%。以上皆说明我国的公共卫生投资明显不足。

建立相对完善的公共卫生体系是国家应对重大公共突发事件的强有力的保障。但公共卫生体系提供的是公共服务产品,不能完全靠市场、民间、企业来建设,而是应主要靠国家投资建设。在重大公共突发事件中,一旦出现应急防疫问题,由县到市、由市到省、由省到整个国家如能迅速启动紧急防疫措施,则疫情对于社会公众生命安全的损害即大大降低。基于此，为防范和抵御重大公共突发事件对于人力资源的伤害，国家必须加大对公共卫生体系建设的投资力度，把财政口径的一部分投资额度转向公共卫生设施领域，以期提高国家公共卫生供给质量。

（二）加快建设预防型公共卫生防疫体系

我国是人口多达 14 亿的大国，重大公共突发事件期间和日常的公共卫生防疫任务都很重，故我国必须加强建设预防型公共卫生防疫体系。特别是，尽管国家现在也有传染病防治的相关机构，但至少各个城市目前都还缺少一套完善的公共卫生防疫体系（含传染病防范体系）。基于此，现阶段国家层面和城市层面都需要加快建设相对完善的公共卫生防疫体系，包括按照收治标准来设置具有足够床位的各类医院、与控制传染病相关的其他基础设施，以及深入全民的公共卫生科学研究及教育体系。同时，要为公共卫生防疫体系构建有效的治理结构。其中，第一层面是应急响应体系，包括层层预警的报告制度和紧急行动预案与落实措施；第二层面是各种防疫设施的建设和使用管理制度；第三层面是疫情时期的紧急征用机制，即出现疫情后如既有设施供不应求，紧急征用楼堂馆所、人力、设备，以弥补防疫资源供给缺口的社会动员机制和管理办法。

（三）加强、加快公共卫生专业人才培养

由 2003 年的非典疫情和 2019 年的新冠疫情可以看到，我国的公共卫生防疫人才奇缺，故我国必须加强、加快对公共卫生专业人才的培养。我国三千多个大专院校中，设有公共卫生与预防医学专业或公共卫生学院的仅有八十余家，占比很低且这些公共卫生学院往往在课程设置上"重预防、轻应急"。因为一旦涉及应急防疫，就涉及理、工、医、文、经、管等学科知识的融合及学科交叉。故要加强、加快公共卫生专业人才培养，一是应鼓励双一流大学设立高水平的公共卫生学院，而不是只在医学院校设置相关专业。二是现有大学设立的公共卫生学院应对其人才培养方案应做较大幅度的调整，重点是加强应急防疫方面的教育，加强学科交叉。三是应扩大公共卫生与防疫学科的招生规模，同时通过实施新的人才培养方案来提高培养质量。四是国家财政应加强对公共卫生与防疫相关人才的培养和科研投入，为设有这类学科专业的大学提供人才培养与科研的资金保障。

（四）建立有韧性的公共卫生系统

2021 年 10 月 19 日，世界卫生组织发布了《关于建立有韧性的公共卫生系统的文件》，强调各国迫切需要做好准备，使本国公共卫生系统在突发公共卫生事件发生之前、期间和之后能够持续抵御各种形式的公共卫生风险对全民健康安全构成的威胁。世界卫生组织还提出 7 项具体建议，即建立并有效利用当前已有的应对措施，加强大流行防范和卫生系统；加强对基础公共卫生功能建设的投资；建立强大的初级卫生保障基础；促进建立全社会参与的制度化机制；为研究创新创造有利环境；加大对国内和全球卫生系统基础及应急风险管理的投资；努力解决现有不平等现象。

三、加快完善国家应急物资储备体系

应对重大公共突发事件必须有相应的物资支持，故必须在现有国家储备体系的基础上，加快完善国家应急物资储备体系的建设。

（一）应对突发事件是国家储备的基本职能

国家储备包括大宗物资储备、稀有物资储备、粮油棉盐储备、石油储备、外汇储备等，其基本职能是"应急"，应灾害之急、战争之急、市场供给瞬间短缺之急。国家储备本质上是国家为确保经济社会正常运行所构建的"保险"制度，应对重大公共突发事件更是国家储备不可或缺的基本职能。由近年来我国应对地震灾害、洪水灾害、疫情、重大生产安全事件的实践来看，某些物资的短缺往往成为有效应对突发事件的短板之一。新冠疫情暴发之初，全国各地口罩、呼吸机等的短缺即为典型例证。基于此，我国尤其应加快完善国家储备体系中的"国家物资储备体系"。

要加快完善国家物资储备体系，一是应根据近年来应对重大公共突发事件的经验，测算国家物资储备应增加的储备种类及恰当的储备规模。二是应将实物储备与应急生产能力储备结合起来，关注实物储备和应急生产能力储备的地域布局的合理性，确保"储备点"与未来可能的重大公共突发事件发生地之间有个合理的"运输半径"。三是要加强物资储备的组织建设、设施建设、管理信息系统建设以及管理制度建设，确保储备品种及规模满足要求，储备信息清晰、准确，储备和调拨过程管理合规。四是应将中央储备与地方储备结合，建立健全分级分层的应急物资储备使用调配机制，确保突发事件发生时，相关物资能及时、可靠地供给到位。

（二）完善、提升多层级应急物资储备体系

20世纪50年代，我国建立了国家层面的"战略物资储备体系"，主要是应对可能发生的战事和重大自然灾害。改革开放后20世纪90年代以来，国家层面先后明确建立了外汇、粮食、棉花、石油、稀有金属及矿石等物资储备。2000年后，国家层面又陆续建立了医疗物资储备等。在省级层面，为应对自然灾害、传染病、群体性事件等，一些省份相应建立了粮食及应急医疗物资储备等。总体上看，目前我国的国家储备有以下两个特征。一是"储备"主要在国家层面。其由国家出资建设储备能力，采购相应储备物品；基本用在应对国家范围的各类重大公共突发事件上且管理权和动用的决策权属于国家层面的管理部门及其机构。二是地方省市的"储备"是补充性的。其主要用在当地可能发生的自然灾害、传染病、群体性事件上。

基于以上情况，为完善、提升多层级应急物资储备体系，一是应建立应急物资分级储备制度，即形成中央级、省级、市级应急物资储备体系。国家层面重点储备粮食、棉花、石油、稀有金属及矿石、重要医疗物资。应对公共卫生突发事件所需的大宗物资，如口罩、常规药品、医疗用品、帐篷、行军床等，可按照地域原则，由省市级政府的专门机构储备即可，这也便于需要时及时供给当地。二是应建设好全国性应急物资储备信息系统。随时

更新储备信息，同时省市级系统要与国家级系统连通。目的是让国家储备管理部门了解同类物资的全国储备情况，以便国家与省市之间、省市相互之间，在应急状态时调剂余缺并及时调用。三是在省市级储备的储备站点布局上，省级政府应在本辖区内建设若干个省级应急物资储备站点，以便及时应对储备站点周边发生的突发事件。四是需要构建科学有效的管理制度，如涵盖应急物资储备、动用、调拨、紧急配送等一整套事务的管理制度。

（三）优先完善中央应急物资储备体系

我国实行社会主义市场经济体制，应对重大公共突发事件对于经济安全运行与发展的冲击，中央政府负有终极责任，故应优先完善中央层面的应急物资储备体系。中央应急物资储备应按照"优先采购、集中管理、统一调拨、平时服务、灾时应急、采储结合、节约高效"的原则做到以下几点：一是优化重要应急物资的产能保障和区域布局，建立统一的应急物资采购供应体系；二是应定期合理调整储备物资的品类、规模、结构，提升储备效能；三是应尽快形成全国性应急资源储备设施网络，如应在各省（市、自治区）按适当居住人口设立一座中央应急资源储备库，由国家统一规划、统一储备、统一调度，及时实时调配物资；四是应加快完善全国应急物资动态管理机制，建立全面、真实、准确的国家应急物资储存动态数据库，实现中央和各省市之间的应急物资储备的信息共享。

特别是，基于新中国成立七十多年来建立国家物资储备体系的经验，以及已由传统计划经济转为社会主义市场经济的经济体制新环境，我国应创新国家应急物资储备体系建设。诸如建立实物储备与产能储备相结合的应急物资储备方式；利用已有库房和设备，结合应急避难场所建设，建设应急物资储备库（站），避免重复建设或利用定点生产企业对部分应急物资实行流通储备；针对重大公共突发事件的不确定性和突发性，事先无法确定需求种类和数量，由多家应急物资储备机构、用多种方式协同承担储备；运用大数据技术进行预测，提前储备相关应急物资，储备管理采用物联网技术，及时掌握应急物资保管、调拨使用情况等。

四、以国民经济动员体系应对重大公共突发事件

要应对类似非典、新冠等重大疫情和类似唐山地震、汶川地震的震灾对于经济社会的危害，其难度不亚于应对一场小规模的高技术局部战争。其总体代价（直接损失+间接损失）不小于一场小规模的高技术局部战争的代价，所需要的应对能力也不是仅靠应急管理部门和公共卫生部门就能提供的。在这种情景下，即需要启动国民经济动员体系。

（一）启动国民经济动员体系应对重大公共突发事件

国民经济动员体系是新中国成立后为了应对可能发生的周边战争所构建的战前及战时经济等方面的支撑体系，包括科技、医疗、物资、工业、教育等方面人财物力的紧急动员和持续支持。既然应对重大公共突发事件的难度不亚于对付一场小规模战争，则为应对这样的突发事件即有必要启动既有的国民经济动员体系。相应地，一是要从更广泛

的角度来建设和完善国民经济动员体系，将应对重大公共突发事件纳入国民经济动员体系的职能之中。二是需要将国民经济动员体系与国家应急管理体系整合在一起，使之在国家层面、省市层面、区县层面都成为可以协调行动、协同作战的整体力量。三是对相关资源、能力及社会力量的动员需要采取如新冠疫情以来一些高风险地区所实施的"战时机制"。

（二）提升国民经济动员体系，增强国民经济动员能力

国民经济动员体系自建立以来，在各个时期皆为我国国防建设和经济发展做出了重要贡献，起到了增强国防威力、捍卫国家安全、维护社会稳定、保障战时经济需求的重大作用。为将这一体系与应急管理体系融合以应对重大公共突发事件，首先必须在现有条件下提升国民经济动员体系本身，即提高其动员能力。一是在经济建设特别是在基础设施建设中，要充分考虑国防、军队以及应急动员的需要，做到既能促进经济发展，又能增强国防动员及应急动员能力。二是要通过提高军民兼容程度和平战转换能力来加强国防动员和应急动员能力建设，做好重大公共突发事件中的应变准备，特别是要形成相应的应变机制。三是要进一步明确职责和分工，加强规划、计划，针对性地编制融入应对重大公共突发事件的多层次经济动员预案。

（三）以国民经济动员体系应对突发事件需要国民的积极参与

重大公共突发事件往往涉及空间范围大、波及人口多，甚至一些人本身就是事件的参与者、受害者或相关者，故应对重大公共突发事件及其对于经济的破坏需要国民的积极参与。以往应对某些重大公共突发事件时，往往采取"内紧外松、只让少数人参与"的做法。这既可能提高应对重大公共突发事件的代价，又可能降低应对重大公共突发事件的效率和效果。除了需要国民的积极参与，还要依靠并发挥群众的聪明才智。只有让群众了解重大公共突发事件的现状和趋势，才有更多的人能认清所处环境的危险程度，进而主动参与应对重大公共突发事件及其对经济的破坏之中。政府职能管理部门只有就抗击重大公共突发事件的办法与群众沟通，群众才有可能积极有效地参与抗击重大公共突发事件对于经济的破坏的有组织的行动之中。只有相信群众、依靠群众，才可能打胜抗击重大公共突发事件的战争，进而抑制重大公共突发事件对于经济的各种破坏。

第四节　重大公共突发事件对经济的影响的测度方法

重大公共突发事件对经济的影响可以用发生重大公共突发事件时宏观经济、微观经济的表现来测度。换言之，可以用宏观、微观经济指标"变坏"的程度来测度；也可以反过来用宏观经济、微观经济运行的坚韧程度，即经济运行抵制重大突发事件冲击的能力来测度。

一、经济韧性测度的原理性方法

（一）经济韧性的概念性指标

国内有学者认为，经济韧性包括制度质量和市场效率两个核心指标。前者指政府提供的监管服务、公共服务和营商环境等，后者表现为市场配置资源的广度和深度。其中体制质量促进经济增长，降低金融脆弱性；产品市场和贸易促进经济增长；金融市场促进经济增长，提高脆弱性；劳动力市场促进经济增长，降低经济尾部风险；宏观审慎政策抑制经济增长，降低金融脆弱性。

在国际上，一般把经济韧性分为宏观经济韧性、产业经济韧性、区域经济韧性、城市经济韧性。Briguglio 曾构建了"一篮子指标体系"，以描述和测度宏观经济韧性。他构想了包括"宏观经济稳定性、微观市场效率、良好的公共治理、社会发展水平"四方面的指标，具体有财政赤字占 GDP 的比重、私人公司主导银行业的程度、司法独立性、教育水平等指标。Fromhold 等人比较关注产业经济韧性，构想了"市场重新定位、价值链优化、战略合作、创新升级、生产迁移、企业文化"这六个方面的指标，以描述和测度产业经济韧性。

相对而言，国际上对区域经济韧性的讨论更多一些。Martin 强调区域经济韧性是一个连续的过程，可从脆弱性、抵抗性、适应性、恢复性四个方面加以描述和测度。Capello 则认为，城市规模和职能变化是区域经济发展韧性的重要因子，还包括高附加值活动、更高质量的生产要素、更高的外部联系和合作网络密度、更优质的基础设施等因素。

洛克菲勒基金会进一步明确提出了韧性城市框架指标体系（CRF/CRI）。该指标体系是基于韧性区域建设关键领域的七大特性，认为应从个人、组织到地方与知识体系进行评价、分析。进而，纽约州立大学区域研究所发布的韧性能力指标（resilience capacity index，RCI）包括区域经济能力、社会人口、社区联通度三个维度的十二个指标。4R 原则为鲁棒性（robustness）、冗余性（redundancy）、资源性（resourcefulness）、迅速性（rapidity）四个维度，TOSE 框架为技术（technical）、组织（organization）、社会（society）、经济（economic）四个领域，依据 4R 原则和 TOSE 框架可以进行区域经济韧性的识别分析。

（二）测度经济韧性的核心变量

由前文可以看到，国内外学者和组织提出的经济韧性指标多数是概念化的，很难直接用于分析测度特定经济体对于冲击的反应程度。于是，有学者对前述概念化指标进行了"具体化"，认为可以选取就业人数（失业率）、地方 GDP、贸易量、固定资产投资等来测度经济韧性。

Martin 通过分析英国各地区的九个产业部门的就业人口构成变化，研究了英国各地区的经济韧性。Davies 和 Brakman 使用失业人数和 GDP 测算了 2008 年美国金融危机之后欧洲各国的经济韧性。Bergeijk 以金融危机导致的全球各国贸易量的下降代表各国的经济韧性。Sensier 等通过分析欧洲不同国家实际 GDP 和就业人数的变化区分各地区进入衰退的时间，从复杂概念角度衡量各个经济体的衰退幅度和持续时间。Xiao 等将具有韧性的区域描述为受到冲击后仍然具有较高的企业进入门槛的区域。在国内，王静以敏感性指数与稳定性指数、应对性指数加和的比值来衡量一个地区的经济韧性。徐媛媛等以经济指标下降百分比与全国经济指标下降百分比的比值作为区域经济韧性指标。

（三）测度经济韧性的主要指标

基于前述相关认识，国内有学者提出应以表 9-9 与表 9-10 中的两级指标来测度一国的经济韧性。若发生了某种类型的重大公共突发事件，特定经济体的下述指标仍然"表现良好"，即可认为该经济体具有良好的经济韧性，反之则不是。

表 9-9　特定经济体的市场抵抗力韧性指标

一级指标	二级指标
产业结构	制造业增加值占 GDP 的比重、服务业增加值占 GDP 的比重、高新技术制造业增加值占 GDP 的比重、农业增加值占 GDP 的比重
经济增长	人均 GDP 增长率、人均可支配收入增长率、财政收入占 GDP 的比重、财政赤字占 GDP 的比重、社会融资规模增量与 GDP 的比值
社会稳定	人口增长率、城镇登记失业率、农业从业人员占比、70 个大中城市新建住宅价格指数同比
对外贸易股市	外贸依存度、外商直接投资占 GDP 的比重、对外直接投资占 GDP 的比重、上市公司流通市值占 GDP 的比重、股市平均市盈率
债务环境治理	政府部门杠杆率、居民部门杠杆率、非金融企业部门杠杆率 环境治理经费投入占 GDP 的比重、一般工业固体废物综合利用率、单位面积工业废水排放、单位二氧化硫排放
基础设施	供水总量、供气总量、公共交通客运总量、城市道路照明灯、医疗卫生服务

表 9-10　特定经济体的市场恢复力韧性指标

一级指标	二级指标
增长方式	社会消费品零售总额同比、固定资产投资完成额同比、国有企业产值占工业总产值的比重、互联网普及率、人均储蓄余额、房地产开发投资完成额同比、工业产能利用率
技术进步	R&D 经费投入强度、单位 GDP 能耗、万人专利授权数、教育支出占公共财政支出之比、高校在校人数占地区总人口的比重、研发人员从业比重

（四）相关指标的计算方法：Martin 方法

Martin 提出，测度突发事件对经济的冲击应计算的是突发事件发生后特定经济体的产出或就业人口和长期趋势值相比的缺口；其后要根据突发事件的演变，计算突发事件冲击的程度和冲击后的恢复速度。相应地，Martin 提出了敏感度、抵抗力、恢复力三个概念。

Martin 提出用敏感度指数衡量经济韧性，即

$$b_r = \frac{\left(\dfrac{\Delta E_r}{E_r}\right)}{\left(\dfrac{\Delta E_N}{E_N}\right)} \qquad （式 9\text{-}1）$$

其中，b_r 是所研究行业或区域的敏感度指数，$\Delta E_r / E_r$ 是所研究行业或区域在突发事件存续期内的生产总值或就业人数的变化率，$\Delta E_N / E_N$ 是指全国在突发事件存续期内的生

产总值或就业人数的变化率。进而，Martin 将敏感度指数大于 1 的行业或区域定义为弱韧性行业或区域，将敏感度指数小于 1 的行业或区域定义为强韧性行业或区域。换言之，在 Martin 看来，敏感度指数越低，意味着特定行业或区域的经济韧性越强。

Martin 提出的抵抗力指所研究行业或区域抵抗突发事件初始影响的能力；恢复力是指所研究行业或区域在突发事件结束后从冲击中恢复的能力。

$$\text{Martin 对抵抗力的定义用公式表示为 Re } sis_i = \frac{\Delta y_i^c - \Delta \hat{y}_i^c}{\left| \Delta \hat{y}_i^c \right|} \qquad （式 9\text{-}2）$$

$$\text{Martin 对恢复力的定义用公式表示为 Re } cov_i = \frac{\Delta y_i^r - \Delta \hat{y}_i^r}{\left| \Delta \hat{y}_i^r \right|} \qquad （式 9\text{-}3）$$

其中，Δy_i^c 是突发事件存续期间所研究行业或区域生产总值或就业人数的变化率，Δy_i^r 是突发事件结束后恢复时期所研究行业或区域生产总值或就业人数的变化率。

与实际变化相比，$\Delta \hat{y}_i^c$ 是突发事件存续期间研究行业或区域生产总值或就业人数变化率的反事实变化，Δy_i^r 是突发事件结束后恢复时期所研究行业或区域生产总值或就业人数变化率的反事实变化。

上述两个计算公式测度的行业或区域经济韧性围绕在零值附近，正值表明所研究行业或区域比整体国民经济更能抵御冲击，恢复得更好，负值表明所研究行业或区域抵御突发事件的能力较差或冲击后很难恢复。如果所研究行业或区域的经济韧性数值为 0.5，表明该行业或区域具有比国家整体高出 50% 的抵抗力和恢复力，反之亦然。

二、经济韧性测度的实用性简化方法：以新冠疫情为例

现实中，由于数据可得性差的原因，往往只能采用下面几个重要而简单的指标来测度突发事件对经济的冲击和影响。相应的冲击和影响大，可视为经济的韧性小；冲击和影响小，可视为经济的韧性大。这里以 2019 年至 2020 年第一季度的数据来看新冠疫情对我国经济的影响，即我国经济的韧性。其中，简化的指标有 GDP 增长、失业率、公共财政、外汇储备、对外进出口贸易、对外经济投资与合作、央企和国企的整体运营情况等。

（一）GDP 增长

GDP 当季值如表 9-11 所示。

表 9-11 GDP 当季值

时　期	GDP：现价：当季值/亿元	GDP：不变价：当季值/亿元	GDP：不变价：当季同比
2019 年 Q1	218 062.8	197 123	6.4
2019 年 Q2	242 573.8	218 585.4	6.2
2019 年 Q3	252 208.7	227 899.1	6

续表

时　期	GDP：现价：当季值/亿元	GDP：不变价：当季值/亿元	GDP：不变价：当季同比
2019 年 Q4	278 019.7	248 038.7	6
2020 年 Q1	206 504.3	183 669.3	−6.8

注：表中数据由 Wind、国家统计局数据整理而成。

从 GDP 当季值看，受到新冠疫情的影响，不论是以现价还是以不变价表示的 GDP，当季值均在 2020 年第一季度显著下滑，同比出现 6.8% 的负增长，这也是 1992 年以来我国首次单季度负增长。

三大产业 GDP 当季同比如表 9-12 所示。

表 9-12　三大产业 GDP 当季同比

时　期	GDP：不变价：第一产业：当季同比	GDP：不变价：第二产业：当季同比	GDP：不变价：第三产业：当季同比
2019 年 Q1	2.7	6.1	7
2019 年 Q2	3.3	5.6	7
2019 年 Q3	2.7	5.2	7.1
2019 年 Q4	3.4	5.8	6.6
2020 年 Q1	−3.2	−9.6	−5.2

注：表中数据由 Wind、国家统计局数据整理而成。

从三大产业 GDP 当季同比数据看，受新冠疫情影响，三大产业 GDP 增长均出现显著负增长，其中以制造业为主体的第二产业的下降走势更明显，说明疫情对第二产业的短期冲击影响最大。

三大产业 GDP 当季同比贡献率如表 9-13 所示。

表 9-13　三大产业 GDP 当季同比贡献率

时　期	GDP 当季同比贡献率：第一产业	GDP 当季同比贡献率：第二产业	GDP 当季同比贡献率：第三产业
2019 年 Q1	1.8	36.3	61.9
2019 年 Q2	3.4	36.9	59.7
2019 年 Q3	4.1	34.4	61.5
2019 年 Q4	5.7	39.2	55.0
2020 年 Q1	2.0	53.9	44.2

注：表中数据由 Wind、国家统计局数据整理而成。

从三大产业 GDP 当季同比贡献率数据看，受新冠疫情影响，三大产业 GDP 当季同比贡献率均受到一定影响，第一产业贡献率显著下降，而第二产业超越第三产业，对 GDP 贡献率更高。虽然新冠疫情对第二产业的短期冲击影响最大，但其对整体 GDP 的贡献率也最高。

（二）失业率

2019 年 11 月至 2020 年 4 月我国城镇调查失业率如表 9-14 所示。

表 9-14　城镇调查失业率

时　期	城镇调查失业率	城镇调查失业率：同比
2019-11	5.1	0.3
2019-12	5.2	0.3
2020-01	5.3	0.2
2020-02	6.2	0.9
2020-03	5.9	0.7
2020-04	6.0	1.0

注：表中数据由 Wind、国家统计局数据整理而成。

2019 年至 2020 年第一季度我国城镇登记失业率如表 9-15 所示。

表 9-15　城镇登记失业率

时　期	城镇登记失业率	城镇登记失业率：同比
2019 年 Q1	3.67	−5.66
2019 年 Q2	3.61	−5.74
2019 年 Q3	3.61	−5.50
2019 年 Q4	3.62	−4.74
2020 年 Q1	3.66	−0.27

注：表中数据由 Wind、国家统计局数据整理而成。

城镇登记失业率反映的是城镇登记失业人数占城镇从业人员与城镇登记失业人数加总之比。受疫情影响，从 2020 年 2 月起全国城镇失业率有所增高。考虑到疫情期间出行不便，登记失业人数必然少于实际失业人数。尽管 2020 年第一季度城镇登记失业率只比 2019 年第四季度多了 0.04，但实际失业率会高得多，故可将调查失业率作为监测新冠疫情期间失业率变化的补充性指标。

（三）公共财政

2019 年 11 月至 2020 年 4 月我国公共财政收入如表 9-16 所示。

表 9-16　公共财政收入

时　期	公共财政收入当月值/亿元	公共财政收入：当月同比
2019-11	11 263	4.53
2019-12	11 415	3.59
2020-02	10 530	—
2020-03	10 752	−26.11
2020-04	16 149	−14.98

注：表中数据由 Wind、财政部数据整理而成，其中 1 月数据未公布。

从公共财政收入当月值看，2019 年年末小幅提升。2020 年第一季度，随着新冠疫情的暴发，受停工停产影响，公共财政收入于 2 月有所降低，3 月有所反弹，4 月达到较高水平。从同比数据看，受疫情影响，2020 年公共财政收入与 2019 年同期相比大幅降低，甚至出现负增长。

2019 年 11 月至 2020 年 4 月我国公共财政支出如表 9-17 所示。

表 9-17　公共财政支出

时　　期	公共财政支出当月值/亿元	公共财政支出：当月同比
2019-11	15 876	−3.38
2019-12	32 411	11.17
2020-02	13 099.1	——
2020-03	22 934	−9.41
2020-04	18 312	7.48

注：表中数据由 Wind、财政部数据整理而成。

从公共财政支出当月值看，2019 年年末迅速提高。2020 年第一季度，随着新冠疫情暴发，受停工停产影响，公共财政支出于 2020 年 2 月有所降低，3 月开始有所反弹，4 月又有所降低。从同比数据看，受疫情影响，2020 年年初公共财政支出与 2019 年同期相比在 3 月显著下降，4 月有所反弹。

2019 年 11 月至 2020 年 4 月中央与地方财政收入与支出如表 9-18 所示。

表 9-18　中央与地方财政收入与支出　　　　　　　　　　　　　　　　单位：亿元

时　　期	中央财政收入：当月值	地方本级财政收入：当月值	中央本级财政支出：当月值	地方财政支出：当月值
2019-11	5454	5809	2867	13 009
2019-12	3189	8226	4671	27 740
2020-02	——	——	——	——
2020-03	3915	6837	2904	20 030
2020-04	7365	8784	3142	15 170

注：表中数据由 Wind、财政部数据整理而成。

从中央与地方本级财政收入当月值看，从 2019 年 12 月到 2020 年 3 月，中央财政收入锐减，直到 2020 年 4 月才有所反弹，而地方本级财政收入显著高于中央财政收入，这说明中央财政在疫情期间通过转移支付等大力救助地方。从中央本级与地方财政支出当月值看，从 2020 年起，中央本级财政支出保持在较低水平区间浮动，而地方财政支出受到疫情影响也开始回调。这说明疫情暴发后中央本级财政在压缩非必需经费支出，而地方受到财政收入锐减的掣肘，支出水平也有所回落。

2019 年 11 月至 2020 年 4 月财政收支差额如表 9-19 所示。

表 9-19　财政收支差额　　　　　　　　　　　　　　　　单位：亿元

时　　期	财政收支差额：当月值
2019-11	−4613
2019-12	−209 96

续表

时　期	财政收支差额：当月值
2020-02	−2568
2020-03	−121 82
2020-04	−2163

注：表中数据由 Wind、财政部数据整理而成。

从财政收支差额看，2019 年年末财政收支差额较大，这主要是因为提高年末支出水平为新的一年经济增长奠定基础。2020 年 3 月，财政收支差额呈现扩大态势，说明国内疫情在 3 月达到顶峰，财政支出水平达到高点；4 月财政收支差额呈现缩小趋势，说明随着国内疫情防控取得阶段性成果，财政支出水平开始回落，财政收入水平开始缓慢回升。

税收收入与非税收入如表 9-20 所示。

表 9-20　税收收入与非税收入

时　期	税收收入：当月值/亿元	税收收入：当月同比	非税收入：当月值/亿元	非税收入：当月同比
2019-11	8185	1.67	3078	13
2019-12	8293	12.06	3122	−13.73
2020-02	—	—	—	—
2020-03	7854	−32.25	2898	−2.09
2020-04	14 052	−17.27	2098	4.38

注：表中数据由 Wind、财政部数据整理而成。

从税收收入与非税收入当月值看，受疫情影响，2020 年 3 月税收收入有所下滑。随着疫情在 2020 年 4 月取得阶段性成果，各地开始稳步有序地复工复产，税收收入在 4 月大幅反弹。非税收入则受到"降费政策"等因素的综合影响，在 2020 年逐渐降低。从税收收入与非税收入当月同比看，受疫情影响，2020 年一季度税收收入相比 2019 年同期显著下滑，4 月降幅开始收窄。非税收入则相比 2019 年同期有所反弹。

政府性基金收入如表 9-21 所示。

表 9-21　政府性基金收入　　　　　　　　　　　　　　　　　　单位：亿元

时　期	全国政府性基金收入：累计值	中央政府性基金收入：累计值	地方本级政府性基金收入：累计值
2019-11	68 080	3715	64 365
2019-12	84 516	4040	80 476
2020-02	7688	502	7186
2020-03	12 577	696	11 881
2020-04	17 770	868	16 902

注：表中数据由 Wind、财政部数据整理而成。

从全国政府性基金收入看，受疫情影响，国家土地出让收入大幅降低，引起政府性基金收入在 2020 年 2 月开始锐减，3 月开始逐渐恢复，但远没有达到 2019 年年末的水平。中央和地方两级政府性基金收入也呈现相似态势，其中地方本级政府性基金收入在 2020 年恢复上涨趋势更为明显，说明地方面对日益攀升的财政收支压力，短期内尚无法完全舍弃"土地财政"模式。

（四）外汇储备

2019 年 11 月至 2020 年 5 月我国外汇储备如表 9-22 所示。

表 9-22　外汇储备

时　期	官方储备资产：外汇储备/亿美元	官方储备资产：外汇储备：SDR 口径/亿 SDR
2019-11	30 955.91	22 547.82
2019-12	31 079.24	22 475.17
2020-01	31 154.97	22 626.05
2020-02	31 067.18	22 622.59
2020-03	30 606.33	22 425.53
2020-04	30 914.59	22 624.81
2020-05	31 016.92	22 606.78

注：表中数据由 Wind、财政部数据整理而成。

从外汇储备数据看，无论是以美元为单位，还是以 SDR 一篮子货币为单位，我国外汇储备水平受到疫情的影响均不大。在 2020 年 1—3 月处于小幅下降态势，4 月开始有所回升，其后维持在 30 000 亿美元以上的安全区间。

（五）对外进出口贸易

2016—2020 年第一季度对外进出口贸易数据如表 9-23 所示。

2018 年美对华贸易挑衅以来，我国对外贸易即呈现下滑趋势。2020 年 1 月起，新冠疫情导致对外贸易进一步下滑；2 月开始复工复产，对外贸易有所恢复；4—5 月出口贸易份额环比开始恢复性增长，但进口额的下降趋势还在增大。

表 9-23　对外进出口贸易

时　期	进出口总额/亿美元	同比/%	出口总额/亿美元	同比/%	进口总额/亿美元	同比/%
2016 年 Q1	8021	—	4639	—	3382	—
2017 年 Q1	8999	12.19	4827	4.05	4171	23.33
2018 年 Q1	10 421	15.80	5452	12.95	4968	19.11
2019 年 Q1	10 271	−1.44	5517	1.19	4754	−4.31
2020 年 Q1	9430	−8.19	4780	−13.36	4649	−2.21

注：表中数据由国家统计局数据整理而成。

表 9-24　对外进出口贸易月度数据

月份	进出口总额/亿美元	环比/%	同比/%	出口额/亿美元	环比/%	同比/%	进口额/亿美元	环比/%	同比/%
2019-11	4057	5.76	−0.25	2214	3.98	−1.27	1843	7.98	1.00
2019-12	4300	5.98	11.71	2386	7.76	8.06	1913	3.84	16.63

续表

月份	进出口总额/亿美元	环比/%	同比/%	出口额/亿美元	环比/%	同比/%	进口额/亿美元	环比/%	同比/%
2020-01—2020-02	5926	—	—	2928	—	—	2998	—	—
2020-03	3505	−20.42	−3.99	1852	−18.38	−6.58	1653	−22.43	−0.90
2020-04	3551	1.33	−5.06	2002	8.13	3.46	1549	−6.29	−14.20
2020-05	3507	−1.25	−9.29	2068	3.28	−3.32	1439	−7.11	−16.69

注：表中数据由国家统计局数据整理而成。

（六）对外经济投资与合作

2020 年第一季度我国实际使用外资总额为 312 亿美元（约 2161 亿元人民币），与 2019 年同期相比下降 12.85%，回落到 2014 年第一季度的水平。根据 2020 年 4 月有关部门公布的数据，实际使用外资额达到 101.4 亿美元，同比增长 8.56%，经过 2—3 月的调整，开始有所恢复。

实际使用外资（FDI）和对外投资（OFDI）如表 9-25 所示。

表 9-25　实际使用外资和对外投资

时期	实际使用外资/亿美元	同比增长/%	对外投资/亿美元	同比增长/%
2014 年 Q1	316	4.77	199	−16.39
2015 年 Q1	349	10.16	258	29.65
2016 年 Q1	355	1.55	400	55.04
2017 年 Q1	338	−4.54	205	−48.75
2018 年 Q1	345	2.06	255	24.39
2019 年 Q1	358	3.74	252	−1.18
2020 年 Q1	312	−12.85	242	−3.97
2020-04	101.4	8.56	93.5	−0.85

数据来源：WIND。

2020 年第一季度，我国对外非金融类直接投资累计为 242 亿美元（约 1690 亿元），受新冠疫情影响，同比下降 3.97%。从具体月份看，2020 年 1 月下滑明显，2 月份开始恢复，同比增长为 10.97，3 月虽然环比增长，但与 2019 年同期相比处于下降趋势，4 月份相对稳定，同比下降约 0.85%，但值得关注的是对外工程业务完成额和新签工程合同额 3—4 月加速下滑。

我国对外投资合作如表 9-26 所示。

表 9-26　我国对外投资合作

月份	对外直接投资/亿美元	环比/%	同比/%	对外工程完成额/亿美元	环比/%	同比/%	新签合同额/亿美元	环比/%	同比/%
2019-11	83	−12.14	−44.20	195	45.12	19.09	318	6.10	86.09
2019-12	118	42.07	−26.22	379	94.91	22.24	517	62.47	−8.43

续表

月份	对外直接投资/亿美元	环比/%	同比/%	对外工程完成额/亿美元	环比/%	同比/%	新签合同额/亿美元	环比/%	同比/%
2020-01	83	−29.61	−9.47	55	−85.39	−31.94	157	−69.75	71.04
2020-02	72	−13.70	10.97	100	80.14	5.16	153	−2.56	10.27
2020-03	87	21.45	−8.69	125	24.95	−19.18	245	60.52	−11.40
2020-04	94	7.22	−0.85	85	−31.84	−28.51	101	−58.74	−37.03

数据来源：国家统计局。

（七）央企和国企的整体运营情况

央企和国企整体运营情况决定着我国经济的大势，必须特别关注。受新冠疫情影响，2020 年第一季度央企和国企整体营收和利润水平下滑。第一季度央企营收为 73 990 亿元，同比下降 10.14%，利润跌落 48.88%，主因是疫情导致运营成本上升，但资产负债率无变化。而国有及控股企业整体上较为困难，营收同比下降 11.83%，利润下跌接近 60%，资产负债率略微上浮。到 2020 年 4 月份，央企营收下降 9.2%，利润下降幅度达 53%，而国有企业整体利润下降幅度为 63%。

中央企业运营数据如表 9-27 所示。

表 9-27　中央企业运营数据

时期	营业总收入/亿元	同比/%	利润总额/亿元	同比/%	资产负债率/%	同比/%
2016 年 Q1	61 411	−2.82	3399	−13.06	68.01	3.84
2017 年 Q1	71 537	16.49	4261	25.37	57.14	−15.99
2018 年 Q1	77 019	7.66	4929	15.68	67.79	18.64
2019 年 Q1	82 339	6.91	5814	17.96	67.60	−0.28
2020 年 Q1	73 990	−10.14	2972	−48.88	67.60	0.00

数据来源：中央名人政府网站。

国有及控股企业整体运营数据如表 9-28 所示。

表 9-28　国有及控股企业整体运营数据

时期	营业总收入/亿元	同比/%	利润总额/亿元	同比/%	资产负债率/%	同比/%
2016 年 Q1	99 493	−3.55	4323	−13.49	66.28	1.95
2017 年 Q1	116 336	16.93	5873	35.86	65.93	−0.52
2018 年 Q1	129 529	11.34	7110	21.07	64.95	−1.49
2019 年 Q1	139 943	8.04	8198	15.29	64.40	−0.85
2020 年 Q1	123 389	−11.83	3292	−59.85	64.50	0.16

数据来源：中央名人政府网站。

第十章

重大国际冲突下的国家经济安全管理

第一节　重大国际冲突

在国家经济安全研究中，应重点关注的重大国际冲突主要指的是国家之间的战争和经济制裁。

一、国家间的战争：以科索沃危机为例

战争是国家间对抗的最高形式，对交战双方经济社会的破坏性极大。只要战争达到一定规模，即可能直接摧毁对方的经济基础，使对方的经济运行陷入瘫痪，对相关国家的经济安全产生直接的影响。下面通过科索沃危机来讨论战争对相关国家经济安全的影响。

1999 年 3 月 24 日，以美国为首的北大西洋公约组织（简称北约）借口"制止人道主义灾难"，武力干涉本属于南斯拉夫联盟共和国（简称南联盟）内政的"科索沃问题"，对南联盟进行军事打击，连续狂轰滥炸了 78 天。北约 19 个国家中的 13 个参加了军事行动。北约对南联盟的打击造成了南联盟及其周边国家乃至欧洲大陆的灾难，对交战国家的经济产生了巨大的影响。

（一）南联盟经济受到的影响

首先，被打击的南联盟损失惨重，经济倒退了 16 年，给南联盟人民的生命与财产造成了巨大的损失。据估计，南联盟的经济损失至少达到 2000 亿美元，超过二战时所遭受损失之总和。

据统计，空袭期间，北约共动用飞机 1150 多架，出动 32 000 多架次，投下 2.1 万吨炸弹，造成 2000 多名平民丧生，6000 多人受伤，近 100 万人流离失所，200 多万人失去生活来源；20 多家医院、60 多座桥梁、12 条铁路、5 条公路干线、5 个机场被炸毁，7 个机场遭到严重破坏；南联盟全国数以万计的房屋和住宅受到破坏，仅塞尔维亚首都贝尔格莱德

被毁的住宅楼、学校和幼儿园、文化体育场所等设施就多达 1134 处，其经济损失估计达 10 亿美元；全国共有 300 多所学校受到严重破坏，约 150 万的儿童失学；南联盟 41% 的军用油库和 57% 的军地两用油库遭炸毁或严重破坏，国内两大炼油厂屡遭轰炸；39% 的广播电视转播站线路瘫痪或被严重损坏。

北约还轰炸了变电站、热电站和水电站等电力设施，使南联盟全国 70% 的电力系统受损；数十家大型企业，包括汽车制造厂、化工厂皆毁于一旦；多瑙河航线中断。此外，在空袭中，北约还大量使用国际公约禁止使用的具有放射性的贫铀弹和集束炸弹。同时，北约还对类似于化工厂、制药厂、炼油厂等进行轰炸，导致大量有害物质外泄，给南联盟及其周边国家造成了严重的生态污染并将危害一到两代人。

这场战争直接导致南联盟经济直线下滑、严重倒退。战争爆发后的两个多月里，南联盟的国民生产总值减少了 40%，工业生产与 1998 年相比降低了 45%。由于轰炸造成电力供应不足，数百家工厂被迫关门或技术性停产，失业人数因而增加了 33%。大约有 10 万人瞬间丧失了一切，被迫流落街头。战争期间，南联盟失业人数与在业人数的数量持平，此外还有 50 万人因为没活干而被迫"休假"。全国有 20% 的人生活在贫困线以下，60% 的人的生活接近贫困线。空袭前，南联盟每个消费者的日平均开支为 5 美元，轰炸期间降为 2 美元。1999 年南联盟国内生产总值下降了 30%。七国集团①经济研究小组估计，空袭后，南联盟的经济需要 45 年才能达到 1989 年的水平。如果没有外来援助，仅恢复到空袭前的水平就需要 16 年。

（二）欧洲经济受到的影响

在南联盟经济倒退 16 年的同时，欧洲经济也严重受损。北约轰炸南联盟对欧洲经济及市场的影响立刻就暴露出来了：欧元币值下跌、债券波动、巴尔干地区经济停滞并不断下滑，军费开支剧增。欧元是欧盟政治经济一体化的产物，欧盟在全球范围内与美国竞争也是欧元产生的重要原因。欧元启用后成为唯一能与美元分庭抗礼的货币，世界上不少国家看好欧元，纷纷表示拟将部分美元储备置换成欧元。但自 1999 年 3 月 24 日北约空袭南联盟开始，欧元区 11 国中有法国、德国、比利时、意大利、荷兰、葡萄牙、西班牙 7 个国家卷入了北约的军事行动，严重影响了国际各大投资商对欧元区经济的信心，资金大量外流，使欧元遭受重大打击。欧元兑美元价格一路下跌，由 1∶1.09 贬值到 1∶1.05。

1999 年 5 月 4 日，克林顿称"可以有条件地暂停轰炸南联盟"，欧元对美元立即由 1∶1.05 的低谷上升到 1∶1.08 的高位。然而好景不长，北约空袭非但未停，反而提高了轰炸强度且在 1999 年 5 月 8 日轰炸了我国驻南联盟大使馆，使科索沃问题更趋复杂化，欧元兑美元再次滑落到 1∶1.05。欧元 1999 年 1 月 4 日面世时同美元的比价是 1∶1.18，到 6 月 7 日却跌至 1∶1.03，跌幅近 13%。受欧元贬值的影响，欧洲股市剧烈波动，欧盟经济增长从 1998 年的 2.8% 下降到 1999 年的 2.0%。

---

① 七国集团是主要工业国家会晤和讨论政策的论坛，成员国包括美国、英国、法国、德国、日本、意大利和加拿大七个发达国家。

欧元启用不久即遭遇这场战争，严重影响了国际社会对欧元的预期。战争结束后，欧元兑美元技术性反弹到 1∶1.09 之后再无力上涨，随即狂跌不止，直至 2000 年 5 月跌至 1∶0.88，比启用之初下跌了 25%。其后，欧洲大量资金即由"不稳定的欧洲"迅速向"为欧洲留下不稳定因素"的美国流出，从而为当时美国所谓的"新经济"提供了巨额的资金支持，使已乏力的"网络泡沫"继续支撑了一段时间。目睹欧洲因"力请"美国出面领导科索沃战争所付出的"战略代价"后，法国一位高官坦言"欧洲必须拥有一支统一、强大、独立的军事力量"。

（三）战争导致相关国家的国防开支普遍增加

这场战争导致各国军费开支巨增。在 78 天的空袭中，每个北约国家都因为军事行动提供资金。而背上了沉重的经济负担。据美国国防部计算，北约每天轰炸的开支为 7000 万美元至 1 亿美元；战后处理难民问题共耗资 100 亿美元；英国政府动用了紧急储备基金；法国参加北约以及在马其顿和阿尔巴尼亚派驻维和部队的直接经费大约是 4500 万欧元，此外还要承担 17%的北约军事行动费用；德国军费以及援助难民费用的开支估计达到了 20 亿马克。

这场战争也改变了相关国家的资源配置。大量公共支出从经济和社会领域向军火工业转移。为了避免财政赤字大幅增加，欧盟各国可用于刺激经济的资金即必然捉襟见肘。如英国是仅次于美国的军费承担者，英国财政部和国防部就如何摆平这笔军火账目而发生争执。因为科索沃战争吃掉了总额为 12 亿美元的"紧急基金"的大部分，导致工党政府上台时承诺的"振兴教育和卫生事业"最终未能兑现。

二、国家间的经济制裁

经济制裁是国际社会（包括国际组织和区域性组织）或某些大国因政治、经济、军事等原因与某国断绝经济关系并限制其他国家与该国发生经济往来的强制性措施。制裁之下，被制裁国家即丧失了国际市场空间和国际资源来源，供求关系陷入混乱。如 1991 年后，伊拉克多年受到美国的经济制裁，全国约 150 万人因药品和食品匮乏而亡，经济几乎陷入崩溃。

（一）科索沃危机前后南联盟遭受的经济制裁

南联盟在 1992 年成立后的大部分年份里都遭到经济制裁，经济增长跌入低谷，1993 年爆发了恶性通货膨胀。但南联盟继承了前南斯拉夫时代较好的经济基础，基本经济框架并未受到毁灭性打击，1996 年联合国解除对南联盟的经济制裁后，南联盟经济即开始恢复。1997 年，南联盟的经济增长即达到 7.4%，社会总产值达到 164.14 亿美元，人均 GDP 为 1550 美元，仍是巴尔干国家中经济较为发达、居民生活水平较高的国家。但 1998 年 2 月"科索沃危机"爆发后，随着西方大国介入并实施新的制裁，南联盟的经济再度下滑。北约空袭前，七国集团曾估计，在新的经济制裁下，南联盟经济将需要 29 年时间才能达到 1989 年的水平。

科索沃战争结束后，西方国家对南联盟的经济制裁变本加厉，力图用制裁压垮南联盟的经济。制裁之下，南联盟的进出口大幅下滑。1999 年出口额比 1998 年减少了 46.9%，进口额减少了 30.4%；西方资金被严禁流入南联盟，导致南联盟的外汇极度短缺，货币大幅度贬值，对外支付困难。由于资金短缺，企业开工不足，企业员工被强制性休假，只能领取部分工资；企业重建和发展所需的资金短缺，难以改进技术、更新设备；重建家园也分散了企业恢复生产的资金。进而，市场中商品供给短缺，食用油、食糖和汽油等生活必需品时有时无。1999 年南联盟人均国民收入仅为 900 美元，比战前减少了一半，不到 1990 年的 1/3，全国半数居民生活在贫苦线之下。

（二）20 世纪 60 年代苏联对我国的经济制裁

20 世纪 60 年代，我国遭遇苏联的经济制裁。1960 年 7 月 16 日，苏联政府照会我国政府，决定自当年 7 月 28 日到 9 月 1 日撤走全部在华专家 1300 余人并终止派遣专家 900 余人；决定撕毁 600 个合同（专家合同和合同补充书 343 个，科技合作项目 257 个）。苏联专家撤退时，带走了原本援华建设的全部图纸、计划和资料，停止或减少了若干设备供应。苏联曾计划援助我国 304 个建设项目，到 1960 年上半年已建成 103 项，还有 201 项在建。但由于苏联单方面中断中苏经济技术合作，已开工的项目成了"半拉子"工程，没开工的项目紧急"刹车"。由此，我国被迫紧急调整正在形成的产业体系、国民经济发展规划和整个进程，这对我国当时的经济运行和发展造成了不可估量的损失。

（三）2021 年美国的对外经济制裁

据 2021 年 10 月 18 日美国财政部官网消息，美国财政部发布了《2021 年度制裁回顾》。该报告指出，9·11 事件后，经济和金融制裁成为美国维护国家安全、外交政策及应对经济威胁的首要工具。在美国财政部不断强化针对伊朗等国家及被控"涉嫌侵犯人权"个人的制裁措施的同时，被制裁对象逐渐在跨国交易中弃用美元而转向加密货币等交易媒介，美国财政部需应对来自新型支付系统、数字资产、网络犯罪活动及战略经济竞争对手的新风险，精确调整制裁措施。

美国财政部称其后续将考虑采用五项措施：一是将制裁与清晰的政策目标有机结合的新结构性政策；二是在适当时机协调多边制裁；三是调整制裁以避免不必要的经济政治和人道主义影响；四是确保制裁措施容易执行且具有适应性；五是投资于美国财政部制裁相关技术手段、工作队伍及基础设施的现代化更新，使其跟上全球金融系统的发展变化节奏。毫无疑问，美国政府的这些制裁措施对于相关国家的经济利益会有相当程度的损害，特别是对伊朗等国家，以及其他所谓"涉嫌侵犯人权"的国家。

第二节　重大国际冲突对经济的破坏方式

重大冲突对经济的破坏方式有两种：一种是对经济的硬件性破坏，即破坏经济的物质基础，如战争对于一国经济的直接伤害；另一种是对经济的软件性破坏，即扰乱经济运行秩序，如经济制裁、外资的敌意经济行为，特别是敌意并购、关联经济体的动荡等。

一、硬件性破坏：战争对经济的物质基础的破坏

仍以科索沃战争为例。这次战争表明，现代战争的打击目标已由过去的"以消灭敌方的有生力量特别是作战能力为主"转向"以打击对方的重要经济目标为主"，从而达到摧毁敌方国家经济基础，扰乱其民心、撼动其政权的目的。相应地，战争样式也由"作战人员的直接入侵"转变为"超视距、远程打击、精确制导、斩首行动"。

在科索沃战争中，北约的空袭分为三个阶段：第一阶段，重点摧毁南联盟的防空系统、通信系统；第二阶段，主要攻击南联盟特别是驻科索沃地面部队及其装备；第三阶段，侧重打击交通枢纽、电力系统、政府机构和市民生活设施。自1999年4月2日起，北约扩大空袭范围，进一步破坏电力系统、公路、桥梁、铁路、医院、民用机场及供水站等重要交通设施和民用设施。

此间，南联盟的基础设施受到重创。北约通过对石油储存、加工、供应部门和军工企业的打击，严重削弱了南联盟应对战争的经济潜力。通过对南联盟发电厂、变电站、配电网以及铁路和公路枢纽、桥梁的破坏，使南联盟的经济系统无法正常运转，人民生活无法正常进行。北约还摧毁了南联盟近50%的广播、电视转播站，对南联盟进行武器及石油禁运，切断了南联盟与周边国家的铁路、航空和海上交通，扩大并深化了南联盟社会的无序性。北约通过切断科索沃与南联盟主体部分的经济及交通联系，使南联盟主体部分的工业资源更加匮乏。尽管北约没有对南联盟进行地毯式轰炸，但其对南联盟国计民生系统的打击、破坏比大面积夷平某一地区严重得多，致使南联盟社会上下士气大伤，后果的严重程度不能仅用"损失上千亿美元"来描述。

二、软件性破坏：扰乱经济运行秩序

（一）外资的敌意经济行为

如果一国经济本身存在较大缺陷，则在外部敌意力量冲击下，该国经济即可能出现较大的问题。一种极端的情况是，如果一国的资本市场不发达，而银行又存在较大比例的不良资产且工商企业经营不善、缺乏必要的市场竞争力，则在国外投机资本对该国金融体系的攻击下，该国十分有可能发生金融危机，进而势必会威胁该国经济的整体安全。如1992年开始，英镑、日元和墨西哥比索先后受到国际炒家袭击，由此引发了墨西哥金融危机。其后，在1997年爆发的亚洲金融危机中，一些国际炒家首先狙击泰铢，使泰铢受到重创，泰国经济立刻陷入危机，进而引发了东南亚其他一些国家的金融危机。

（二）关联经济体的动荡

在全球经济一体化的背景下，一国经济已成为世界经济的一部分或者是区域经济的一

部分。相邻经济体之间必然是你中有我、我中有你，故若关联国家中某国经济发生突变，特别是发生某种类型的经济危机，往往会导致"城门失火，殃及池鱼"的后果，即引发相关国家的经济动荡。典型的是，1997年爆发的东南亚金融危机把世界上1/3以上的经济拖入了衰退的边缘。据业内人士估计，受该次金融风暴冲击的影响，东盟国家的财富损失达5000亿美元。到了1998年，印度尼西亚、泰国、马来西亚、菲律宾的经济甚至出现平均8%的负增长。随着东南亚金融危机蔓延成全球性金融危机，拉美国家的经济发展和金融市场也受到不同程度的冲击，造成股市下跌、汇市不稳、资金外流、外汇储备下降、外贸赤字上升、国际收支状况恶化、经济增长速度减缓；全地区经济平均增长率从1997年的5.5%降到1998年的3%左右。

1998年8月中旬俄罗斯爆发金融危机后，巴西金融市场险象环生，两个月内就有280多亿美元外资"逃离"，外汇储备从740多亿美元骤减至450亿美元。同时，受国际市场原油、铜等原料产品价格持续下跌的影响，墨西哥、委内瑞拉和智利等原油或铜产品出口国的外汇收入锐减。

2008年美国发生次贷危机，先是使欧盟经济陷入衰退，其后，亚洲也未能幸免。2008年欧盟和欧元区经济增长分别为1.4%和1.2%，不及2007年增速的一半。英国、德国、法国住房市场均大幅下滑，失业率上升（2008年11月底英国失业率达到6%，为1999年以来的最高水平）。欧洲金融机构也因此遭受了巨大的损失。雷曼兄弟发行的债券中约有一半由欧洲金融机构所购买，为此欧洲金融机构承担了约3000亿美元的银行坏账。日本受到的影响则直接表现为出口出现了前所未有的下滑。据日本财务省公布的数据，2008年10月日本贸易出现了约639亿日元的逆差。在出口大幅度减少的情况下，日本矿业生产也出现了大幅度下降，2008年11月生产额比2007年同比下降16%。制造业也受到影响，2008年日本汽车减产15.2%，其中12月同比减产24%，退回到2001年的生产规模。在这场危机中，由于我国一些金融机构不同程度地涉足美国抵押贷款债券，因而损失较大。

（三）战争对于非参战国的影响

除了参战国，战争也会使周边国家遭受损失。如在科索沃战争中，北约轰炸不仅危害了南联盟经济，也给周边国家的经济带来了连锁损失，其中的机制是显然的。南联盟是连接东南欧与西欧的枢纽，如保加利亚60%的出口都需要经过南联盟中转。北约对南联盟铁路、公路和桥梁的狂轰滥炸使南联盟与周边国家的陆上运输与空中运输几乎停止。战争期间，周边国家数百艘满载货物的船只被迫滞留河道。由此，从开战到1999年4月底，罗马尼亚和匈牙利因此分别损失了7.3亿美元和1亿美元。阿尔巴尼亚、波黑、保加利亚、克罗地亚、罗马尼亚、匈牙利、马其顿等国家不仅失去了南联盟这一重要市场，与西欧国家的贸易也受到重大影响。其中受影响最大的是阿尔巴尼亚、波黑、马其顿、克罗地亚和保加利亚。1999年，这5个国家的GDP下降了5个百分点左右。希腊、斯洛文尼亚、匈牙利、土耳其和意大利等国1999年的经济增长也因战争影响而略有下降。

从科索沃战争爆发后不久一些国家的经济评估报告或政要讲话中也可以看出，在经济全球化的背景下，战争给这些国家的经济发展带来的危害主要是：北约频繁空袭南联盟给欧洲民航经营造成了巨大的损失，导致欧洲民航班机延误现象频发，一些航班甚至不得不改航线。与巴尔干半岛仅有一海之隔的意大利也"品尝"了空袭给本国旅游业带来的苦果。在长达 11 个星期的空袭中，几乎每天都有数百架次北约战机在意大利东海岸的北约空军基地起起落落。战机发出的震耳欲聋的轰鸣声不仅将在风光旖旎的亚得里亚海海边繁衍生息的水鸟惊得远走高飞，就连往年为饱览意大利秀丽风光、观赏文艺复兴时期著名古迹而纷至沓来的外国游客也被吓得无踪无迹。长期以来，旅游业一直是意大利的支柱产业之一。1997 年意大利的旅游收入已占 GDP 的 13%，高于纺织业、钢铁业和农业的产值；由于旅游业损失惨重，1999 年意大利的实际经济增长速度已低于 1.3%。据意大利消费者组织于1999 年 6 月 11 日公布的数据，空袭期间，意大利旅游业至少损失了 20 亿美元。同期，保加利亚因国际社会对南联盟的制裁，月均损失 2.28 亿美元。当时保加利亚出口中欧和西欧国家的商品占其出口总额的 40%，北约对南联盟进行轰炸后，其交通业和对外贸易均受到了严重的影响。保加利亚贸易和旅游部长瓦西列夫于 1999 年 4 月 6 日发言称，科索沃危机使保加利亚每月遭受的经济损失高达 2.6 亿美元。

此间，克罗地亚的经济损失也不小。克罗地亚有着得天独厚的旅游资源，1998 年克罗地亚共接待 400 万外国游客。尽管克罗地亚未被卷入科索沃危机，因为它既不是南联盟的盟友，也与科索沃无共同边界，但北约对科索沃的空袭给克罗地亚也造成了严重的经济损失，其中旅游业和航空运输业的损失最大。空袭不到一个月，克罗地亚遭受的直接和间接经济损失已高达 15.4 亿美元，外国旅游团减少一半，旅游外汇收入减少 10 亿美元以上，2万人失业。空袭后不久，各旅行社纷纷要求政府提供财政援助。

马其顿也遇到了非常严峻的经济形势，1999 年国民生产总值下降了 8%，预算赤字从原来占国民生产总值的 0.1%增加到占 4.5%。到 1999 年年底为止，马其顿的经济损失达到了 15 亿美元。罗马尼亚也受到严重的影响。袭击至 1999 年 4—5 月，罗马尼亚经济损失即达 7.3 亿美元。特别是，空袭导致罗马尼亚与南联盟的经贸合作中断且多瑙河水路交通阻塞使罗马尼亚对中西欧的出口成本剧增，导致其不少产品被迫退出西欧市场，进而导致罗马尼亚 1999 年国内生产总值下降了两个百分点。1992—1995 年国际社会对南联盟的经济制裁使罗马尼亚的直接经济损失高达 70 多亿美元，再加上科索沃危机，则罗马尼亚受到的总体经济损失超过 300 亿美元。

空袭期间，斯洛伐克也未能幸免。1999 年 4 月 28 日，斯洛伐克政府被迫加入北欧对南联盟的石油禁运行动，导致该国石油公司遭受至少 160 万美元的损失。空袭也对乌克兰经济产生了不利影响。由于北约轰炸，乌克兰在多瑙河上的航运瘫痪，乌克兰仅由此遭受的损失即达数亿美元。乌克兰在这一地区的空运也陷于瘫痪。从对南联盟实行制裁和禁运到 1999 年 4 月 6 日，乌克兰所遭受的经济损失达 40 亿美元。此间，危及厄瓜多尔的香蕉出口甚至也受到影响。厄瓜多尔销往南联盟、俄罗斯、立陶宛、波兰、瑞士、罗马尼亚等国的香蕉主要通过亚得里亚海运抵里耶卡、的里雅斯特等港口。北约轰炸南联盟后，这些港口共少吞纳 780 万箱香蕉。由于无法通过冲突区运往欧洲其他市场，厄瓜多尔香蕉出现了大量过剩和价格大幅下降的现象，给香蕉出口者造成了巨大的损失。

第三节　重大国际冲突中的危机管控体系

重大国际冲突是多数国家不愿看到的，但又是时常发生的。在重大国际冲突中，相关国家的经济运行往往会与平时有较大的态势差异、机制差异、环境差异。如对危及国家经济安全的重大国际冲突不给予充分重视，不采取有效防范、控制与化解措施，将是极其危险的。基于此，有必要从划分重大国际冲突的等级入手，根据冲突等级，测算重大冲突对经济安全诸指标变化的影响程度，进而采取相应的危机管理措施。

一、建立国家间的沟通机制

（一）冲突源于利益矛盾

国家间的重大冲突多源于利益矛盾，如主权利益矛盾、经济利益矛盾、政治利益矛盾。当某个国家的利益诉求得不到满足时，相关国家之间的冲突就产生了。这里所言的利益矛盾主要源于以下几种情形。

（1）对同一利益载体，国家间的认知差异。尽管国家间关系的处理要遵循国际法的原则，有相关国际法可循，但各国都有自己的独立利益，对同一利益及其载体的认知差异，即构成国家间利益矛盾的终极源头。诸如中亚地区 90%的水资源集中在吉尔吉斯斯坦和塔吉克斯坦两国，而乌兹别克斯坦和哈萨克斯坦是最主要的水资源消费国。因占源头之便，吉、塔两国大力发展水电，塔吉克斯坦甚至决定升级努列克水电站。然而，中亚地区人口最多的乌兹别克斯坦则坚决反对塔吉克斯坦的水资源开发计划，两国几乎陷入了冷战状态。在南亚，印度与 3 个国家（巴基斯坦、孟加拉国、尼泊尔）有过水资源争端。印度河发源于印度，下游经过巴基斯坦，是世界上最大的灌溉系统之一。1960 年印、巴两国签署了《印度河水使用协议》，缓解了两国的用水争端，但没有解决关于乌拉尔大坝问题的分歧。巴基斯坦一直认为印度修建乌拉尔大坝违反了《印度河水使用协议》，因为协议规定"禁止任何一方进行可能改变河水流量的人工工程"。更重要的是，巴方认为印度可由此截住河水，不让其流往巴基斯坦。1961 年印度甚至在其境内切断了原本巴基斯坦可以用于灌溉农田的两条运河，将两国置于战争的边缘。

（2）对同一利益载体，多个国家认为自己应拥有主权。典型的是，在中东，围绕戈兰高地曾发生过"六五"战争。1967 年 6 月 5 日，以色列空军通过对埃及、叙利亚和约旦三国空军基地的闪电式袭击迅速掌握了制空权。此后，以色列军队兵分三路进入埃及西奈半岛，同时向约旦河西岸进军。6 月 7 日，约旦首先接受联合国停火要求。9 日，埃及接受停火要求。尽管 9 日叙利亚同意停火，但以色列为达到既定目的，仍集中 10 个旅的兵力分三路进攻叙利亚，直到 10 日夺取戈兰高地。戈兰高地面积约 1860 平方千米，北起谢赫山，南到雅尔穆克河谷，俯瞰太巴列湖和约旦河，具有极其重要的战略地位。太巴列湖是戈兰高地地区最大的淡水湖，南北长约 23 千米，东西最宽处约 14 千米，总面积约 165 平方千米，平均水深 50 米左右，储水量约 40 亿立方米。以色列每年从太巴列湖抽水约 6 亿立方米，占以色列全国淡水用量 40%左右，故以色列把太巴列湖视为"生命水源"。因此，以色列强烈要求拥有整个太巴列湖。

（3）霸权主义强国对于弱国的欺凌。经过三次产业革命和两次世界大战，世界上形成了强国与弱国之别。特别是经过二战，世界上形成了美国与苏联两个超级大国。随着 20 世纪 90 年代中期苏联解体，此后没有任何国家有实力与美国抗衡，世界即形成了美国"一股独大、独强"的格局。此后，美国借各种缘由，几乎每过两三年即发动一场针对某个弱国的战争。随着 20 世纪 70 年代末、80 年代初我国改革开放后经济迅速发展，特别是 2000 年后我国恢复在 WTO 的地位，世界格局发生了新的变化。2018 年时任美国总统特朗普公开宣称我国是美国的"长期战略竞争者"。于是，从 2018 年春夏之交起，特朗普政府向我国发起了多轮次贸易挑衅，对我国出口到美国的商品多批次加税，制裁我国数十家行业领军企业和高校院所，要求我国进行结构性改革等，甚至毫无理由地要求我国"放弃发展高科技"。我国政府理所当然地对美国的这些无理要求给予了反击。

可预期的是，在经济全球化时代，随着国家间在经济上的相互依赖日趋加深，相互依存的程度日益提高，强国与弱国之间的"磕碰、冲突"也在增加。跨境环境污染、金融危机传播、知识产权霸权、国际贸易摩擦、跨国公司控制东道国"经济命脉部门"等问题都可能演化为国家间冲突。如何防范和化解国家间冲突对一国经济安全的威胁，对于多数国家都是一种考验。

（二）沟通的本质是磋商、谈判和求同存异

国家间的冲突，首先要通过磋商、谈判来化解；谈判化解冲突的关键是"求同存异、各自做些让步"。反之，如果双方都坚持"自己的利益诉求不可改变"，那么即便是很小的冲突也难以通过磋商、谈判来化解。当然，其中的"各自做些让步"通常是指一国用自己的"非核心、非主权利益"给对方一些补偿，从而使自己的"核心及主权利益"得到保护。

世界正处于大发展、大变革、大调整之中，和平与发展仍然是时代主题，世界多极化、经济全球化、社会信息化、文化多样化深入发展，全球治理体系和国际秩序变革加速推进，各国的相互联系和依存程度日益加深。同时，世界面临的不稳定性、不确定性日益突出，世界经济增长缺少新的动能，贫富分化日益严重，地区热点问题此起彼伏，恐怖主义、网络安全、重大传染性疾病、气候变化等非传统安全威胁持续蔓延，人类面临许多共同的挑战，国家间的冲突也很难避免。

为抑制国家间可能发生的冲突，国家间交往要有和平、发展、合作、共赢的认知，恪守维护世界和平、促进共同发展的外交理念，积极建设"相互尊重、公平正义、合作共赢"的国际关系。国家间要协力"构建人类命运共同体"，致力于建设持久和平、普遍安全、共同繁荣、开放包容、清洁美丽的世界。要秉持着"相互尊重、平等协商，努力摒弃冷战思

维和强权政治，对话而不对抗、结伴而不结盟"的态度来发展国家间交往。

为抑制国家间可能发生的冲突，国家间要秉持"共商、共建、共享"的全球治理观，坚持"国家不分大小、强弱、贫富，一律平等"，支持联合国发挥积极作用，支持扩大发展中国家在国际事务中的代表性和发言权。特别是对大国而言，要积极发挥"负责任大国"的作用，积极参与全球治理体系的改革和建设，不断贡献大国的智慧和力量。

（三）在营造磋商环境上，我国做出了积极的努力

在多种场合，我国领导人都提出"要坚持以对话解决争端、以协商化解分歧，统筹应对传统和非传统安全威胁，反对一切形式的恐怖主义"。我国致力于尊重世界文明的多样性，以文明交流超越文明隔阂、以文明互鉴超越文明冲突、以文明共存超越文明优越；坚持环境友好，合作应对全球气候变化，保护好人类赖以生存的地球村；致力于推动经济全球化朝着更加"开放、包容、普惠、平衡、共赢"的方向发展。

我国长期奉行独立自主的和平外交政策，尊重各国人民自主选择发展道路的权利，维护国际公平正义，反对把自己的意志强加于人，反对干涉别国内政，反对以强凌弱。我国绝不以牺牲别国利益为代价来发展和繁荣本国，也绝不放弃自己的正当权益。我国奉行防御性国防政策，绝不对任何国家构成威胁，无论发展到什么程度，永远不搞扩张，更不会称霸。

我国积极发展全球伙伴关系，致力于扩大与其他国家的利益交汇点，推进大国协调和合作，构建总体稳定、均衡发展的大国关系，按照"亲诚惠容"的理念和"与邻为善、以邻为伴"的周边外交方针，以"真实亲诚"的理念加强同发展中国家的合作。我国坚持对外开放的基本国策，打开国门谋发展、搞建设，积极促进"一带一路"国际合作，努力实现政策沟通、设施联通、贸易畅通、资金融通、民心相通，打造国家间合作平台，营造共同发展动力。

我国充分利用联合国安理会、世界贸易组织、世界银行、国际货币基金组织、20国集团，以及上海合作组织、金砖国家峰会、亚洲投资银行等全球性、区域性、产业性国际合作组织，加快落实"一带一路"倡议和人类命运共同体建设，为区域经济、世界经济的稳定持续发展和世界和平发展增添新的动能。

二、建立区域经济安全机制

（一）一国的安全与区域安全息息相关

国家间的冲突多数发生在同一国际区域内，故为防范冲突、化解冲突，必须加强区域安全机制的构建。区域经济安全与否反映国家经济生存和发展的区域空间优劣。这里不妨以科索沃战争为例展开讨论。1999年爆发的科索沃危机表明，现代局部战争的破坏效应绝不仅局限于交战国双方，所在区域遭受的灾难性影响也是不容忽视的。北约对南联盟的狂轰滥炸造成了南联盟及其周边国家的全方位灾难。逃离科索沃的近百万难民给阿尔巴尼亚、马其顿等国家造成了沉重的负担；罗马尼亚、保加利亚、希腊、马其顿、阿尔巴尼亚、波

黑、克罗地亚、匈牙利以及乌克兰等国不仅失去了南联盟市场，而且与西欧的贸易也受到严重的影响。战争的危害还波及西欧和东亚。在西欧，欧元的信用因战争受到重创，欧元兑美元汇率持续下挫；战争中，北约大量使用具有放射性的贫铀弹和集束炸弹轰炸南联盟工业设施，导致大量有毒物质泄露，造成了严重的污染，对整个欧洲的生态环境产生了长期的灾难性影响。

不难发现，在现代全球经济体系中，一国经济利益的得失越来越深刻地关联到其他国家利益得失，因此被越来越多地嵌入地区利益及全球利益框架之中。一国对经济利益的维护既要靠自立自强，也需要其他国家的合作，更需要避免对周边国家造成战争伤害。一国在维护自身国家经济利益的时候，不仅要从本国的角度考虑，还需要从区域范围来考虑。换言之，在诸多情境中，一国的经济安全甚至是总体国家安全往往与区域内其他国家的安全紧密相连。

（二）区域经济安全机制的结构

为维护区域经济安全即需要建立区域经济安全机制，该类机制的建立至少应包括以下几方面。

1. 建立区域内国家间互信机制

为维护区域经济安全，国家之间需要建立互信机制。其要点有五个：一是相互信任要以相互尊重对方的主权利益和发展利益，不干涉对方国家的内政为基础。二是互信要以减少区域内国家间的矛盾，更多地谋求国家间的共同利益，实现区域内国家的共同发展及繁荣为目的。三是区域内任何国家参与这一机制应是自愿的且有权利和义务为该机制的构建和完善做出贡献。四是为实现区域内国家间的互信，相关国家在政治、经济、外交、军事上应有一定程度的透明度。五是为避免并防范已建立的互信关系受到破坏，国家间需要适度开展预防性外交努力，即应充分发挥外交工作的预见性与主动性，根据区域安全与发展的需要预设计划、做好预案，积极促成区域的有序发展，促使其处于良性态势。

2. 建立区域内危机管控机制

危机管控理论是在 20 世纪 60 年代两大军事集团对峙的背景下为避免危机升级并引发大规模战争而出现的理论，该理论后来逐步演变为"在不使用武力或遏制使用武力的情况下，通过双方都能接受的磋商、斡旋、协商或其他方式避免矛盾激化，防止冲突升级，从而维护区域安全的机制"，此即区域内危机管控机制。20 世纪 90 年代中后期"冷战"结束后，虽然大规模战争和核冲突的可能性大大降低，但国家之间或国家集团之间的关系危机并没有退出舞台。特别是在新旧格局转型期间往往伴随着错综复杂的矛盾和斗争，各种政治力量为了争夺地区主导权，仍会不断产生新的利益摩擦。由此，即便建立了区域内国家间互信机制，为了进一步维护国际上某个区域的经济安全，为区域内国家的经济安全创造良好的区域环境，也需要建立区域内危机管控机制。这类机制至少应包含以下内容：一是区域内危机的预警机制；二是区域内危机的防范与化解机制。只有真正实现了有效的预警、防范和化解，才能将可能发生的危机及其危害控制在一定程度和范围之内。

三、战争条件下的危机管控体系

（一）南联盟的"全民防御"思想

战争是人类社会频繁发生的场景，平战交替是人类社会发展的客观规律之一。国家和民族要想在战争中生存下来并把战争损失降至最低程度，"平时"即需要建立有效应对战争的危机管控体系。如在科索沃战争中，南联盟先前在"全民防御"思想下建设的危机管控体系即发挥了巨大的作用。

南联盟只有1200万人口，1998年的GDP只有140亿美元，国小财弱。而北约有37倍于南联盟的庞大军力、396倍于南联盟的雄厚财力，动用了世界上最先进的武器，却未能使南联盟屈服。科索沃战争表明，在这场强弱分明、力量悬殊的强国对战弱国的战争中，弱者未必不堪一击。南联盟虽然遭受了巨大的经济损失和人员伤亡，军事及民用设施皆受到严重破坏，但南联盟在政治上主动，举国激昂、同仇敌忾、屹立不屈，而且大部分军事实力得以保存。这无疑得益于南联盟平时为应付战争而建立的危机管控体系。

早在20世纪60年代，作为南联盟前身的南斯拉夫即确立了"全民防御"的战略思想，要求在国家遭到外敌入侵时"全民参战"，并且在和平时期把武装力量（包括武器弹药库、兵工厂、通信网络及指挥系统）分散于全国（特别是分散于山地和森林），以便长期抵抗。这一思想在南斯拉夫的《国防法》中得以明确，后来南联盟又将《国防法》修改为《全民防御法》。

"全民防御"是南联盟应付战争危机的重要战略思想且通过《全民防御法》的制定与颁布将这一战略思想法律化。南联盟在《全民防御法》中规定，"在设计和建设较大的投资项目，如电力、土壤改良系统、铁路、公路、地下铁道、机场、港口、轮船和其他航运、联络系统和设备，以及其他对全民防御具有特殊意义的项目时，投资者有责任实现国防部及国防部长授权的军官在定位方面及影响到战时工作和国防设施使用的必要调整的要求""兴建和改造水利项目和设施及其他导致自然和人工水利系统发生变化的项目和设施时，只有在征得国防部的事先同意后方可实施""科研组织、大学系及其他高校机构，有责任保证将与全民防御有关而又符合研究课题的研究工作列入研究计划，有责任将自己的科研和发展计划资料和对全民防御具有意义的科研成果、发明资料等提交给国防部和法令规定的其他机构"。由此可见，《全民防御法》从国家的基础设施建设到科技发展，对经济活动中有关国防安全的事宜都进行了详细的规定，这就从法律上保证了国防建设与经济建设的协调发展。

值得关注的是，南联盟的"全民防御"并不是消极、被动地防御，而是要求全社会具有"居安思危"的忧患意识，在经济建设中兼顾国防功能，不断增强国家应对战争的能力。一方面，对军事力量进行隐蔽、分散和伪装，以期在战争中发挥作用并保存实力；另一方面，在经济发展中不断提升国防实力，以期在战争中迅速将经济实力转化为战争实力，这是南联盟长期以来所遵循的管控战争危机的原则。

（二）科索沃战争中南联盟的危机管控

如果平时建设的危机管控体系恰当，战时必能发挥积极的作用。在科索沃危机中，面对强敌，南联盟综合政治、经济和军事力量积极应战。

1999 年 3 月 23 日，南联盟政府宣布，鉴于北约不断对南联盟发出违反国际法准则的侵略威胁，南联盟政府在征得联盟总统和联盟议会两院主席同意后，根据宪法授权决定"从即日起，面临遭受侵略危险的南联盟处于直接战争危险状态"。

同年 3 月 24 日，在北约正在准备空袭南联盟之际，南联盟时任总统米洛舍维奇发表电视讲话，号召全国人民"采取一切手段"保卫国家。米洛舍维奇在讲话中说："目前发生的一切关系到整个国家的自由，科索沃只是外国军队企图侵入的开端。"

同年 3 月 28 日，米洛舍维奇在国家和军队高级领导人会议上指出，军队和政府密切配合对加强国防具有重要意义，南联盟人民在当前形势下表现出了高度的责任感。南联盟政府当天决定，在战争状态下，国家拥有的财政收入和物资将全部用于国防，外贸进出口商品的种类也完全取决于当下国防的需要。

同年 4 月 4 日，米洛舍维奇接见南联盟人民银行行长弗拉特科维奇和塞尔维亚共和国总理马里亚诺维奇，讨论了关于金融体制运转和如何使银行体制更适应战争环境等问题，要求他们在战争时期采取措施确保金融稳定和物价稳定。米洛舍维奇当天还接见了南联盟农业部长希波瓦茨和塞尔维亚共和国农业、水资源和林业部长巴博维奇，讨论了 1999 年农业生产计划。1999 年计划播种面积超过 1998 年，政府将为农民春播提供必要的条件；即使在北约空袭条件下，也要保证农民所需要的农机和燃料，争取 1999 年实现农业大丰收。

同年 5 月 16 日，南联盟政府发起了"为持久战备粮和食品"的总动员。政府出台了农业优先的紧急政策，号召所有相关部门致力于保证农产品及食品供应，以维持居民必要的生活水平并指令 50 万失业工人立即转入此项紧急任务，确保战时粮食和食品的供应。

南联盟"炸不烂、打不垮"的背后，是全体人民的坚强意志和几十年动员准备的积累。在战时，"全民防御"取得了世人瞩目的战果。面对北约的狂轰滥炸，在军事上，南联盟既有效地打击了敌人，又保存了实力。为了最大程度地保护自己，迷惑北约的空中力量，南联盟军队用塑料薄膜铺成"道路"，在"道路"附近架设桥梁，摆放坦克等实体模型。就连国际维和部队的士兵们也承认，这些模型很容易被误认，特别是在 5000 米的高空和每小时 750 千米的飞行速度下，就更难分辨清楚了。再则，即使面对如此悬殊的军事实力，北约的战机自始至终也不敢低空进行投弹轰炸，这更说明了南联盟士兵在军事素质训练方面具有很好的经验。

在同北约签订撤军协议后，南联盟军方发表公告称，在北约对南联盟野蛮轰炸的 78 天中，南联盟武装部队共损失坦克 13 辆，军方及警方人员共折损 300 多人。对于这个数字，北约将军和西方舆论认为，这只不过是南联盟官方出于国内宣传需要而已，并未理会。此后，随着南联盟武装力量庞大的坦克及火炮车队自科索沃撤出，不但北约领导人感到吃惊，就连在现场的各国记者也情不自禁地惊呼："打了这么多天仗，北约到底都炸了些什么！"据北约在南联盟武装力量撤出时的统计，南联盟人民军和警察部队至少自科索沃撤出了 250 辆坦克、450 辆装甲车、600 门火炮、大量的迫击炮以及 4 万多名武装人员。

第四节　重大国际冲突的经济影响：战争对经济破坏的估算

一、基本思路

在力量对比上，现代战争可分为"对称性战争"和"非对称性战争"。在对称性战争中，交战双方遭受的损失可能也是"对称"的。但当今的高技术战争是"非对称性战争"，战争给双方造成的损失也是"非对称"的。更何况在当今"和平与发展"的时代背景下，所发生的多数战争是霸权主义国家借故打击弱国，如美国多次打击伊拉克、利比亚、阿富汗等国家，还多次试图打击朝鲜。在这种战争能力严重"非对称"的情况下，自然只有"被打者"蒙受更大的损失，而"打人者"不但不会遭受战争损失，甚至还有可能获得大量的"战争红利"。

还有一点值得关注的是，现代高技术战争的作战样式的变化导致战争对于相关国家经济的影响机制发生了变化。一是"超视距、远程打击、精确制导、斩首行动"导致战争会更多地影响成为"精确打击目标"的行业和地区（如核心城市）的经济。二是基于经济体系中的行业及部门间的联系，那些对于一国经济影响大的行业和地区如受到"精确打击"，即便其他行业和地区没有受到打击，则整体经济遭受的损失也会很大。

鉴于前述内容，讨论战争对于一国经济的破坏，在"非对称"战争条件下，同时考虑现代战争作战样式的变化，即只需重点关注战争中"强国"给"被打者"（弱国）造成的经济损失。相应地，一是需要搞清"被打者"遭受损失的可能结构（结构性核算法）；二是鉴于国民经济各部门之间的投入产出联系，搞清了最易被打击的部门所遭受的损失，即可以借助部门间的投入产出联系推演一国经济整体上所遭受的损失（短边部门法）。

二、战争对一国经济造成的总体损失：结构性核算法

（一）战争成本

战争对于一国经济造成的总体损失可以用战争成本（记为 C）来计量。这主要包括两部分：一是被打者为了反抗打击、保护自己而不得不发生的战争消耗损失（记为 $C_{耗}$）；二是被打者遭受对方打击而实际发生的战争破坏损失（记为 $C_{损}$）。于是，被打者的总体损失即战争成本，用公式表示为

$$战争成本\ C = 战争消耗损失\ C_{耗} + 战争破坏损失\ C_{损}$$
$$= C_{耗} + C_{损}$$

这其中，战争期间被打者实际发生的战争消耗损失（记为 $C_{耗}$）又是由两部分构成的：第一部分是被打者的"战争投入"（记为 $C_{投}$）中实际耗损的部分（比例记为 α）；第二部分是被打者战争投入余值的折旧（记为 $C_{投余旧}$），即投入了但交战中没有被消耗掉的那一部分

装备、物资所发生的自然损耗（折旧）。于是被打者实际发生的战争消耗损失用公式表示为

战争消耗损失 $C_{耗}$=战争投入 $C_{投}$×耗损率 α+战争投入余值的折旧 $C_{投余旧}$

$$=C_{投}\alpha+C_{投余旧}$$

与之同时，战争破坏损失（记为 $C_{损}$）分为三部分：第一部分是被打者战争期间的资产损失（$C_{资损}$）；第二部分是战争对被打者资源的摧毁带来的被打者生产水平的下降（$C_{资GDP下}$）；第三部分是受到经济制裁给被打者带来的生产水平的下降（$C_{裁GDP}$）。于是，被打者遭受的战争破坏损失用公式表示为

战争破坏损失 $C_{损}$=战争期间资产损失 $C_{资损}$+战争对资源摧毁带来的生产水平的下降 $C_{资GDP下}$

$$+经济制裁带来的生产水平的下降 C_{裁GDP}$$

$$=C_{资损}+C_{资GDP下}+C_{裁GDP}$$

（二）变量间的关系

进一步看，前述两式中的有关变量还有如下关系。

（1）被打者战争投入的余值的折旧 $C_{投余旧}$=被打者的战争投入 $C_{投}$×余值率 γ×折旧率 β=$C_{投}\gamma\beta$

（2）被打者战争期间的资产损失 $C_{资损}$=被打者的资产总量 $C_{资总}$×被打者受打击的资产比例 ρ×对方打被打者的费效比 φ=$C_{资总}\rho\varphi$

（3）战争对被打者资源的摧毁带来的被打者生产水平的下降 $C_{资GDP下}$=被打者短边资产的损失 $C_{短资损}$×该资产的 GDP 系数 δ=$C_{短资损}\delta$

（4）经济制裁带来的被打者生产水平的下降 $C_{裁GDP}$=被打者的一般贸易损失 $M_{贸}$+被打者的加工贸易损失 $M_{加贸}$+外商在被打者国家的投资下降带来的被打者 GDP 的损失 $I_{投}$+被打者在国外的资产损失带来的 GDP 损失 $I_{损}$=$M_{贸}+M_{加贸}+I_{投}+I_{损}$

（5）外商在被打方国家的投资下降=外商直接投资的下降+外商收益再投资的下降

清楚了前述几个式子表述的内容及变量间的关系，只要能得到或估算出相关变量的可能取值，即不难据此思考一场战争给被打者国家造成的经济损失。

三、战争对一国造成的 GDP 损失的测算：短边部门法

（一）信息经济时代的短边部门

战争对被打者国家造成的 GDP 的下降通常是由国民经济中的"短边部门"所决定的。所谓短边部门，即对整个经济体系而言，"一损俱损"引发整体经济遭受更大损失的那些经济部门。典型的是，在传统工业经济时代，交战双方往往会打击对方的兵工厂、武器库、电厂、铁路、机场、主干公路等。使对方的兵工厂"瘫痪"，炸毁对方的弹药库，对方即会丧失作战能力。使对方的电厂、铁路、机场、主干公路等"瘫痪"，对方即很难组织生产了。因此，这些行业是传统工业经济时代战争时期的"短边部门"。

但在现代信息经济时代，只要炸断对方的电网，就会导致工厂机器不能开动了、路上列车不能走动了、各类电子计算机系统及网络系统不能运行了、楼堂馆所不能经营了、政

府机构无法全面履职了……故在现代信息经济时代，电网是一国经济中最为短边的部门。20 世纪末期科索沃危机时美军用碳纤维炸弹打击南联盟电网，在电网没有物理断开的情况下，通过碳纤维散落在电网上引发电网短路，从而使南联盟电网失效，进而导致南联盟经济难以运行。这就是"电网是一国经济中最为短边的部门"的佐证。

（二）战争期间电网系统的短边效应

电力是信息经济时代经济社会运行最为基本的动力，对经济社会运行起着根本性支撑作用。同时，电力作为一类经济部门，与各个经济部门有着十分广泛的投入产出关联。与之同时，电力系统既是最易被战争对手所破坏的，又是战争对手最喜欢打击的经济部门。特别是在高技术战争的作战样式中，一方面，攻击者仍将电力系统作为重点打击目标；另一方面，对电力系统的打击样式，已由打击电厂转变为碳纤维炸弹打击电网（如前述）。

基于以上情况，在现代高技术战争的背景下，如要估算被打击者可能遭受的损失，只要估算出被打击国家电网系统受损引发的 GDP 损失，即可将其视为战争给被打击国家造成的 GDP 损失。且这类损失有以下特点：一是所引发的 GDP 损失会与被打击国家电网系统实际受损的程度高度相关；二是这一损失在同一国家的不同地区会有很大的差异。这一差异背后的驱动因素有三个：一是不同地区 GDP 的基数本身存在差异；二是在不同地区，电力系统与其他经济部门的投入产出关联是有差异的；三是在不同地区，对于受损电网系统的修复能力（可用所需修复周期来表示）也是有差异的。

第十一章

国家经济安全的保障体系

第一节　国家经济安全保障体系的系统结构

国家经济安全是一国经济生存与发展的重大问题，故一国必须致力于维护自己的经济安全。经济安全保障体系是保障一国经济安全的框架性安排，即一国为了维护自身的经济安全所建立的一系列制度体系、组织体系和技术体系。

一、国家经济安全的主体

国家经济安全是对国家而言的，故它的主体无疑是国家而不是政府。国家经济安全的主体是国家，这等同于说明了下列问题：第一，它指的是国家整体的经济安全问题，而不是指一国内部某个区域的经济安全问题。第二，它指的是"国家"的经济安全，而不是"政府"的支付及运行安全问题，也不是某个利益集团的利益安全问题。第三，审视国家经济安全问题一定要站在国家的立场，而不能站在某个利益集团的角度。现实中人们对同一经济安全问题会得出不同的看法，这往往正是由于所站利益角度不同所致。

二、维护国家经济安全的终极主体：中央政府

国家经济安全是一国全民的共同利益，而市场力量并无这样的追求，故就维护国家经济安全而言，市场机制是失灵的，这就需要政府发挥适当的作用。特别是，在社会主义市场经济环境下，维护国家经济安全的终极主体只能是中央政府。

（一）政府应为企业和居民提供他们所需要的公共物品

在市场经济中，企业和居民所需要的某些物品是市场力量无法提供的，这些物品即公共物品，它们需要由政府来组织生产和供给。政府是一种特殊的组织，提供公共物品是政

府的特殊职能。在这两个"特殊"的背后，潜藏着政府与公共物品之间必然的内在联系①。

公共物品具有消费上的"非对抗性"及"非排他性"，故长期以来，人们认为公共物品应该由政府负责提供。早在 1848 年，穆勒就在《政治经济学原理》中分析了"导航灯塔"这种典型的公共物品必须由政府出面建造的缘由。1932 年，庇古在《福利经济学》（第四版）中也从"私人成本与社会成本的差异"角度分析了"灯塔问题"，认为由于在技术上难以向过往船只收取费用，灯塔必须由政府来建造。

这里需要注意的是，并非所有公共物品都需要靠政府来组织生产和供给，因为"公共"与"私有"是相对于某个组织而言的，政府只不过是特殊的组织。公共物品总是与特定组织相联系的，即公共物品总是某个组织的公共物品。在特定组织内，某些公共物品也可以通过"俱乐部"制度来安排生产和供给。故在市场经济中，政府应提供的主要是那些以"俱乐部"式制度安排也无法提供的公共物品。相应地，国家经济安全这种公共物品即只能靠政府来提供。

（二）国家经济安全属于市场经济中"公共物品"的范畴

在市场经济条件下，整个社会的经济利益分散化，居民利益、企业利益、政府利益与国家利益并非总是完全一致的。居民追求个人福利的最大化，企业追求企业利润的最大化，政府也会追求"政府形象的最佳化"，同时必须将"国家利益最大化和政府形象最佳化"结合起来。这种利益关系就决定了政府必须真正关心国家经济安全，维护国家经济安全的终极职能即必须由政府来担当。换言之，政府必须将国家经济安全作为一种公共物品提供给居民和企业。

在市场经济中，政府维护国家经济安全主要是通过限制国际、国内范围有害的市场力量、维护效率与公平、保护环境（生态环境与市场环境）、提供制度化或物化的公共基础设施等方式来实施的。同时，国家经济安全是总体国家安全的经济基础和重要组成部分，是国家利益和国家利益维护手段的统一体。基于此，政府即必须将国家经济安全作为"公共物品"提供给社会。

（三）维护有效的市场竞争秩序的主要责任归于政府

市场经济中需要政府来矫正私人物品的外部性。相对于"公共物品"，有"私人物品"之说。私人物品即其消费具有"竞争性""对抗性"和"排他性"的物品。但现实中，私人物品的提供者往往无法完全抑制私人物品的外部性（或称外溢效应）。诸如某个人或组织生产了某种知识，知识具有外部性。但个人或组织无法将所生产的知识可能带来的所有好处都据为己有。此时，特定知识所外溢的利益即可能大于生产知识的私人或组织的所得的利益，如果政府不来保护生产知识的私人或组织的利益，则即可能没有人愿意继续去生产新的知识。在这种情况下，就只能靠政府来矫正私人物品的外溢效应，如建立保护知识生产

---

① 关于"公共物品"，其英文的中文译名有很多种，如公用品、共用品、公共产品、公有物品、公共资财、公共货品等。汝信主编的《社会科学新辞典》（1988 年版）中对公共物品的定义是："指一种提供给某个消费者使用，而旁人不必另付代价亦可同时得到享用的商品或劳务。例如，路灯、环境保护等。"

者利益的知识产权制度。

市场竞争秩序的形成也需要借助政府之力。企业经营需要有序的市场竞争环境，但这单靠企业自身努力是做不到的，而是需要靠政府构建合理且有效的市场竞争规则。无论是在发达的市场经济国家，还是在正建立市场经济制度的转轨国家，一旦市场中出现了无序的竞争，即需要政府作为"规则制定者"和"裁判员"来维护市场竞争秩序。国家经济安全是一国最为基础的经济秩序，更是需要政府来积极维护。

（四）调节集团间及国家间利益关系也需要政府有所作为

在市场经济中，国内不同利益集团之间的利益差距主要是由各自的财富创造能力及市场机制造成的。就市场机制造成的利益差距而言，企业及居民个人是无法使之协调的，这就需要靠政府来调节不同利益集团之间的利益分配。政府调节这类利益差距的主要办法是税收政策、财政预算、转移支付以及社会保障体系等。同时，国家之间的经济利益关系特别是利益矛盾，也需要靠政府之间来磋商和协调。诸如化解国家之间的贸易摩擦、化解他国对本国的经济制裁、在国家间建立平等互惠的经贸关系、给予跨国企业以国民待遇等，这些问题都需要靠政府付诸相应的努力，而企业对这些是无能为力的。

（五）中央政府对于维护国家经济安全负有终极责任

在社会主义市场经济条件下，政府的安全职能之一是将国家经济安全作为"公共物品"提供给本国范围内的企业和居民。但客观上，省市是独立的预算主体，地方利益与国家整体利益在客观上存在差异。地方利益是由地方政府代表的，其目标是"地方利益最大化和地方政府形象最佳化"。地方政府有责任维护辖区地方利益，某些情况下即可能为了地方经济利益而淡化甚至损害国家整体利益。与之有异的是，尽管中央政府的目标中"国家利益最大化"与"政府形象最佳化"有时也有矛盾，但中央政府能否有"良好的形象"，与其能否实现"国家利益最大化"紧密相关。在相当程度上，这一机制会强迫中央政府担当起维护国家整体利益的职能，使之成为维护国家经济安全的终极力量。

同时，维护国家经济安全是需要"动员国家力量"来"协调企业、居民和地方行为"的系统工程。中央政府拥有以税收方式强制集中的资源，拥有协调企业、居民及地方行为需要的投资、税收、财政、信贷、外汇、支付等方面的政策工具和权力，这些工具和权力是任何非政府组织不可能拥有的且多数是地方政府也不具备的。故在社会主义市场经济条件下，只有中央政府具备这种"动员和协调能力"，进而导致只有中央政府才能担当起维护国家经济安全的终极责任。

三、构建国家经济安全保障体系应有的意识

在社会主义市场经济条件下构建国家经济安全保障体系，必须具备以下意识。

（一）国家经济利益观

国家经济安全的本质是国家层面的经济利益得到有效的维护。维护国家经济安全的本

质就是要利用各种手段保障一国经济的主权独立、基础稳定、健康运行、稳健增长与持续发展，避免国家层面的经济利益可能发生的损失，维持经济发展大局，在国际竞争中争取有利地位和良好的外部环境，这些都属于国家层面的经济利益的范畴。基于此，构建国家经济安全保障体系首先要有明确、准确、强烈的国家经济利益观。

（二）综合观与前瞻观

要保障一国的经济安全，不能仅从经济上考虑维护国家经济安全的手段，还必须从政治、科技、军事、环境、外交、文化等诸方面综合考虑和考量，据此设计、制定、构建有利于本国经济安全的战略、预案和政策，进而采取有利于本国经济安全的行动。同时需要注意到，进入 21 世纪以来，全球日益步入以信息经济、知识经济、可持续发展及经济全球化为特征的"新经济"时代，新经济给不少国家带来了新的机遇，也带来了新的挑战和焦虑，特别是给发展中国家维护自己的经济安全带来了新的"议题"。故一国在制定国家经济安全战略、预案与政策时，必须审视大势、前瞻而定。

（三）全球观与全民参与观

在经济全球化背景下，国家间经济的相互依存程度日益提高，一国经济中的非安全因素也会向其他国家扩散，单靠一国自身的力量已无法保护本国的经济安全。故必须将一国的经济安全放到全球政治、经济、科技的总体框架中去考虑，积极寻求双边和多边合作，以实现本国的经济安全目标，此即维护国家经济安全的全球观。国家经济安全是全体国民的共同利益，居民、企业、机构、政府都将从经济安全中获得利益，从经济非安全及危机中蒙受损失。故维护一国的经济安全不能单靠中央政府的力量，还必须有地方政府、企业、机构和全体居民的积极参与，分别从自身角度为国家经济安全做出贡献，此即为维护国家经济安全的全民参与观。

四、经济安全保障体系的基础：提高经济的内在素质

要维护一国的经济安全，最为根本的是提高本国经济的内在素质，这至少包括以下几个方面。

（一）培育强大的企业竞争力

在全球化的市场经济中，一国经济安全的终极基础是本国企业的国际竞争力。缺乏企业国际竞争力的经济体是不可能有国家经济安全的。故为维护自身国家的经济安全，一国必须着力于培育本国企业强大的国际竞争力。企业的国际竞争力固然最终是企业在全球市场竞争中逐步"摔打"积累而成的，但也离不开本国政府缔造的政策环境及市场环境，离不开教育、科研、金融等部门的支持。一个典型的例证是，20 世纪 70～80 年代，"日本制造""欧洲制造"曾使"美国制造"在汽车、微电子、家电等领域遇到了巨大的压力，一退

再退①。为此，美国麻省理工学院组织了一大批专家进行了两年的调查研究，为振兴美国制造业出谋划策。此后，美国政府、业界、教育及科研部门群策群力，终于使美国在不少工业领域又回到了"领袖地位"。这对美国 20 世纪末期以来的国家经济安全无疑是一重大贡献。

（二）有效发展重要产业

产业安全是一国经济安全的重要组成部分，同时也是一国整体经济安全的重要基础之一。以制造业为例，基础制造业（如新材料、机床、微电子器件等）是一国经济工业化的"基础的基础"；装备制造业（如电气机械及器材制造业、石化及其他工业专用设备制造业等）是一国经济工业化的"装备部门"；高关联性制造业（如汽车制造业）既对其他制造业有着较高的依存性，又对整个制造业有着较高的带动度。这些制造业的发展状况无疑与一国产业安全、整体经济安全有着十分紧密的联系。故在经济全球化、知识化、信息化的趋势下，一国必须从基本国情出发，有重点地优先发展某些重要产业。

稍作历史回顾即不难看到一些国家通过优先或重点发展某些产业，使本国经济安全态势大为改观的典型例证。诸如二战后，特别是 20 世纪 70 年代第一次石油危机之后，日本靠独一无二的产业政策，推动产业升级及产业结构转型，迅速拓展了"日本经济的生存空间"，实现了一定时期内日本经济的持续发展。改革开放以来，我国依次积极发展高新产业、战新产业，同时加快传统产业改造升级，经过 30 年努力即成为"制造大国"，使我国制造业在国际上有了很高的地位。欧美各国虽然慎言"产业政策"，但实际上都对汽车、生物科技、环保、航天、医疗、微电子器件等产业给予了重点扶持。特别是，美国联邦政府对于硅谷内创新的高新企业的扶持是通过国防部、环境部、国家航天局、能源部、卫生部等的直接采购实施的，但其并不明示"这是政府扶持政策"。

（三）增强科技国力，活跃技术创新

一国经济的"稳健增长、可持续发展"离不开科技的发展及其作用，还有赖于科技与经济的互融互动且在现代经济中，如果一国的经济发展缺少技术创新的驱动力，无论当时的经济增长速度有多么快，这样的发展终究是难以持续的。典型例证是，1997—1998 年的亚洲金融危机发生之前，美国麻省理工学院的格鲁德曼教授即预言"东亚国家经济将出问题"。格鲁德曼得出这一判断的重要依据就是这些国家的产业技术创新稀缺。由此不难看到，增强科技国力、活跃产业技术创新是维护一国经济安全的"固本之举"，故多年来不少国家围绕产业技术创新频繁推出新的举措。美国克林顿政府即视技术为"经济增长的发动机"，视科学为"经济增长的燃料"，确定了重点发展的战略性科技领域，实施跨部门综合性科研计划，大力支持基础科学研究。日本于 1980 年即提出"科技立国"战略。俄罗斯叶利钦政府及普京政府皆从政策上支持"最有前途的基础研究"，扶植主要科研机构，确保其战略利益和"科技独立"。印度也提出了"以科技为先导、以教育为依托、以经济振兴为基础、以

---

① DERTOUZOS M L. Made in Amerrica: regaining the productive edge[M]. Cambridge: the MIT press，1990.

提升军事力量为后盾、以外交为保障"的国家经济安全战略，力图在 21 世纪成为令人瞩目的经济、政治大国。

（四）维护经济秩序，保证稳健增长

"维护经济秩序、保障稳健增长"是国家经济安全的重要内容和基本要求。美国、俄罗斯、日本等国的经济安全战略中都包含了这一思路。美国一些学者甚至认为，政府针对"不规则的经济增长速度、结构性失业、通货膨胀等"所实施的对策，是最为重要的国家经济安全政策。前联邦德国在 20 世纪 60 年代颁布了《经济稳定与增长促进法》，规定了四项目标，即价格稳定（通货膨胀率在 3%以下）、增长适度、国际收支平衡（外贸盈余占国民总产值的 1.5%～2%）以及充分就业。这项法律对于维护前联邦德国的经济安全无疑是有益的。1997—1998 年的亚洲金融危机之后，研讨经济安全法的制定时，曾有学者提出以制定"经济稳定增长法"代替制定"国家经济安全法"，认为这更易被社会所接受。一些学者甚至认为，"维护经济秩序、保障稳健增长"是维护国家经济安全的基本诉求。究其学理上的依据，是因为经济增长对国家经济安全的其他领域及要求起着"承上启下"的作用。换言之，只要经济稳健增长了，"可持续发展"及财政金融安全即易成为"必然"，同时能源资源安全、产业安全、充分就业等也会顺理成章。改革开放后，我国多年来强调"确保经济增长 80%"，实际上就是看到了"经济稳健增长"与国家经济安全其他领域互为因果的互动关系。

（五）夯实国家经济安全的基础设施

国家经济安全保障体系必有其基础设施，即保障一国经济安全的制度体系、管理体系、组织体系、技术体系、网络体系等。其中的制度体系指在现有法律框架、权力框架、行政组织框架之内，为维护一国整体经济安全而制定的一系列法律、法规及管理制度等。诸如，建立民主、科学的国家经济安全决策机制，建立国家、政府、企业重大行为的经济安全影响评价及审议体系，建立关键资源的战略资源储备体系，建立敏感产品的基本自给体系，建立敏感产业准入制度，建立经济安全预警及重大冲突处置机制。

相应的技术体系主要是指在危害国家经济安全的潜在问题较多的国家，为了维护国家经济安全，通常需要建立有效的国家经济安全态势预警体系。这一体系需要反映国家经济安全的主要领域，同时应反映关键领域安全与相关领域的联系、实质经济部门安全与虚拟经济部门安全的联系、国内经济安全与国际经济安全的联系，以期对国家经济安全的现状、趋势、问题等做出准确的研判和预警，为政府和业界采取有关决策、政策等提供依据。

第二节　政府的国家经济安全管理

一、政府具体的经济安全管理职能

政府特别是中央政府是维护经济安全的终极主体，政府的经济安全管理职能主要包括

以下几方面。

（一）政府要将经济安全作为公共物品提供给居民和企业

维护一国的经济安全既是为了维护国家整体上的利益，也是为了为居民安居乐业和企业持续经营提供基础，提供健康运行的经济环境并通过居民的积极劳动和企业的健康发展来改善国家整体上的经济安全状况。不难设想，在一个经济发展基础脆弱、经济运行秩序劣化的大环境中，居民生活和企业经营都会遇到种种困难，自然也就很难有居民的安居乐业、企业的发展与国家安全的互利。因此，政府必须提供有利于国家经济安全的制度化的和物化的公共基础设施，以使国家经济安全维持在恰当的水平，从而为居民提供安居乐业的生活环境，为企业提供守规经营与发展的市场环境与政策环境，这才有利于一国经济社会的长治久安。

（二）政府要代表国家来维护国家利益和公共利益

在全球化的国际市场中，国际组织顶多是一种沟通性组织，其对全球市场的治理能力十分有限，这往往导致国际市场也会出现"市场机制失灵"的现象。特别是，现行国际市场规则主要是早期市场经济国家中的强国、大国主导制定的，它们的利己之心使得这些规则多数无利于晚进入国际市场的发展中国家。近年来，霸权主义国家借助 WTO 规则制约我国，自己反倒不执行 WTO 规则即是例证。美国甚至多年拖交联合国会费。鉴于国际市场治理的这种混乱局面，我国政府即需要从我国利益出发，抑制国外市场力量及政治力量对我国经济安全的损害。与之同时，一国内部往往存在着多种类型的利益集团，它们总力图获得更多的超额利益，由此一些利益集团对于一国各层面经济生活的干扰即成为常见的现象。特别是大企业对政府有着更强的影响力，它们往往也会通过影响政府决策和政策来改变市场经济秩序和利益分配。基于此，政府即需要代表国家来维护公共利益，抑制恶性垄断和不平等竞争，使公共利益不受损害。

（三）政府要借助行政权力和组织来维护国家经济安全

中央政府是维护国家经济安全的终极主体，它需要从国家经济利益出发，依据国家相关法律、法规，借助行政权力和行政组织体系协调各级政府意志和部门意志，共同维护国家经济安全。特别是，要杜绝任何基于局部利益而干扰国家整体经济安全的行为；特别是当国家经济陷于"不安全"或"危机"状态时，政府需要采取非常措施，紧急动员国家力量和资源，抑制任何危害国家经济安全的恶性问题或事件及其影响的扩大，以使经济尽快从"非安全"或"危机"状态而回到"安全"状态。

借助行政权力和行政组织体系来维护国家经济安全过程中，一些国家常见的做法包括：①政府高层掌握经济安全管理的最终决策权和协调权。如在俄罗斯，总统通过国家安全会议、总统国家安全助理和有关部委对经济安全工作进行直接领导和监督；在美国，总统通过国家安全委员会、总统经济政策委员会处理和协调有关经济安全事务。两国的经济安全战略或阐述经济安全问题的重要文件均由总统亲自签发。②设立相对固定的内阁联席会议制度，讨论和制定国家经济安全政策。美国设有总统经济政策委员会，日本设有由内阁有关部门参加的"综合安全保障阁僚会议"，俄罗斯则在联邦安全会议下设立了"经济安全跨部门委员会"，以协调经济安全管理事务。③政府现有职能部门参与制定、执行有关国家经济安全的具体政策和措施。各国多数利用现有国家安全权力框架和综合性部门来实施有关经济安全的方针政策。

二、市场经济中的政府经济安全管理职能失灵

在市场经济中，政府存在的缘由之一是为了克服"市场失灵"，但政府也有"失灵"的可能。这类"政府失灵"主要表现为政府的纲领和计划难以得到有效的贯彻执行。如果政府在事关国家经济安全的重大事务上发生了职能失灵，那就难以使国家经济安全得到有效的维护。在理论上，可将这种情况称为"政府的经济安全管理职能失灵"，具体分为以下几种情况。

（一）源于自身缺陷的政府经济安全管理职能失灵

政府经济安全管理职能的失灵首先源于政府自身的"缺陷"，该类缺陷包括政府机构的组织缺陷和行为缺陷。其中，政府组织缺陷主要指政府信息结构、决策机制、责权对称性、监督机制等方面的缺陷；政府行为缺陷主要指政府对自己所掌握资源的分配方式、政府与企业的关系模式、政府调控经济的行为方式等方面的缺陷。由于政府组织缺陷和行为缺陷的存在，政府的国家经济安全管理职能的履行即会受到自身缺陷的制约。在某些情况下，甚至还会发生由于政府缺陷而导致一国经济不安全甚或产生危机的情况。特别是，政府机构也是由"有限理性"的人组成的，是由部门和自然人组成的代表国家权力的社会组织，在政府内部也存在个人利益、部门利益与国家利益之间的矛盾。这也是政府履行经济安全管理职能时有可能"失效"的根源之一。这种失效有时是偶然的，有时则是难以根本改进的。

（二）源于政府危机的政府经济安全管理职能失灵

现实中，一旦出现国家经济安全状况恶化、经济衰退甚至经济危机的局面，"国"和"民"就可能失去"既得的利益"，政府也会因此而难以避免信任危机。特别是在现代市场经济国家，选民有权投票选举或抛弃政府。于是，信任危机一旦严重到某个程度，即可能发生政府危机，政府维护国家经济安全的权威即会进一步弱化。例如，1997—1998年亚洲金融危机期间，俄罗斯和日本等国政府发生的巨大人事变化即是佐证。1998年后，俄罗斯总理多次易人，成为国际社会中颇受关注的问题，其根本原因之一即是该段时间前后俄罗斯经济持续低迷。由于经济持续"不景气"和东南亚金融危机的影响，日本政坛多年处于动荡之中，内阁多次提前换届。在这两个国家，经济安全问题都导致了国内政治争端的复杂化，当时两国政府自顾不暇，自然很难有效地维护自身国家的经济安全。

（三）源于利益集团干扰的政府经济安全管理职能失灵

在法制化的市场经济中，政府在法理上是公平、正义的代表，但客观上某些政府机构又可能成为某些利益集团的代表。利益集团又称"压力集团""院外游说集团"。特别是在正在走向市场经济的转轨国家，转轨是一个利益分层和重配的过程，期间也会形成同一利益层面的社会群体构成的多种多样的利益集团。政府在做出与经济安全相关的决策时，常常会或多或少地触及某些利益集团的利益。而这些利益集团不甘心自身的利益受损或为谋取更大的利益，必然会想方设法地左右政府的决策。例如，美国是当今世界上利益集团类群最为显著的国家，利益集团对政府决策的影响随处可见。在转轨国家，利益集团对于政府决策的影响也正在形成。在一些转轨国家，某些利益集团甚至左右了地方政府官员的选举。

在国际上，詹姆斯·麦迪逊被认为是研究"美国利益集团问题"的重要理论家。他认为，"利益集团是为某种共同利益的冲动所驱使而联合起来的一些公民，不管他们占全部公民的多数或少数，也不管他们的利益是否真的被损害"，利益集团可以通过多种途径及方式影响政府的经济安全决策。如以贿赂、个人关系网络、书信电话电报、递交研究报告等形式，以及求助于政府内与他们有某种共识或利益瓜藤的官员，甚至借助媒体舆论向政府施压，或者利用既定的规则、惯例或直接诉诸法律等。相应地，为规避源于利益集团干扰的政府经济安全管理职能失灵，政府做出相关经济安全管理决策时，应尽可能地规避和排除各种利益集团的干扰并确保决策的实施。

三、四大问题对于政府履行经济安全职能的制约

（一）信息不对称的制约

政府要恰当履行维护国家经济安全的职能，其所掌握的信息必须是可靠且及时的。政府相应需要的信息主要包括：①有关经济发展基础实力的信息；②有关经济运行现状及趋势的信息；③有关国家经济安全关键领域、关键因素、关键问题的信息，特别是关于战略资源、关键产业、国有经济、财政金融、科技发展等领域的信息；④国际投资及贸易领域的信息。但在现实中，"信息不对称"是一种很难规避的现象。即便在不断完善信息管理及传递机制的条件下，为了及时获取所需的信息，信息获取者仍然不得不付出较高的成本且这类成本还会随着组织规模的扩大而持续提高，这就决定了政府并不能及时、可靠地获得制定安全决策所需的信息。由于信息不对称现象的存在，一方面，政府往往难以做出恰当的经济安全管理决策，即决策的恰当性是有限的；另一方面，政府常常难以准确把握相关决策的实际效果，即决策的有效性也是有限的。

（二）政府机构中官僚主义的制约

政府的官僚主义是各国常见的现象。官僚主义对于政府履行经济安全管理职能的制约在决策环节尤为显著。政府决策的恰当及实施效果有赖于建立民主、科学的决策体制和机

制。不难想象，一个缺少民主氛围的政府很难采集方方面面的信息、听取方方面面的意见和建议，安全决策即很容易变成少数人的集权行为，进而决策也就很难适当，甚至某些决策会违背维护国家经济安全的初衷。建立民主、科学的经济安全决策机制的前提之一是应从制度上保证决策的"责权对称"。经济安全问题事关国家根本的长远的利益，相关决策对于国家经济安全的影响在相当程度上是通过"滞后效应"体现的。如果政府决策的权责不对称，政府官员的"任期有限"即必然导致政府决策的"视野短视和行为短视"，产生某届政府只顾一时政绩显赫的现象。同时，为防范政府经济安全决策的道德风险，还需要建立相应的监督机制。客观上，即便对政府的经济安全决策建立了权责对称机制，但如果对于政府的决策及实施缺少监督，仍会形成官僚主义导致的道德风险。故有必要在多个层次和环节建立多种制度来防范官僚主义导致的国家经济安全决策中的道德风险。

（三）两类资源分配方式的制约

"资源稀缺"是经济学中的"公理"。在市场经济中，有限的资源要通过市场机制和非市场机制配置到国民经济的各个领域和部门。在这一过程中，市场力量和非市场力量都会从各自的目的及目标出发来获取资源，二者之间难免发生矛盾。一旦资源配置偏离"国家利益最大化"的原则，即可能发生损害国家经济安全的现象。现实中常见的违背国家利益的资源配置方式主要包括：①源自政府的非市场力量过于强大，导致非市场手段完全取代基于市场原则的资源配置；②过多的以非市场机制将稀缺资源配置给少数与资源掌控者"亲近"的资源需求者；③以非市场手段按资源需求者的"公关努力"程度，将稀缺资源配置给"支付交易费用最大"的资源需求者；④市场机制完全替代非市场机制，从而政府在经济危机时期无法作为。客观上，这些现象都将违背政府维护国家经济安全的初衷。特别是，如果存在过多的非正当的"官商关系"，这就会导致企业间将承受差异极大的资源配置结果，进而必将影响资源配置的效率，最终影响政府在资源配置中履行国家经济安全管理的职能。

（四）政府经济安全决策局限性的制约

人是有限理性的，这也会导致政府相关决策的局限性。究其成因，主要包括以下几个：①政府的经济安全政策是由极少数人参与研究和制定的，而少数人的认知水平是有限的。②即便在经济安全决策过程中不存在道德风险，但政策制定者必须寻找自以为适当的方式、途径来保证有关政策在政治上的可行性。③决策者必须兼顾领导层中各种人的偏好性选择，以在各种决策偏好之间求得平衡。正是由于这些客观上的局限性，一项经济安全决策即便在政治上获得了赞同，也未必对维护国家经济安全有益。特别是，现实中也可能发生个别政府机构人员对国家经济安全不负责任的现象。这种现象往往生根于政府利益与国家利益之间的矛盾，这种矛盾体现在：①国家追求的是全民长远的利益，而政府人员更关心的是"任期内的国家利益"。②国家关心的是民族利益，而政府人员更关心的是某届政府任期内的"财政收入、政府政绩、政府形象"。③国家经济安全最终是国民利益的安全，而多数情况下政府仅仅是集团利益、部门利益、局部利益的整合者。如果政府的弊端十分强烈，则必然从根本上损害国家根本的长远的利益。

四、政府维护国家经济安全应有的原则

如第一章第一节所述，国家经济安全是指在经济全球化背景下，一国最为根本和重要的经济利益处于不受伤害的状态和能力，特别是在国际上具有理想的国际竞争力。由此可见，维护国家经济安全本质上是要维护国家经济利益。从总体上看，层次越高的国家经济利益对于国家越重要，维护的难度越大，需要采取的措施的力度应越强，维护利益的立场应越坚决。层次越高的国家经济利益，越不宜与他国进行磋商。可与他国磋商的经济利益主要限于个别不太重要的经济利益。同时，维护国家经济利益更多的是要与其他国家竞争，故也应借鉴其他国家的做法。即便在国内，为了维护较高层次的国家经济利益，有时也需要在不同利益群体之间进行"利益调整"。

（一）维护核心经济利益的原则

国家的核心经济利益是国家最高层次的经济利益，美国学界将其称为"根本经济利益"。这类利益有两个特点：一是事关基本经济制度。在我国，基本经济制度是社会主义市场经济。它是一切经济活动的制度基础和保障，也是社会主义政治制度的基础，不可与国内任何利益集团进行交换。维护这类国家利益，必须综合使用经济、行政、法律手段。二是事关国家主权。必须明确坚决维护，不可与任何国家或国际组织进行交换。在维护力度上，应不惜付出任何代价。在维护手段上，应综合使用经济、法律、行政、外交、军事等手段。可以借鉴的是，民间机构"美国国家利益委员会"在其 1996 年发布的《美国的国家利益》报告中指出，防止贸易、金融、能源和环境等全球体系出现灾难性解体是美国最为根本的经济利益。进而，即便孤立无援，美国都将全力捍卫之并综合采取经济、外交、法律和军事行动。

（二）维护重大经济利益的原则

重大经济利益主要集中在经济发展的基础和重要战略实施方面，涉及资源能源供给，技术体系、产业体系、重要产业、科技及教育体系等的构建与发展，还涉及财政金融与外汇储备、外资在华并购、重要产业布局，以及国家重要战略的实施。这类国家经济利益有以下三个特点：一是作用的基础性。资源能源供给，技术体系、产业体系、重要产业、科技及教育体系等是全面实现国家利益的物质基础。只有构建并维护强大的物质基础，才有助于经济的发展。二是所涉及的领域复杂且每个领域都具有"复杂系统"的特征，故维护该类利益需要付诸巨大的努力。三是利益拓展过程的长期性。因为重大经济利益事关经济发展，而经济发展是个历史的过程，必须有长期的耐性、韧性和努力。实践中，如果是会引发国内不同利益群体之间冲突的国家重大经济利益，政府则应以第三方机构的"评估"来引导人民。

（三）维护重要经济利益的原则

重要经济利益涉及经济运行与发展的环境（含生态环境与国际环境）、信息安全以及经

济的年度运行。其相应有四个特点：一是全局性。例如，生态环境安全如能得到保障，则经济、社会发展都会有可靠的生态保障；反之，国民的生存、生活都会遇到麻烦，一些工业生产活动也难以实施。再如，能与多数国家及国际组织维持良好的关系，我国经济运行与发展就会有和谐的国际环境，否则在国际上的处境就会十分艰难。二是该类利益实现程度的实时性。重要经济利益中的宏观经济运行四大目标即经济稳健增长、居民充分就业、物价相对稳定、国际贸易与投资稳定增长且收支平衡，四者是国家经济利益实现程度的"年度体现"，具有实时性。三是要求应对策略的适时性。国际经济环境、生态环境一旦出现影响全局的问题，信息安全一旦出现灾难，即要求管理部门适时采取应对措施。四是国际投资与贸易中部分利益的可磋商、可交换性。诸如为了扩大我国某些商品向某个国家的出口，可以通过与对方国家的磋商而减少另一些类别商品的出口。总体上，维护涉及经济运行与发展环境以及经济年度运行的重要利益，如仅涉及国内，应主要靠经济、行政、法律手段来协调；如涉及其他国家或国际组织，则应主要采用经济手段、外交手段或二者相互配合。

第三节　维护国家经济安全的体制机制建设

要有效维护一国的国家经济安全，相应的体制机制建设是基础，必须形成体系化的体制机制构建。诸如建立民主、科学的国家经济安全决策机制，建立国家经济安全重要指标的管控机制，完善重要战略资源的国家储备体系，完善重要技术经济资源的出口管制制度，建立国家经济安全预警及重大冲突的处置机制（参见第十二章内容），等等。

一、建立民主、科学的国家经济安全决策机制

（一）民主、科学的经济安全决策机制的主要内涵

政府要有效行使国家经济安全的管理职能，最为重要的是需要建立民主、科学的国家经济安全决策机制。"民主"是"科学"的基础，没有民主决策，就不会有科学决策[①]。20世纪50年代末期我国经济的"大跃进"及60年代"三年自然灾害"时期的决策即是十分负面的典例。

为实现经济安全决策的民主与科学，在信息管理上，要有科学、有效的信息获取和传递机制。在生产要素配置上，要科学地选择非市场机制和市场机制的合理组合。在经济安全决策过程上，要杜绝道德风险导致的决策偏误。在决策的权责配置上，要建立决策的权责对称机制。只有当经济安全职能管理部门的责权对称时，才能保证经济安全决策的恰当和效率。只有建立起经济安全决策实施的权责对称机制，才能保障政府经济安全管理职能的真正到位。

维护国家经济安全的重大决策最终是由高层领导者做出的，故领导者要乐于听取各方

---

① 万里. 决策民主化和科学化是政治体制改革的一个重要课题[N]. 人民日报，1986-08-15.

面的意见和建议，特别是"逆耳"的建议。领导者乐于听取建议，特别是与领导者的认识有些差异的建议，才可能在决策上少有失误。要建立集体决策体制，如建立融政府领导人、经济部门负责人、经济管理专家、科学家、地方领导人、军事负责人等于一体的"国家经济安全委员会"，集众人之智对事关国家经济安全的重大问题进行研讨。针对具体问题的国家经济安全决策要以相关问题研究的分析结论为依据。值得借鉴的是，美国官、学两界自20世纪60年代以来即十分重视经济安全研究，其目的就在于为总统等高层进行经济安全决策提供依据。日本自20世纪70年代以来也十分重视经济安全问题的研究，政府涉及国家经济安全的很多决策同样是以大量的问题性、对策性研究为依据的。

（二）以重大行为的经济安全影响审议体系促进科学决策

增强经济风险意识，平衡发展与安全，是不少国家经济安全管理的追求。要做到这些，首先要"把控起点"，即需要建立"国家、政府、企业重大行为的经济安全影响审议体系"。历史地看，重大国家行为、政府行为、企业行为会不同程度地影响一国的经济安全。"影响"可能是正面的，也可能是负面的。如一国对另一国发动的战争，政府采取某些突变的、甚至是极端的经济政策，政府建设某些有可能改变生态环境的重大工程，企业投资建设某些大规模生产项目，这些都可能影响一国的经济安全态势。

所谓的"经济安全影响审议"，即对前述各类重大行为可能对国家经济安全产生的影响进行分析、评价，研判实施相应行为的合理性和必要性。如果预期特定重大行为会产生较大的负面影响，即需要督促有关行为主体即时调整、改进相应事项。在审议对象上，主要是对国家的战争行为、与其他国家的经贸冲突、政府的政策突变及重大政策、政府的重大规划计划、企业或政府推动的重大工程等进行"经济安全影响审议"。在审议组织上，审议过程应是充分民主的，应有立法机构、政府机构、经济界、科技界等方面的专家、企业家、官员的参与。否则，"审议"就可能成为徒有虚名的形式。甚至在某些时候，还需要引入"听证"机制。

二、建立国家经济安全重要指标的管控机制

（一）可借鉴的他国做法

我国实行社会主义市场经济体制，政府对维护国家经济安全负有终极责任，故有必要建立国家经济安全重要指标的管控机制。对此有必要借鉴俄罗斯的相关做法。20世纪90年代苏联解体后，俄罗斯继承了苏联的诸多遗产。曾任俄罗斯自然科学院副院长、经济与金融研究中心主任的先恰科夫院士主导研究、建立了维护俄罗斯经济安全的管控性指标体系。先恰科夫院士认为，实现俄罗斯国家经济安全的重要措施是对国家经济状况的定性、定量判断，确定参数指标体系并指出其中的内在关系，这样才能系统地把握现状、控制未来。

先恰科夫院士认为，设立相关经济安全指标的临界值对于维护国家经济安全是十分重要的，它能为适时调整经济政策，采用行政、法律、经济的手段来保证经济沿着减少和缓解威胁、风险的道路上前进提供依据，进而使影响国家经济安全的具体问题迎刃而解。先

恰科夫院士所说的"临界值",就是经济安全重要指标的管控机制。

先恰科夫院士认为,建立国家经济安全管控临界值的依据有三个:一是国家安全和民族利益的需要;二是必须注意到转轨国家过渡时期的特点;三是对经济领域国家利益的具体分析和界定并不断加入新的内容。继而以统计数据为基础,对可能发生的经济风险及威胁进行分析,以确定国家应予管控的领域、期限、种类,以及政府调节与市场调节的分界。

先恰科夫院士主持的研究团队把俄罗斯经济安全的管控指标划分为八个方面的内容:一是经济发展的最低限度指标;二是保证俄罗斯军事和国家力量的指标;三是经济独立发展指标;四是居民生活水平指标;五是金融体系安全指标;六是外贸和对外经济联系指标;七是地区间发展不平衡指标;八是经济安全的管理实施指标,即谁对经济安全负责和如何操作的问题。他们在 1996 年完成的"国家经济安全战略构想"中建立了这些指标的临界值并在一些领域里得到应用。

先恰科夫院士主持测算的俄罗斯经济安全指标的临界值共有十四个。一是确定 1998 年的 GDP 临界值为 6 万亿卢布(实际上只达到 4～5 万亿卢布)。二是固定资产投资应占 GDP 的 25%(实际上只有 20%)。三是粮食总产量的临界值是 7000 万吨(实际上只达到 5000 万吨)。四是国防开支占 GDP 之比的临界值为 3%(实为 2%)。五是科技投入占 GDP 之比的临界值为 1.5%(实际小于 1%)。六是机械和冶金工业新产品比重的临界值为 6%(实际上是 2%～3%)。七是低于最低平均生活水平的居民占居民总数的临界值是 7%(实则大于 30%)。八是失业率的临界值是 10%(实际失业率达 12%,还存在诸多隐性失业者)。九是货币流通量应占 GDP 的 50%(实际只为 12%～16%)。十是内债占 GDP 比重的临界值为 30%(实际超过 100%)。十一是外汇和黄金储备总和的临界值是 150 亿美元(实际上只有 130 亿美元)。十二是进口粮食量占粮食总产量的临界值为 25%(实际上超过 30%)。十三是采掘业出口量占本行业总产量比重的临界值为 30%(实际上超过该值)。十四是地区间 GDP 差距的临界值不超过 20%(实际大于 50%)。后来,俄罗斯还根据这些管控临界值,具体制定了相关政策。

(二)坚持我国既有的有益实践

关于建立国家经济安全重要指标的管控机制,我国以往已经有一些合理可行的管控实践。

一是在一些经济领域设置了重要的管控指标。例如,在农业领域,我国长期管控着两个重要指标。一个是确保 18 亿亩耕地红线不被突破;另一个是确保粮食进口量不超过 5%,即要维持 95%的粮食自给率,确保"中国人的饭碗要端在自己手里"。在制造业领域,对于中外合资企业,我国多年坚持中方投资至少 51%的占股比例。在金融领域,对商业银行的资产质量监管,我国严守核心资本充足率 8%的规定。当然,这也是《巴塞尔协议》的规定。在国家外汇储备方面,基于 1997—1998 年亚洲金融危机中东南亚国家的教训,我国突破"外汇储备满足 3 个月国际支付需要"的国际传统经验,为适应我国参与国际投资及贸易的需要,多年来确保外汇储备在 3 万亿美元以上。在国家战略物资储备上,我国有相应的品类目录和规模要求。凡此等等,都是我国在当今复杂的国际环境下维护国家经济安全需要坚持的做法。

二是为实现管控指标要求采取了相应的管控措施，取得了一定效果。管控指标犹如"参照系"，要确保不突破相应的管控指标，还必须有相应的管控措施。诸如为确保 18 亿亩耕地红线不被突破，我国对土地开发利用采取了严格的规划制度和审批制度。一般不允许调整既有土地使用规划，如需调整，则有着严格的"调整程序规定"。对于变更规划土地既定的"用地性质"，也有着严格的"变更程序规定"。对于"置换用地性质"，有着需要"盖几十个章"的冗长的"置换程序"。对于在"用地性质不变"的前提下，欲将土地用于不同建筑物的建设，也有一系列审批环节。这一系列闭环的制度安排即确保了 18 亿亩耕地红线不被突破。对于其他经济领域的管控指标，我国同样有一系列管控制度安排，从而基本确保了相关管控指标的落实。

在未来经济安全重要指标的管控实践中，为确保实施效果达到预期，我国必须与时俱进地调整、完善相关管控指标，包括指标门类设置、阈值测算，以及配套政策及管理程序的设置。

三、完善重要战略资源的国家储备体系

（一）国家储备体系是一种"国家保险制度"

重要战略资源是一国经济运行与安全发展的保障，同时也最易受到"我缺他丰"出口国的牵制，故真正关心自身经济安全的国家通常都建立有"重要战略资源的国家储备体系"。国家储备体系本质上是一种"国家保险制度"，其收益主要表现为"国家因有储备而规避的本可能发生的损失"，其中最为典型的是国家石油储备。国家石油储备体系初建始于 20 世纪 50 年代中后期。20 世纪 50 年代以来，世界上发生过大大小小的石油供应中断十多次，其中 1973 年和 1979 年的两次供给中断构成了石油危机，给石油消费国经济造成了极大的冲击。这两次石油危机发生后，不少国家即建立了"国家石油储备体系"，以应付可能发生的新的石油危机。

建立国家石油储备体系即一国基于未来可能发生的石油供求矛盾，预留一定规模的可开采储量（储量储备），储备一定量的原油或其制品（原油及制品储备）并建立相应的组织和设施，配以必要的政府政策。一定时期内一国的石油供给缺口是较为稳定的，如果该国建立了有效的国家石油储备体系，就有可能降低当期及今后时期的石油供需矛盾。特别是对缺油国家来说，对付国际石油供给中断的有效办法就是建立国家石油储备。

国家石油储备分为战略储备和商业储备。战略储备又称紧急石油储备，是为了应付政治、经济和自然界的突发事件而进行的储备。商业储备是为了保障采油企业和炼化企业日常生产而做的储备。根据储备物品类的不同，还可分为资源储备、原油储备、成品油储备，三者之间相互补充。

国家石油储备体系的建立缓解了不少国家的石油供求矛盾，包括所有发达国家和部分发展中国家。其中，美国作为世界上最大的石油消费国和进口国，其储备总量占到经合组织国家战略储备总量的 60%以上。储备方式以地下岩洞储存为主，地上油罐储存为辅。储

备机构通过契约由私人公司管理，只有总统授权才能销售战略石油储备。日本由于国内资源贫乏，1973 年第一次石油危机后的 1975 年，日本就颁布了《石油储备法》，其中一部分依法由民间储备，一部分由日本石油公司进行国家储备。法国则建立了由七十多家公司作为股东的石油储备股份公司，该公司不缴公司税，以股东公司缴纳会费的方式应付机构支出。

（二）与时俱进地完善国家储备体系

国家储备本质上是一种"国家保险"，故为有效防范国家可能发生的风险甚至危机，国家即必须根据经济运行和发展及应对危机的需要，与时俱进地丰富国家储备体系。就当下和今后一个时期而言，我国需要重点关注以下两方面问题。

一是应根据需求变化及时调整国家储备的品类和规模。建立国家储备的目的是应对各种"不测"情景下的"急需"。随着经济社会发展及变迁，人们遭遇到的"不测"是会变化的，故国家为应对"不测"而建立的储备的品类及规模也应与时俱进地调整。典型的是，如果没有 2003 年的非典疫情和 2019 年以来的新冠疫情，我国绝不会将口罩等物品作为规模性储备品。即便某些省市会储备口罩，但也不会大规模储备。2018 年以来的美国对华贸易挑衅使我国意识到集成电路等的可靠供给是个大问题，甚至有了"供应链安全"的说法，于是集成电路即成为一些部门的储备品。故鉴于我国经济正在由高速增长转向高质量发展，正在由较高的对外依存度转向更加强调经济的"内循环"，同时面对美国力图重构全球化规则而改变我国经济发展的外部环境，我国必须根据各个领域、地区经济运行及发展的现状及趋势适当调整当下和未来的国家储备的品类和规模。仅就当下来看，至少应急医疗卫生用品、粮食、棉花、食盐、石油、黄金、各种稀有金属、化工原料、高端基础电子元器件等皆是我国必须储备的应急物品。

二是完善国家储备的设施、组织和管理体系。新中国成立之初，我国即建立了国家储备体系，对稳定经济社会、保障民生和局部战争供给、应对危机事件中的紧急供给等做出了重要贡献。但值得关注的是，现阶段我国国家储备设施在技术上还有待提升，亟待在储备设施中引入更多新的技术，确保所储备物资不发生"自然耗损"，确保所储备物资可适时紧急动用。同时，应进一步完善国家储备的组织体系，应将国家专业储备机构的储备与中央企业的商业储备结合起来，某些物资市场供给紧缺时首先动用企业储备，为专业机构所储备物资用于更紧急需求留下空间；把中央的储备与地方的储备结合起来，应对区域性紧急需求时优先动用地方储备，为中央储备物资应对全国性紧急需求留下空间。同时，有必要进一步提升国家储备的信息化管理水平，确保某种紧急需求发生之时，应急部门和受灾单位能够及时找到所需物资，尽量避免类似 2005 年吉林石化发生爆炸事件时四处寻找"活性炭"的情况[①]。

---

① 2005 年 11 月 13 日，中国石油天然气股份有限公司吉林石化分公司双苯厂硝基苯精馏塔发生爆炸，引发松花江水污染事件，急需活性炭吸附江中石化液体。该公司四处紧急寻找，才在某个单位找到了急需的活性炭。

四、完善重要技术经济资源的出口管制制度

（一）出口管制是二战后西方国家的一贯做法

国际上的出口管制制度发端于 20 世纪 40 年代末、50 年代初东西方两大集团对峙之初，在"冷战"时期逐步强化；90 年代时随着苏联解体，国家间的出口管制有所弱化；近年来随着美国谋求重构全球投资与贸易规则，国家间的出口管制再次呈现被强化的态势。

其中，在二战结束不久的 20 世纪 40 年代末、50 年代初，美国等西方国家拉起了"巴黎统筹组织"。该组织以组织内国家间自由转让技术为诱饵，迫使组织内所有国家共同限制向苏联为首的欧亚社会主义国家出口技术，形成了对当时的社会主义国家集体的技术封锁。

随着 1991 年苏联解体，世界由美、苏两个超级大国主导的结构发生了本质变化，美国开始"一家独大"。随之，1994 年前后，美国主导的"巴黎统筹组织"宣布解体。但不久，美国又拉起了"瓦森纳协议"，继续对苏联解体形成的部分独联体国家和我国实施军事技术禁运和战略物项出口管制；同时也为防止核（技术）扩散加强了出口管制。出口管制进一步成为西方各国保护自身利益的利器。

2018 年以来，美国特朗普政府发起对华贸易挑衅，一个重要的举措就是多轮次发布"实体清单"，涉及我国九百多个企业和科研机构及大学。其一是严控美方企业向"清单"中的我国企业销售产品；二是严控美方科研机构和大学与我国相应机构进行科技及学术交流。这实际上是美国新一轮的技术出口管制。

（二）加快完善我国技术经济资源的出口管制制度

相应于美国等西方国家持续调整技术出口管制制度，我国也应"对等地"加快完善我国的出口管制制度，其重点主要在以下三个方面。

一是应将技术出口管制拓展为"技术经济资源出口管制"。换言之，除了要管控重要技术成果的出口，还应管控重要矿产资源的出口，包括国防用途、特殊用途的矿产资源，我国原本短缺的矿产资源，以及稀土等我国原本在储量上有绝对优势的矿产资源。值得关注的是，在发达国家将稀土视为战略资源而加以保护并大量储备的同时，此前若干年我国一些企业却将稀土材料"大甩卖"。20 世纪 90 年代至今，我国的稀土矿产出口量增加了十多倍，出口价格却被压低到最初价格的 60%左右。对于此类和类似问题，今后我国必须加强相应管控。

二是应根据我国需求，与时俱进地调整技术出口管制清单。无论特定技术成果的研制主体、持有主体是什么身份，只要该技术成果对于我国国防建设、国家安全等有特殊用途，对于我国产业发展或解决重大社会问题有广泛用途，即应限制相应技术的出口。特别是应限制这样的技术出口至与我国企业有竞争关系的国外企业。

三是应进一步完善技术经济资源出口管制办法。在国家层面，对特定技术出口，应由科技管理部门和商务管理部门依次核准。对于企业、科研机构在用或持而不用的具有国防和国家安全价值的技术成果，有关部门应登记在册，主动向持有者采集这些技术成果的转让信息。在大学、院所与国外的科研合作中，国内合作主体应主动防范以往国家资助的科

研项目成果"非正常"流向外国机构。同时，还应积极防范科技领域的他国谍报活动。

第四节　国家经济安全的国内外环境建设

客观上，法制化的国内环境和协调的国际环境也是维护国家经济安全所需要的。国家有必要加强国家经济安全的法律体系建设和国际环境营造。

一、国家经济安全的法律保障体系建设

（一）国家经济安全法律保障体系的内涵

传统地看，经济安全法律制度有广义和狭义之分。在狭义角度，经济安全法律制度特指一国以反倾销、反补贴、保障措施等贸易救济措施为调节手段，针对进出口公平竞争的法律制度。在广义角度，经济安全法律制度是一国调整跨国货物、服务和技术贸易与该国经济安全之间关系的法律规范的总称。

但从全球化背景下影响国家经济安全的因素、问题及国家经济安全管理的现实需求来看，国家经济安全的立法不能仅限于调节国家间经贸关系，还应该能够调节国内各类利益群体与国家间的经济利益关系，调节中央与地方、国家与企业及居民的经济利益关系。所谓国家经济安全的法律保障体系，即国家通过相关立法和司法，以法律为准绳，以事实为依据，确保国家层面的经济利益不被任何外国力量和国内组织或个人所侵害。

（二）我国国家经济安全法律体系的构建

国家经济安全法律体系需要从多个层次构建。首先是宪法层次。宪法是一国的根本大法，是制定其他法律的依据，在一国法律体系中具有最高的法律效力，国家有必要在宪法中明确写入维护国家经济安全的条款。其次是维护国家经济安全的具体法律层次。最后是维护国家经济安全的行政法规层次。值得借鉴的是，美、俄等国为维护其国家经济安全，十分重视"两大体制基石"建设：一是明确立法，二是建立专门制度。

在近年经济运行和发展不确定性及不稳定性增大的情境下，我国很有必要加快制定"维护国家经济安全法"，以期规范、支撑、调节、维护国家经济安全的相关利益关系和管理事务。改革开放四十多年来，为维护国家经济安全，我国政府在政策层面已做了大量努力，明确了维护国家经济安全的一系列方针和政策，构建了不少经济安全相关管理机制和流程。尽快将这些"方针、政策、机制和流程"提升、规范为法律、法规，已有相当基础。

在"维护国家经济安全法"中，应突出以下六方面内容。一是应明确该法旨在维护国家的经济制度与主权利益、经济基础与发展利益、经济运行与环境利益，同时应明确各类利益的具体内涵。二是应明确维护国家经济安全的主要原则。三是应合理规定中央政府、地方政府、公民、法人组织在维护国家经济安全方面的责任、权利与义务。四是鉴于央企

具有"两个基础"（社会主义政治制度的经济基础、社会主义市场制度的产业基础）和"两个保障"（国家战略实施的保障力量、全民共同福利的重要来源保障）的职能，也应就央企在维护国家经济安全中的作用做出规定。五是应突出维护重要矿产资源、能源电力、大宗物资、粮食供给、重要产业、基础设施、重大科技、海外资产、生态环境、民生供给、国有经济、财政金融、外资外贸等领域的经济安全。六是应勾画重大冲突情景下维护国家经济安全的原则性预案。

二、国家经济安全的环境保障体系建设

利己的国际环境及区域环境是一国维护自身国家经济安全必备的外部环境，这至少需要从以下四个方面来构建。

（一）借助总体国家安全战略创造良好的经济安全环境

在当今投资与贸易全球化、科技国际化、信息网络化的背景下，国家间利益关系相互交错，故一国不能仅就单一国家的经济安全论经济安全，而必须将自己置于全球政治、经济、科技、生态的综合环境框架之中来考虑本国的政治安全、军事安全、经济安全、生态环境安全等问题，以期为本国的经济安全创造良好的国际环境。

在国际上，一些国家已就此进行了积极的实践。如二战后日本执行"与强者为伍"方针，坚持与美国结盟，以"较低的国家安全成本"维护日本的经济安全。为保证其海上运输线安全，日本积极向邻近地区国家提供经济援助、技术合作，以改善和加强双边关系，维护日本海上运输线畅通无阻。20 世纪 90 年代改革后，转轨中的俄罗斯奉行与任何国家都"不对抗""不依赖""平衡接近"的方针，积极为国内改革与转轨创造"充分安全"的国际环境。这些做法对其他国家也有着积极的借鉴意义。

（二）通过积极的对外经济政策维护自身的经济利益

为维护一国的经济安全，实行积极的对外经济政策也是十分必要的。典型的是，近年来面对不同国家多次爆发的金融危机，鉴于一国的金融危机通常主要向两类国家蔓延，即与危机国家贸易及投资关系十分密切的国家、经济政策及状况极为相似的国家，国际上不少国家开始重视金融领域的国际合作，力图从外部寻求支持，以期共同抵御相关国家可能发生的金融风险。

这其中值得关注的是，西方大国致力于追求并维护全球或地区经济的主导权。一些国家企图通过主导各种国际经贸组织和区域合作组织制定并推行其"国际规则""区域规则"，以使国际经济体系及活动更符合它们自身的利益。美国、日本、欧盟着力于通过推动地区经济一体化和全球贸易自由化，巩固自身在全球市场中的地位。美国将跨国公司作为推行自身经济安全政策的重要工具，支持它们打入外国市场，控制国际初级产品的产销并保证美国在关键战略资源、重要产品领域"供应的安全可靠"及"匮乏时的优先供应"。欧盟确定了多方位发展对外经贸合作关系的总体战略。俄罗斯则力图加入欧盟和亚太经合组织等。

一般而论，积极的对外经济政策主要包括：①有选择地加入全球或区域组织，加入区域及全球经贸协调机制；②参与区域或国际经贸规则的制定，寻求一定范围（如区域）的经济主导权；③适度融入其他国家的经济生活；④拓展区域或全球市场，保证本国产品供应的安全可靠及匮乏时的优先供应。

特别需要关注的是，经济全球化的一个重要内容是区域经济一体化。故为维护相关国家的经济安全，同时也需要建立区域经济安全保障体系。这通常涉及市场、能源、金融等领域。典型的是，西欧国家早在 20 世纪 50 年代即起步建设统一的市场体系，直至发展到今天的欧盟，其经济规模和市场力量居世界之首。俄罗斯努力与其他独联体国家共建最大程度的一体化市场，作为保障自身经济安全的"最重要方面"。20 世纪 70 年代发生第一次石油危机之后，西方发达国家即成立了国际能源机构，协调成员国的能源安全政策，合作对付潜在的能源危机。近年来，面对国际油价剧烈波动，日本又在积极推动建立"东亚石油安全保障体系"，以期在发生全球或区域石油危机时确保日本的石油安全供应。1994 年的墨西哥金融危机之后，一些拉美国家即开始在金融领域建立合作监管网络。1997 年的亚洲金融危机之后，东盟国家也开始共建危机管理机制，一是加快东盟自由贸易区进程，二是共建金融危机预警机制，三是加快建立东盟投资区。这同样对其他国家有借鉴意义。近年来，我国也开始推动建立区域经济组织，这为维护我国经济安全进一步夯实了环境基础。

（三）灵活恰当地运用 WTO 等国际规则，自主维护我国的经济利益

为保障成员国利益，WTO 规定了包括反倾销、反补贴和保障措施的贸易救济措施，还建立了相关争端的解决机制，成员国可以充分利用这些措施来保护国内产业在公平有序的竞争环境下生存与发展。我国于 2001 年加入 WTO 后进一步开放了国内市场，快速发展引发了各类商品进口需求的激增，一些产业因为进口激增而遭受伤害。如果我国对外国商品在华倾销不采取有力的反倾销措施，我国企业将会失去越来越多的国内市场，所遭受的经济损失也会越来越大，这对我国的经济安全自然是一种损害。为此，我国即需要充分利用 WTO 相关制度来保护自身利益。诸如用 WTO 允许的反倾销措施反制国外企业对我国市场的倾销。1997—2007 年年底，我国共发起反倾销案件诉讼 73 起，为相关产业挽回了部分市场。

另外，我国在 WTO "反倾销协议"中的非市场经济地位，使得我国在未来较长时间内仍处于一定程度的责任与权利失衡的状态。我国在对其他国家企业实施反倾销时，也需要关注其他国家对我国企业的反倾销，防止其他 WTO 成员国对我国滥用反倾销条款。同时，我国利用贸易救济措施保护国内市场的同时也需要防范其他国家实施的报复措施。未来随着我国经济开放程度的持续扩大，与其他国家发生新的贸易摩擦的概率也会随之提高，我国需要学会更为合理地利用 WTO 相关机制来维护自身经济安全的外交技巧。

（四）加强对其他国家经济安全政策的研究，及时有效应对

在当今经济全球化的背景下，多数国家都有"谋求共赢"的愿望。但总有一些国家想得到额外的利益，这就会打破"共赢"的局面。在某些时候，国家间的利益争夺本身就可

能是"零和博弈"。况且当今世界还存在着国家集团间、地区间的利益博弈。特别是，我国是世界上少有的社会主义国家，随着我国作为东方新兴大国的崛起，一些老牌帝国主义国家对我国表现出极不友好的态度。习惯于在国际事务中采取霸权主义行径的美国竟然在《2018 国防战略报告》中将我国定位于"美国的长期战略竞争力量"。在这先后，美国还多批次非难我国的国有企业、高新行业龙头企业及部分重点高校。与之同时，其他一些西方国家也对我国有一些非难和指责。

前述现象皆表明我国面对着不确定性和不稳定性正在增高的复杂的国际环境。在此背景下，为更为有效地维护我国的经济安全，我国必须加强对于国际上主要国家的经济安全战略及政策的跟踪研究，力求知己知彼，恰当地把握它们所构想的战略和所出台的政策与我国国家经济利益的相关性。如有相关，则分析其对我国国家经济安全的正、负面影响。进而，及时设计并施展我国的应对策略，确保我国的国家经济安全不会受到大的损害。

第十二章

国家经济安全的监测预警

第一节　国家经济安全监测预警的对象

一、总的描述

系统科学认为，系统是由相互关联、相互制约、相互作用的部分组成的具有某种功能的有机整体。复杂系统是子系统数目众多、各子系统内部层次更为复杂的相互关联的系统。复杂系统内部通常存在着非线性的多重反馈结构，由此导致了其不同于简单系统的行为特征。国家经济安全监测预警的对象是一国的整个经济系统，该系统是由多个多级子系统构成的复杂系统；每个子系统又是由更低一级的系统组成的复杂系统。

国家经济安全监测预警的完整语义是"国家经济安全态势监测预警"。对国家经济安全态势进行监测预警，就是要研究复杂的社会经济系统中各个子系统的行为，以及各个子系统之间的相互作用及其对一国整体经济安全态势的影响。其重点包括四个：一是应对影响一国经济安全的国内经济领域特别是关键领域和重要相关领域的安全态势进行监测和预警；二是应对国际经济领域的安全态势进行监测和预警；三是应关注重大冲突对于国家经济安全态势的影响；四是应对一国经济整体上的抗风险能力进行监测和预警。综合这四个方面，才可能做出对于一国整体经济安全态势的判断。

二、对国内经济领域安全态势的监测预警

就维护一国的经济安全而言，在国内经济领域，最需要关注的是战略资源安全、关键产业安全、国有经济安全、财政金融安全的现状、趋势及其存在的问题。在影响国家经济安全的国内相关领域，最需要关注的是人口与就业、科技发展对经济的支持力、信息安全以及生态环境等问题。尽管这些领域对于一国经济安全态势的影响不及战略资源、关键产业、财政金融等领域的安全那么显著，但也会不同程度地影响一国整体的经济安全态势。

因此，对重要相关领域事关国家经济安全的现状、趋势及其存在的问题进行监测预警也是十分必要和重要的。特别需要说明的是，发生在国内的重大冲突对于一国经济安全的影响也应在监测预警的范围内。

就前述内容而言，国内经济关键领域和重要相关领域安全的监测预警内容如表 12-1 所示。

表 12-1　国内经济关键领域和重要相关领域安全的监测预警内容

领　域		监测预警内容
国内经济关键领域	战略资源安全	战略资源安全现状、趋势与问题：有效耕地（特别是作为其产出的粮食）、煤炭及油气资源与供给、水资源与供求管理
	关键产业安全	关键产业的安全现状、趋势与问题：高关联性制造业，如汽车制造业等；基础制造业，如新材料、机床、微电子器件等；装备制造业，如电气机械及器材制造业、石化及其他工业专用设备制造业等；支柱性制造业，现阶段如机械、电子、石化、汽车等行业
	国有经济安全	中央企业的经营风险；地方国企的经营风险；中央企业履行四大职能的状况和趋势
	财政安全	影响税收稳定增长的问题；影响财政量入为出的问题；影响财政资金安全的问题；国家债务的增长及国民经济承载能力的现状、趋势与问题
	金融安全	影响银行信用的问题；影响交易支付和结算流畅性的问题；影响资金从供应者向需求者转移的问题；影响资本市场稳定性的问题；影响金融国际竞争力的问题；金融安全总的现状、趋势与问题
重要相关领域	人口与就业	人口与就业对经济稳健增长、可持续发展的影响：人口增长的规模、结构与质量；就业与失业的比例关系
	科技发展	科技发展对经济稳健增长、可持续发展的影响：科技资源占有和保护状况；科技发展的国际差距；产业对外技术依存度
	信息安全	经济科技信息私密性的保护情况、经济科技信息可靠性的保障情况、经济科技信息的私密性、可靠性对于国家竞争力的保障情况
	生态环境	生态环境污染情况；生态环境恶化情况；环境污染、生态恶化对于经济稳健增长、可持续发展的影响

三、对国际经济领域安全影响的监测预警

这主要是对影响一国经济安全的国际经济因素的现状、趋势、问题及其影响的现状、趋势的监测预警。其主要涉及国际经济关系、国际市场参与程度、国际资本影响、国际负债影响等方面，具体内容如表 12-2 所示。

表 12-2　国际经济领域安全影响的监测预警的基本内容

领　域	监测预警内容
国际经济关系	以下问题对本国经济的影响：本国与其他国家之间的经济利益矛盾，特别是贸易纠纷、贸易制裁；个别强国对本国施加的经济霸权主义；与强国、大国、区域经济组织及国际经济组织的关系

领　域	监测预警内容
国际市场参与程度	以下问题对本国经济的影响：关键部门的对外依存度、本国重要资源和产品在国际分工中的地位
国际资本影响	国外在本国的投资规模、结构、产权形式，及其对本国经济稳健增长、持续发展可能发生的影响；是否会面临国际游资的冲击，如面临，则可能发生的影响；国外资本返流对于本国经济的影响
国际负债影响	对外负债的规模、结构，何时面临国际偿债高峰，本国经济对于国际负债的承载能力

四、重大冲突对于国家经济安全的影响的监测预警

这主要是对"发生事关国家经济安全的重大冲突的可能性"的监测预警，以及如其发生，可能对于本国经济安全态势产生的负面影响的监测预警。详细内容如表 12-3 所示。

表 12-3　重大冲突对本国经济安全的影响的监测预警

领　域	监测预警内容
本国国内	发生以经济利益为要求的社会动荡、以非经济利益为要求的社会动荡、重大公共突发事件的可能性；某些重大冲突如发生，可能对本国经济安全造成的影响，哪些影响是直接的，哪些影响是间接的
国家之间	国家之间或区域之间发生战争、经济制裁、敌意经济行为的可能性；关联经济体发生经济突变的可能性；如发生前述冲突，可能对本国经济安全造成的影响，哪些影响是直接的，哪些影响是间接的
其他国家	市场或资本相关的其他国家是否会发生某些重大冲突；如发生某些冲突，可能对本国经济形成的影响，哪些影响是直接的，哪些影响是间接的

五、对国家经济整体抗风险能力的监测预警

这主要是对经济运行、经济发展、政府宏观调控等方面的风险的监测和预警。其具体内容如表 12-4 所示。

表 12-4　对一国经济整体抗风险能力的监测预警

领　域	监测预警内容
经济运行状况	宏观经济四大运行目标的实现程度
经济发展状况	国家重要发展战略的落实程度
政府调控能力	政府重大决策、重要政策对于经济的调节效率及其实际效果

这里需要说明的是，国家经济安全态势的监测预警除了需要对前述方面分别进行监测预警外，还需要分析和把握四个方面的相互联系和相互作用机制，从而实现对一国经济整体安全态势的监测和预警。这就需要研究各领域的风险因素是如何相互作用的，风险与抗风险能力的矛盾运动，进而才可能准确把握影响一国整体经济发展的基础稳固性的问题，

影响经济运行健康程度的问题，影响经济增长稳健性的问题，影响经济发展持续性的问题，以及影响一国在国际经济生活中的自主性、自卫力和竞争力的问题。

第二节　国家经济安全监测预警的评价方法

理性地看，国家经济安全态势监测预警的评价方法大致可以分为三类：第一类是综合评价法，这是最常用的评价方法；第二类是基于案例的人工神经元评价方法；第三类是基于案例的模糊类比评价方法。

一、综合评价法

（一）基本设想

综合评估方法即对国家经济安全态势评价指标体系的各个指标观测值，根据预先给定的每个指标的预警界限，将观测值转化为各个指标的安全状态评价值；进而将各个指标的安全状态评价值按某种方式综合，即可得出关于一国整体经济安全状态的评价值。实践中，一般是将一国整体经济安全态势划分为"安全""潜在非安全""显在非安全""危机"四种态势。将四种安全态势皆量化为分值，如将"安全"设为 4 分、"潜在非安全"设为 3 分、"显在非安全"设为 2 分、"危机"设为 1 分。

为使监测预警的结果更加形象，也可以采用类似交通信号灯的标志来代表不同的经济安全态势，如可以用"绿灯区""浅黄灯区""深黄灯区""红灯区"等来形象地描述国家整体经济"安全""潜在非安全""显在非安全""危机"等状态；还可以将不同时期的国家整体经济安全状态评价结果依照时间顺序在坐标图（横坐标为时间轴，纵坐标为整体安全状态评价值）中连续描述，借此即可以形象地反映一国整体经济安全的变动。

国家经济系统是一类复杂系统，按照"系统递阶分解"原则，实践中使用的经济安全态势监测预警指标体系也应该是一类分层的树状结构，即每层指标既是上一层指标的子类指标，又是下一层指标的父类指标。最上层的指标即为评价国家整体经济安全态势的指标。

（二）综合评价实施步骤

首先，应根据各最下层指标的观测值考虑相应的预警界限，将各最下层指标的观测值转化为该指标的安全状态评价值。该评价值可以采用百分制，也可采取等级制。其次，通过综合最下层指标评价值，获得次下层指标的安全状态评价值。最后，对次下层指标评价值进行综合，得到倒数第三层的安全状态评价值。依此类推，自下而上，最终即可以得到一国整体经济安全态势的评价值。

这里需要说明的是，国家整体经济的"安全""潜在非安全""显在非安全""危机"四种态势对应于评价值的不同取值区间。对每一中间指标，设该指标的直接子层有 n 个指标，每个指标均可得出具体的安全状态评价分值 g_i, $i=1, 2, \cdots, n$（n 为指标个数），该中间指标的分值为各指标分值的函数 $G=f(g_i, i=1, 2, \cdots, n)$。实践中，一般是采用加权求和的形式，即

$$G=\sum_{i=1}^{n}\omega_i g_i, \quad \sum_{i=1}^{n}\omega_i = 1, \quad \omega_i \geqslant 0, \quad i=1, 2, \cdots, n。$$

（三）预警界限的确定

从前述评价过程可看出，特定指标的预警界限的作用是将其观测值转换为安全状态评价值。由此可见，适当确定各个指标的预警界限是保证安全状态评价恰当的基础。能否给出各个指标的合理预警界限是综合评价法能否得到恰当运用的重要条件。为了合理地确定有关指标的预警界限，一般是根据过去经济安全的实际状况、各个时期的经验和经济政策并参考未来经济发展的目标等进行综合考虑。在这一过程中，专家的经验起着十分重要的作用。

（四）权值的确定

实践中，中间指标的安全状态评价值一般为其直接子层中 n 个指标安全态势评价值的加权求和，故如何合理确定有关指标的权值也是综合评价法的关键。确定权值的常用的方法是层次分析法（analytic hierarchy process，AHP）。应用 AHP 方法求权值的基本步骤如下。

第一，设有 n 个指标，通过两两比较指标之间的重要性，可以得出指标重要性的矩阵 $A=(a_{ij})_{n\times n}$, $a_{ij}>0$, $a_{ij}a_{ji}=1$。其中 a_{ij} 表示指标 i 与指标 j 的重要程度的比较值。如果在决策者看来，指标 i 比指标 j 重要，则取 $a_{ij}>1$；反之，则取 $a_{ij}<1$；如果两者的重要性相同，则取 $a_{ij}=1$。指标 i 比指标 j 的重要性越大，a_{ij} 值越大。简单情况下，a_{ij} 的取值从集合 $\{1/9, 1/8, 1/7, \cdots, 1/2,$ $1, 2, \cdots, 7, 8, 9\}$ 中选取。

第二，由矩阵 A，计算 A 的最大特征根 λ_m 和对应的特征向量 σ，$A\sigma=\lambda_m\sigma$，其中 $\sigma=(\sigma_1, \sigma_2, \cdots, \sigma_n)^T$, $\sigma_i>0$。

第三，将向量 σ 归一化，即可得到 n 个指标的权值 $\omega=(\omega_1, \omega_2, \cdots, \omega_n)^T$，其中，

$$\omega_i=\frac{\sigma_i}{\sum_{i=1}^{n}\sigma_i}。$$

（五）综合评价法的优、缺点

综合评价法的优点是评估过程简单易操作，评估结果意义明确；主要缺点是需要合理设定各个指标的预警界限，合理设置反映各个指标重要性的权值，而这在实际中往往十分困难。另外，经济安全态势的恶化往往只是一个或少数几个风险因素演化和交互作用的结果。一个或少数几个风险因素的变化一般只对应于某个或少数几个指标观测值的变化，而综合评估的结果由于是整个指标体系的加权平均、分层综合，其平均和综合的过程往往会弱化某些风险因素的影响，进而导致对经济整体安全态势的评价不甚准确。

综合评价法在近期监测评价中更为适用。因为对近期经济安全状态的监测主要涉及对

经济安全状态的实时评价和短期预测，故比较容易给出合适的预警界限和指标权值，也容易把握短期内风险因素的演化和交互作用情况。但在远期经济安全趋势预警评价中，往往难以给出中长期合理的预警界限，远期经济安全趋势的转化也更容易受到少数几个风险因素的影响，故单纯采用综合评价法来进行国家经济安全态势评价，其结果与实际情况可能会有所出入。

二、基于案例的人工神经元评价方法

基于综合评价法的前述缺点，有必要引入基于案例的人工神经元评价方法。

（一）基于案例的评价方法的基本思路

根据有关学科的领域知识，可以整理出国内外或历史上有代表性的国家经济安全案例，提取有关经济安全案例的特征。通常可用一组反映经济安全状态的特征指标来描述"案例"的特征，进而对每个案例给出其整体经济安全状态的评价值，即"安全""潜在不安全""显在不安全""危机"四种状态。进而，将每个案例均以其特征值和整体经济安全状态评价值来代表，并以计算机可识别的格式存储，由此就可形成研究工作需要的经济安全案例库。

当需要进行某个时期的国家经济安全态势评价时，首先可通过实时观测得到反映当时经济安全状态的特征指标值，然后利用事先储存的案例库，依照一定的评价技术对当时的经济安全特征指标值进行评价。对于当时的经济安全状态，也可以整理出新的特征值和评价值并作为新的案例存入案例库中。由此，日积月累，就可以对于一国未来的经济安全趋势进行评价。

（二）人工神经元网络技术的基本原理

基于案例的国家经济安全态势评价，首先可以采用人工神经元网络技术。人工神经元网络技术是通过模拟生物神经元来分布式地进行信息处理的技术。这一技术已广泛应用于人工智能、自动控制、计算机科学、信号处理、CAD/CAM 以及经济管理领域。现阶段代表性的人工神经元网络模型有数十种，其中最常用的是 BP（back propagation）神经元网络。BP 神经元网络是由人工神经元相互连接组成的网络结构，神经元中的信息为单向传播，如图 12-1 所示，其由输入层、输出层和中间层组成，对输入 $X=(x_1, x_2, \cdots, x_n)$ 实现输出 $Y=(y_1, y_2, \cdots, y_m)$。

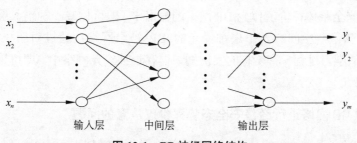

图 12-1　BP 神经网络结构

人工神经元是对生物神经元功能的简化和模拟，是一种多输入、单输出的非线性元件，其基本结构如图 12-2 所示。

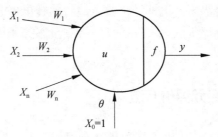

图 12-2　神经元模型

人工神经元的输入、输出过程分为以下两步。

第一步，将其输入合成，以改变神经元状态 u。设输入信号 $x_i(i=1, 2, \cdots, n)$，θ 为神经元的阀值，$w_i(i=1, 2, \cdots, n)$ 为神经元 i 与本神经元的连接权值，则神经元状态变为

$$u=W^T X=\sum_{i=0}^{n} w_i x_i = \sum_{i=1}^{n} w_i x_i - \theta$$

其中 $X_a=(x_0, x_1, x_2, \cdots, x_n)$，$W_a=(w_0, w_1, w_2, \cdots, w_n)$，$x_0=1$，$w_0=-\theta$

第二步，神经元的输出阶段。通过一个非线性函数 $f(X)$ 将神经元的状态转换为其输出

$$y=f(u)$$

在 BP 网络中，取非线性函数 $f(u)$ 为 $y=f(u)=\dfrac{1}{1+\exp(-u)}$，则有单个神经元的输入输出关系为

$$y=\frac{1}{1+\exp(-\sum_{i=0}^{n} w_i x_i)} \,。$$

BP 网络可以看成是从输入到输出的非线性映射，即 F：$U^n \to R^m$。BP 网络的工作过程分为两个阶段：阶段一，通过历史数据的训练来进行学习，从而获得知识；阶段二，利用训练好的 BP 网络，对新的输入得出相应的输出。

所谓学习过程，指对样本数据对 (X^k, Y^k) $(k=1, 2, \cdots, p)$，按照 BP 学习算法来调整神经网络中神经元相互的连接权值，使神经网络的输出与样本输出的误差函数值逐渐减小。BP 网络具有强大的学习能力，可以逼近任意的连续函数。故将 BP 网络用于国家经济安全态势评价，只需要将案例的特征指标集作为 BP 网络的输入 $X=(x_1, x_2, \cdots, x_n)$（设有 n 个特征指标），经济安全整体评价值作为 BP 网络的输出 Y，即可构造一种输入层有 n 个变量，输出层有 1 个变量，中间有若干层神经元的 BP 神经网络；通过对历史案例 (X^k, Y^k) $(k=1, 2, \cdots, p)$ 的学习过程，将所有的案例知识储存于神经元网络中，即可用于新一轮国家经济安全态势评价。

（三）应用 BP 网络进行经济安全态势评价应注意的问题

尽管 BP 网络有强大的学习能力，可以有效地对历史数据进行学习，但在实际应用中，

应用 BP 网络进行经济安全态势评价应该注意以下几点。

（1）神经元网络的结构和参数选取很困难。恰当的网络结构即中间层数和中间层神经元数的选择，这往往需要大量的试验和结合领域检验来确定。同样，对神经元的连接权值参数选取也存在类似问题。同时，BP 学习算法为梯度下降算法，存在局部最小陷阱，算法的收敛速度较低，而且往往对参数和训练样本的正交性和完备性非常敏感，这些缺点都可能降低神经元网络技术的使用效率。

（2）知识的更新困难，不是渐进学习方式。所谓渐进学习方式，是指新的案例的引入不影响过去已经储存的知识，以解决神经元网络知识储存的稳定性和可塑性的矛盾。而 BP 网络的学习算法是对所有样本一起训练，当引入新样本时，如果要求不影响已经储存的知识，只能将旧样本与新样本一起作为训练集，重新开始学习过程，效率往往较低。

（3）信息的不透明性。神经元网络的知识体现在神经元的连接权值和神经元网络的结构上，由于信息的分布储存，使得神经元网络具有良好的容错能力。然而，正是由于信息的分布储存，神经元网络的结构和连接权值缺乏明确的意义。神经元网络就像一个黑箱，只知道其输入和输出，而不能清楚地解释其内部的推理过程。由于缺乏解释机制，对于新的输入，神经元网络的输出结果的合理性往往难以使人信服。这就限制了神经元网络的实际使用。这一点是神经元网络技术实际应用中的最大限制。

三、基于案例的模糊类比评价方法

（一）类比推理评价的基本原理

基于案例的国家经济安全态势评价，可以采用前述人工神经元网络技术，也可以采用类比推理评价技术。类比推理是指通过寻找与确定两个或两类事物之间的相似关系，根据已知的相似性来推出两者之间更进一步的相似关系（附加的相似关系）的推理方式。

"类比推理"是人们处理复杂问题时常用的思维方式，是基于比较的思维方式。由于类比推理评价技术的某些特点，它可以克服神经元网络的解释性困难。尽管类比推理结果不一定能保证逻辑推理结果那样的正确性，但由于类比是基于相似性的推理，结果往往具有一定程度的可靠性。

类比推理的一般形式化定义为：

$$B、T（B、T分别为基对象和目标对象）$$
$$SIM（B\cdot\Psi_1，T\cdot\Phi_1）（B与T存在相似属性集\Psi_1、\Phi_1）$$
$$\frac{SIM\_add(B\cdot\Psi_2，T\cdot\Phi_2)（推出B与T存在进一步的相似属性集\Psi_2、\Phi_2）}{ANSWER(T)（推出T的结论或求解策略）}$$

需要说明的是，对不同领域事物的类比，首先要建立不同领域事物属性之间的同构关系，即 B 的属性 $B\cdot\Psi_1$、$B\cdot\Psi_2$ 与 T 的属性 $T\cdot\Phi_1$、$T\cdot\Phi_2$ 一一对应；对同一领域的事物 B 和 T，显然有 $B\cdot\Psi_1=T\cdot\Phi_1$，$B\cdot\Psi_2=T\cdot\Phi_2$。

这里所谓相似是指：设 B、T 分别为基对象和目标对象，SIM()为相似度函数，e 为相似度阀值，则

$$B 与 T 相似 \quad \Leftrightarrow \quad SIM（B \cdot \Psi，T \cdot \Phi）\geqslant e$$

模拟人类的类比思维能力，实现计算机自动的类比推理，一直是人工智能领域的重要研究内容。利用计算机实现类比推理预测的一般流程为：①知识表示，实现代表性案例的计算机存储，便于后续的类比检索、匹配和转换；②类比检索，根据一定的相似性测度 SIM()，在案例库中寻找与被预测对象相似的案例；③类比映射，由 SIM()，得出被预测对象和相似案例之间进一步的相似性 SIM_add()；④类比转换，基于被预测对象和相似案例之间的相似性 SIM_add()，得出被预测对象的结论；⑤新案例存储，对被预测对象的结果，根据其预测结果的代表性，可以作为新案例存储于案例库中，进而可用于下一轮的预测。

（二）类比推理评价在国家经济安全态势评价中的应用

由前述"流程"可以看出，利用类比推理技术来进行国家经济安全态势评价，只需要将经济安全案例的特征指标集作为类比推理的相似属性集Ψ_1，将整体经济安全状态评价值作为类比推理的附加相似属性Ψ_2（由于类比推理的基对象和目标对象均为同一领域，显然 $\Psi_1 = \Phi_1$）；由特征指标集的相似度 SIM()，通过类比映射得到经济安全状态评价值的相似度 SIM_add()；由附加相似度 SIM_add()，经类比转换过程得出经济安全状态评价结果。

由于类比推理是基于相似性的推理，其推理过程清楚，推理结果易于解释，克服了神经元网络的"黑箱"操作的缺点。为保证类比推理预测结果的可靠性，有相应两点要求。

（1）相似属性集Ψ_1与附加相似属性Ψ_2具有直接的逻辑联系（两者之间并不要求有显式的逻辑关系），这一点可以由案例的特征指标与整体安全状态的逻辑关系来保证。

（2）定义合适的相似性测度 SIM()和附加相似性测度 SIM_add()，并需要研究符合领域知识的、基于相似性测度的类比映射和类比转换方式。

需要说明的是，由于类比推理是基于相似性的推理，故如果案例集里面的案例不多，缺乏代表性，在类比推理的工作过程中，可能会找不到与当前状态相似的案例，从而使类比推理流程不能继续下去。

（三）比较与讨论

前文讲述了基于案例的人工神经元网络技术和类比推理技术。在这两种技术中，由于其中所用的评价指标不仅是定量指标，还包含大量定性的指标，故两种方法均需要处理定性信息。可喜的是，随着有关数学方法的发展，特别是模糊数学的产生和发展，引入了模糊集合、隶属函数等概念，通过定义模糊集合的运算，提供了可以定量处理定性信息的手段。

需要说明的是，尽管基于案例的评价方法需要有较多具有代表性的案例，而且其评价的运算过程比综合评价法更为复杂，但它克服了综合评价法依赖于预警界限和指标权值的缺点，同时对少数敏感因素的变化也能较为准确地给出判断。

此外，基于案例的评价方法具有不断扩充案例库的能力，可以实现领域知识的不断积累，从而可以更为有效地实现对于国家经济安全的动态评价。由于经济安全预警涉及对中长期的经济安全态势的评价，而经济安全态势的变化往往是少数风险因素演化的结果，对预测指标也缺乏准确的预警界限和指标权值，故基于案例的评价方法更适合于国家经济安全态势预警。

第三节　国家经济安全监测预警的系统框架

一、可行的系统框架及监测预警的重点

综前所述，国家经济安全态势监测预警的系统框架可如图 12-3 所示。

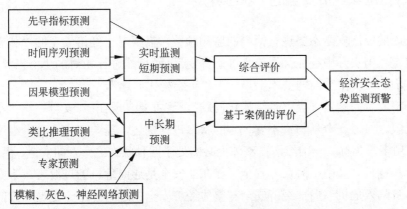

图 12-3　国家经济安全态势监测预警的系统框架

理性地看，国家经济安全态势监测预警主要应关注对远期经济安全趋势的预警。因为社会经济系统具有非线性、长时滞和对政策的较强抵御性等特点，这往往导致一国经济的"不安全隐患"要经过较长时间才会发生显著的作用；而其一旦爆发，其影响和后果又是迅速和剧烈的，等到险情暴露，再采取各种政策手段可能为时已晚。故进行国家经济安全态势的监测预警，应尽早预测出可能出现的影响以至危害本国经济安全的不安全因素，从而及时采取相应措施，尽可能地避免和减缓本国经济未来出现过大的波动和损失。

二、建立评价指标体系的技术性要求

对一国的国家经济安全态势进行监测预警，首先需要设计一套符合该国国情的国家经济安全态势评价指标体系，通过应用这一指标体系的综合分析，来正确评价、判断该国经济安全的状态与趋势。有关评价指标的选取应考虑到以下几点。

（1）准确性和适用性。有关评价指标的选取，要能够准确反映国家经济安全的基本内涵，即要能准确反映国家经济安全四大基本特征（基础稳固、健康运行、稳健增长、可持续发展）的基本要求。同时，还要便于进行具体领域的经济安全态势分析。

（2）系统性和层次性。国家经济安全问题的研究对象是复杂的经济社会大系统。该系统是由涉及多要素、多层次、多类型的子系统组成的。故仅靠单层、单类的指标，是无

法对于一国经济安全的实际态势进行评价的，而是需要系统化、多类型、分层次的一整套指标。

（3）全面性和实用性。有关评价指标的选取，既要能全面反映一国经济的安全态势，还要考虑有关指标的实用性，指标数量应少而精，指标计算需要的数据要容易获取。同时，要具有时间、地点和适应范围的可对比性，以便于进行纵向比较和横向比较。

（4）定量指标与定性指标结合。为了便于建模和数学处理，给出"量"与"度"的评价，应尽可能地采用定量指标。但实际经济安全问题涉及大量难以定量的因素，也需要采用一些定性指标来进行描述和评价。因此，需要将定量指标与定性指标结合使用。

三、恰当进行国家经济安全的"状态界定"

要对一国的经济安全态势进行恰当的监测预警，需要对于经济安全的"状态分界"进行明确的界定。但实际中往往又很难"准确界定"，而只能进行相对的"恰当界定"。这主要是因为，国家经济安全问题基本上是一类"半结构化问题"。

国家经济安全问题是一类"半结构化问题"，这主要表现在："安全"与"不安全"并无严格的界限，对"安全"与"不安全"的状态进行描述，需要建立一种多维度的模糊空间，需要采用多重指标。一国经济在整体上必然处于四种状态之一，即安全、潜在非安全、显在非安全和危机。其中，潜在非安全、显在非安全是通向危机的过渡带。不安全并不意味着一国经济陷入危机。局部经济安全与整体经济安全的趋势并不一定是一致的。局部经济安全并不一定能保证整体经济安全，在某些情况下，过分强调某一局部的安全，反倒有可能损害整体经济安全。这就要求使各经济领域的局部安全相互之间处在某个"均衡域"上，以确保整体经济达到更高的安全程度。经济安全问题中既存在可以明确描述的"结构化部分"，又存在难以准确描述，需要运用知识、经验和直觉来解决的"非结构部分"或"半结构部分"。因此，国家经济安全问题基本是一个"半结构化问题"。

四、从技术上解决监测预警所需的数据问题

进行国家经济安全态势的监测预警，需要进行大量的定量分析，这就需要大量数据，既需要有关领域的统计数据，又需要大量一手"鲜活数据"。但现实中不少数据是难以获得的。即便能够获得某些数据，也难确保其中没有水分和荒谬之处。如要进行时间序列分析，还会遇到缺少某些年份数据的问题。况且对某些领域问题的研究，需要的不少数据并不是常规的"量"的数据，而是一些反映"度"的数据。

为解决前述数据问题，一方面，监测预警者需要进行大量的数据采集、清洗和调查研究；另一方面，还需要借助方法上的改进，以弥补数据不足、荒谬、断年等方面的缺陷。就后者而言，多数情况下，需要综合专家的知识和经验以及相关数据，建立局部的结构化模型、整体的半结构化模型。同时，还需要采取历史的逻辑推演和统计分析方法，对历史上有关国家经济安全的显著案例、重大事件等进行深入分析，以从中寻找规律性和可借鉴之处。

五、监测预警的技术流程与过程

从图 12-3 可以看出，国家经济安全态势监测预警的基本流程为：首先要确定经济安全态势的评价指标体系，其次进行实时监测、短期预测、中长期预测，最后得出一国整体经济安全态势的评价结果。其中，对近期经济安全状态的监测，主要是对有关评价指标的当前值和短期预测值进行评价；对远期经济安全趋势的预警，主要是对有关指标的中长期变化趋势进行预测，以判断一国经济安全的走势。

这里需要注意到，近期经济安全状态的监测和远期经济安全趋势的预警是两个相对独立的过程。一是因为经济的中长期趋势与经济的短期变动并无直接联系，经济的短期变动的叠加并不能决定经济的中长期变化趋势。二是由于近期经济安全状态监测和远期经济安全趋势预警自身的特点，尽管其流程均为确立评价指标体系、预测指标值、进行相关评价，但在相同阶段中需要采用不同的方法。三是因为两者的评价指标体系有所不同、所使用的预测方法有所不同、有关的评价方法也不同。对近期经济安全状态的监测，主要是先导指标预测、时间序列预测和因果模型预测等；其评价主要采用综合评价方法。而对远期经济安全趋势的预警，主要可采用因果模型预测、类比推理预测、专家预测以及模糊、灰色和神经网络预测等；相应的评价则宜主要采用基于案例的评价方法。

参考文献

1. 雷家骕. 国家经济安全导论[M]. 西安：陕西人民出版社，2000.

2. 雷家骕. 国家经济安全理论与方法[M]. 北京：经济科学出版社，2000.

3. 曹建增. 冷战后世界格局的新变化和经济霸权的新构建[J]. 世界经济，1998（4）：11-13.

4. 吉尔平. 世界政治中的战争与变革[M]. 北京：中国人民大学出版社，1991.

5. 张文木. 中国国家安全哲学[J]. 战略与管理，2000（1）：24-32.

6. 沈镭，何贤杰，张新安，等. 我国矿产资源安全战略研究[J]. 矿业研究与开发，2004（5）：6-12.

7. 陈锡康. 投入占用产出技术及其应用研究[J]. 政策与管理，2001（12）：38.

8. 陈元. 能源安全与能源发展战略研究[M]. 北京：中国财政经济出版社，2007.

9. 比特纳. 美国次贷危机真相[M]. 覃扬眉，丁颖颖，译. 北京：中信出版社，2008.

10. 鞠方. 房地产泡沫研究[M]. 北京：中国社会科学出版社，2008.

11. 成思危. 东亚金融危机的分析与启示[M]. 北京：民主与建设出版社，1999.

12. B.梅德韦杰夫，阎洪菊. 俄罗斯经济安全问题[J]. 国外社会科学，1999（1）：25-32.

13. 赵刚箴. 评美国新国家安全战略报告[J]. 现代国际关系，1999（3）：24-26.

14. 沈元加. 90年代美、俄、印战略规划的比较研究[J]. 南亚研究季刊，1997（2）：34-45.

15. 马汉. 海权论[M]. 北京：北京言实出版社，1997.

16. 阎学通. 中国与亚太安全[M]. 北京：时事出版社，1999.

17. 张帆. 环境与自然资源经济学[M]. 上海：上海人民出版社，1998.

18. 水利部南京水文水资源研究所，中国水利水电科学研究院水资源研究所. 21世纪中国水供求[M]. 北京：中国水利水电出版社，1999.

19. 布朗. 谁能供得起中国所需的粮食[M]. 陈同斌，译. 北京：科学技术文献出版社，1998.

20. 康晓光. 地球村时代的粮食供给策略[M]. 天津：天津人民出版社，1998.

21. 中国科技发展研究组. 中国科技发展研究报告（1999）[M]. 北京：经济管理出版社，1999.

22. 裴长洪. 利用外资与产业竞争力[M]. 北京：社会科学文献出版社，1998.

23. 金碚. 中国工业国际竞争力：理论、方法与实证研究[M]. 北京：经济管理出版社，1997.

24. 克鲁格曼. 萧条经济学的回归[M]. 朱文晖，王玉清，译. 北京：中国人民大学出版社，1999.

25. 彭绍仲. 企业博弈论：企业参与国际竞争研究报告[M]. 北京：中国物价出版社，1999.

26. 伍朗洛夫. 日本即将来临的经济危机[M]. 关国强，赖元华，译. 北京：高等教育出版社，1990.

27. 张幼文，周建明. 经济安全：金融全球化的挑战[M]. 上海：上海社会科学院出版社，高等教育出版社，1999.

28. 李晓西. 亚洲金融危机实地考察[M]. 北京：中国人民大学出版社，1999.

29. 刘宇飞. 国际金融监管的新发展[M]. 北京：经济科学出版社，1999.

30. 西林. 通货紧缩[M]. 李扬，译. 北京：经济管理出版社，1999.

31. 王广谦. 经济发展中金融的贡献与效率[M]. 北京：中国人民大学出版社，1999.

32. 刘峻民. 从虚拟资本到虚拟经济[M]. 济南：山东人民出版社，1998.

33. 陈德娣，华丕长. 环境公害纵横谈[M]. 北京：中国环境科学出版社，1993.

34. 克尼斯. 环境保护的费用—效益分析[M]. 朱钟杰，译. 北京：中国展望出版社，1989.

35. 胡涛，王华东. 中国的环境经济学 从理论到实践[M]. 北京：中国农业科技出版社，1996.

36. 姚愉芳. 中国经济增长与可持续发展——理论、模型与应用[M]. 北京：社会科学文献出版社，1998.

37. 赵英，胥和平，邢国仁. 中国经济面临的危险——国家经济安全论[M]. 昆明：云南人民出版社，1994.

38. 国家计委国土开发与地区经济研究所，国家计委国土地区司. 1997 年中国人口资源环境报告[M]. 北京：中国环境科学出版社，1998.

39. 董锁成，张文中，方创琳. 资源、环境与经济作用机制和规律探讨[J]. 资源科学，1999（4）：15-21.

40. 于江涛. 环境污染损失估价的索洛方程方法[J]. 中国人口·资源与环境，1998（1）：47-52.

41. 郑易生，阎林，钱薏红. 90 年代中期中国环境污染经济损失估算[J]. 管理世界，1999（2）：189-197.

42. 沈德富 邱晓华. 环境污染对生态危害经济损失风险评估模式的综述[J]. 干旱环境监测，1998（3）：161-165+192.

43. 金鉴明. 绿色的危机 中国典型生态区生态破坏现状及其恢复利用研究论文集[M]. 北京：中国环境科学出版社，1994.

44. 郭月. 发达国家怎样维护国家经济安全[J]. 前线，1998（9）：60-61.

45. 宋瑞祥. 对我国资源、环境现状与可持续发展战略问题的思考[J]. 环境保护，1998（7）：9-11+20.

46. 宋国城. 环境安全与全球产业结构调整[J]. 外向经济，1998（10）：26-27.

47. 兰允礼. 资源环境与国家安全[J]. 科学管理研究，1999（2）：28-30.

48. 贾克平. 国民经济发展要与资源环境同步协调[J]. 学会，1999（5）：6-8.

49. 樊莹. 经济全球化与国家经济安全[J]. 世界经济与政治，1998（5）.

50. 黄仁伟，肖樱林. 试论全球化与资本流动的双重作用[J]. 世界经济研究，1999（3）：10-13.

51. 陈德民. 从科索沃危机看美国的国际新秩序[J]. 教学与研究，1999（10）：26-31+81.

52. 邢爱芬. 冷战结束十年来国际冲突回顾[J]. 世界经济与政治，1999（5）：25-29.

53. 顾海兵. 经济系统分析[M]. 北京：北京出版社，1998.

54. 托姆. 突变论：思想和应用[M]. 周仲良，译. 上海：上海译文出版社，1989.

55. 凌复华. 突变理论及其应用[M]. 上海：上海交通大学出版社，1987.

56. 毕大川，刘树成. 经济周期与预警系统[M]. 北京：科学出版社，1990.

57. 张泽厚. 中国经济波动与监测预警[M]. 北京：中国统计出版社，1992.

58. 张守一，葛新权. 中国宏观经济：理论·模型·预测[M]. 北京：社会科学文献出版社，1995.

59. 王寿云，于景元，戴汝为，等. 开放的复杂巨系统[M]. 杭州：浙江科学技术出版社，1996.

60. 冯文权. 经济预测与决策技术[M]. 武汉：武汉大学出版社，1994.

61. 李一军，周浩. 知识表示与类比推理的一体化研究[J]. 决策与决策支持系统，1996（2）：55-63.

62. 郑通汉. 经济全球化中的国家经济安全问题[M]. 北京：国防大学出版社，1999.

63. United States General Accounting Office. Energy Security，Evaluating US Vulnerability to Oil Supply Disruptions and Options to Mitigating Their Effects[R]. 1997.

64. MORAN T H. American Economic Policy And National Security[M]. New York：council on foreign relations press，1993.

65. LIBERMAN P. Trading with the Enemy：Security and Relative Economic Gains[J]. International Security，1996，21（1）：147-175.